集人文社科之思　刊专业学术之声

集 刊 名：土耳其研究
主办单位：陕西师范大学历史文化学院
          教育部国别和区域研究中心——土耳其研究中心
主   编：李秉忠
执行主编：郭响宏

No.3 THE JOURNAL OF TURKISH STUDIES

编　委（按姓氏拼音顺序）：

毕健康　丁　俊　郭长刚　韩志斌　李秉忠　李艳枝　梁占军　刘中民
罗　林　马晓霖　沈志兴　寿慧生　孙德刚　唐志超　田文林　王三义
王　泰　魏　敏　闫　伟　余建华　昝　涛　邹志强　〔希腊〕Nikos Christofis
〔美〕Michael Gunter　〔英〕Tim Niblock　〔英〕Seevan Saeed　〔土耳其〕Eyüp Sarıtaş
〔土耳其〕Ömer Turan

编辑组

周厚琴　忻　怿　杨　松　孙　坚　刘　姜

第3辑

集刊序列号：PIJ-2018-280
中国集刊网：www.jikan.com.cn/土耳其研究
集刊投约稿平台：www.iedol.cn

陕西师范大学历史文化学院
教育部国别和区域研究中心：土耳其研究中心 | 主办

集刊全文数据库（www.jikan.com.cn）收录

土耳其研究

第 3 辑

李秉忠　主编
郭响宏　执行主编

社会科学文献出版社
SOCIAL SCIENCES ACADEMIC PRESS (CHINA)

土耳其研究

第 3 辑

·特稿·

土耳其中亚政策的历史继承性以及与中亚国家关系的演变 ⋯ 李　琪 / 1
凯末尔在中国媒介话语中的形象：1923～1938 年 ⋯⋯⋯⋯⋯ 马细谱 / 37

·专题研究·

土耳其共产党的发展变化、理论主张与主要活动探析 ⋯⋯⋯⋯ 朱传忠 / 54
以言为治：库尔德语在委任统治时期伊拉克的
　　发展 ⋯⋯⋯⋯⋯⋯⋯⋯⋯⋯⋯〔荷兰〕米歇尔·利森伯格 / 72
库尔德民族主义与民族主义理论 ⋯⋯⋯⋯〔希腊〕穆瑞特·爱思 / 91
凯末尔主义及其对当前土耳其政治的影响
　　——凯末尔主义的两种面孔 ⋯⋯⋯〔土耳其〕凯雷姆·奥克特姆 / 110
凯末尔时代和埃尔多安时代土耳其经济政策
　　比较研究 ⋯⋯⋯⋯⋯⋯⋯⋯⋯⋯⋯⋯⋯ 严天钦　杨应策 / 128

·研究生论坛·

一战后初期英国关于南库尔德斯坦地位安排的争论 ⋯⋯⋯⋯ 李时雨 / 153

·书评·

《沙皇与苏丹：俄罗斯人眼中的奥斯曼帝国》评介 ⋯⋯⋯⋯ 周厚琴 / 185

《土耳其、凯末尔主义和苏联：现代化、意识形态和
　　历史解释》书评 ················· 〔希腊〕亚历山德罗斯·兰普鲁 / 193
《土耳其的库尔德政治：从库尔德工人党到库尔德斯坦社区
　　联盟》书评 ···················· 〔丹麦〕阿兰·哈萨尼扬 / 198

· 学术综述 ·

"土耳其研究新视角：东西方研究传统的对话"国际学术
　　研讨会综述 ······················· 刘　姜　张　玮 / 202
上海大学全球问题研究院第一届发展论坛暨"当代
　　中东国家发展道路研讨会"会议综述 ················ 李　宁 / 214

Abstracts ··································· 225

注释体例 ··································· 232

征稿启事 ··································· 238

·特稿·

土耳其中亚政策的历史继承性以及与中亚国家关系的演变

◎李 琪

【内容提要】 土耳其与中亚地区历史文化关系源远流长。中亚国家独立以后，土耳其始终将中亚地区作为外交政策的重心，并根据世界格局的复杂化、安全问题的全球化、经济问题的尖锐化以及内外因素的紧密交织多变，以不同历史时段国际环境的衍变和自身利益的诉求为前提，不断调整本国的中亚政策及其与中亚国家的关系，其中表现出诸多的历史印记或镜像再现。近年，土耳其提出了"中间走廊计划"，旨在与中国的"一带一路"对接。中亚是该计划的关键区段。2018年以来，以土耳其和中亚国家为主导的"突厥世界一体化"倡议被进一步推进，其中诸多问题关涉我国安邦、睦邻、兴边，值得学界关注和深入探讨。

【关 键 词】 土耳其 中亚政策 国家关系 中亚

【作者简介】 李琪，陕西师范大学中亚研究所所长、教授，陕西省首批哲学社会科学重点研究基地陕西师范大学"一带一路"建设与中亚研究协同创新中心主任，教育部国别和区域研究备案基地陕西师范大学乌兹别克斯坦研究中心主任。

土耳其是横跨欧亚的新兴崛起之国，位居东西文明陆上交通枢纽。其外交政策以及与其他国家关系的演变，对亚欧大陆的地缘政治环境具有重大影响。土耳其的中亚政策是多项因素综合作用下的产物，既有历史的继承性，也会根据不同历史时段国际关系的特定条件和现实情境而趋时变通。土耳其中亚政策的制定、形成与调整、变化过程中的地缘特点、历史遗产、政治生态、经济需求、文化框架以及执政者理念的代际差异等复杂背景及其影响，是中亚研究领域的重要课题。尤其是，自中亚国家独立以来，土耳其中亚政策发生了哪些新的变化？其驱动要素为何？其指导思想和理论基础是什么？土耳其的中亚政策取向是其处理与中亚国家关系的指导原则，追寻其中诸类问题产生的根源，进行历史回溯分析极为必要。

一　土耳其与中亚地区的历史文化关联

回眸历史，公元6世纪中叶以后，突厥向中亚地区的渗透增强。东、西突厥汗国相继灭亡后，其中一部分突厥人西迁至中亚，与当地原住民相互接近、逐渐融合。"突厥部族和粟特人、花剌子模人、塞人－马萨该特人部族的混合过程加强了，并且使突厥语在新形成的部族中占优势。在这个基础上形成了乌兹别克族，它和中亚的其他民族一样，吸收了古代中亚的文化遗产。"[①] 10世纪，在中亚北部草原游牧的突厥语部落中有一支在酋长塞尔柱的带领下，渡锡尔河，入河中地区，并继续向西迁徙，逐步渗入安纳托利亚东部地区，于1037年建立塞尔柱王朝（1037～1194）。其版图涵盖中亚、西亚地区。与此同时，由于蒙古人的扩张活动，中亚的另一支操突厥语的部落在酋长奥斯曼的率领下，进入小亚细亚（今土耳其的亚洲部分），与周邻部落发生了融合。奥斯曼一世成为继塞尔柱酋长之

---

① 〔苏联〕Б. Г. 加富罗夫：《中亚塔吉克史》，肖之兴译，中国社会科学出版社，1985，第209页。

后的部落领袖,建立奥斯曼王朝,并逐渐发展为奥斯曼帝国,从而使奥斯曼人出现并活跃在世界历史的舞台上。

1839~1876年,奥斯曼帝国推行近代化改革,史称坦志麦特(Tanzimat)时期。具有大民族主义色彩的"奥斯曼主义"产生于这一时期。最初,"奥斯曼主义"在本质上是以否认奥斯曼人同克里米亚鞑靼人和中亚地区操突厥语人群存在亲缘关系的认知为基础的。19世纪末被称为"泛突厥主义"之父的克里米亚鞑靼人伊斯玛伊勒·伽斯普林斯基(1854~1914)在莫斯科学习期间受到泛斯拉夫主义的影响,以泛斯拉夫主义为范例,炮制了一个具有"共同语言文化和共同历史传统"的框架,试图创造一种适用于沙俄帝国中操突厥语的不同人群的新的"民族共同体",并幻想在此基础上"建立一个从亚得里亚海直到中国的大帝国"。与此同时,沙皇俄国加紧向中亚和高加索等边疆地区推行殖民政策,从中央省农业区向中亚和高加索地区大量移民,侵占了当地居民的大片土地。沙俄的殖民政策极大损害了原住民的利益。在这种情况下,伊斯玛伊勒·伽斯普林斯基便拥有了一定的追随者。

1908年,青年土耳其党在议会选举中获胜,并大力推行"泛突厥主义"。与此同时,随着帝俄专制主义的恢复,部分俄国"泛突厥主义"骨干被驱逐出境。伊斯玛伊勒·伽斯普林斯基因此流亡到土耳其。在那里,俄国的"泛突厥主义"之父伽斯普林斯基与推行"大土耳其主义"的奥斯曼帝国执政党——青年土耳其党一拍即合。在青年土耳其党的主持下,奥斯曼帝国的泛突厥主义者成立了突厥联合会和"突厥之心"社团;创办了《伟大的激情》《突厥故乡》《突厥之年》等周刊和《认知报》《新报》《黎明报》等报纸。同时,青年土耳其党派遣人员向俄属中亚的图尔克斯坦输出"将具有同源之根的各个民族结为一个联合整体"的思想并进行宣传,与当地伽斯普林斯基的追随者建立了密切的联系。如此一来,在第一次世界大战之前,"奥斯曼突厥语系的文献、教科书等对帝俄操突厥语民族产生了深刻影响,而帝俄操突厥语系诸族对土耳其而言亦拥有很大的精神作用"①。

奥斯曼帝国灭亡后，穆斯塔法·凯末尔·阿塔图克于1923年在奥斯曼帝国的废墟上创建了土耳其共和国。新土耳其政府的政策是坚持独立，新政府立足于土耳其国家边界之内的主权之上。土耳其国父穆斯塔法·凯末尔·阿塔图克倡导新的民族认同思想和土耳其社会非宗教化，并进行用拉丁字母取代阿拉伯字母书写土耳其语的文字改革。他多次强调，受到严重创伤的土耳其已不再是过去那个巨大的、多民族的奥斯曼帝国，需要集中力量从事国内建设，构建有利于对外交往的国家政策；放弃以往的"泛突厥主义"，从而实现与苏联关系的正常化。然而土耳其国内的"泛突厥主义"思想并没有消失。某些政治精英依然致力于"将土耳其兄弟们居住的地区中亚图尔克斯坦脱离出苏联，拱手交给土耳其"，"建立一个统一的突厥语系的民族国家——土耳其帝国"。但是由于苏联对"泛突厥主义"思想体系的警觉，对哈萨克、乌兹别克、吉尔吉斯、土库曼等民族进行了文字改革，强调各民族语言之间的差异性，淡化其血缘-文化的共同性，实行了"俄国化"和"苏维埃化"等措施，"在苏联东部地区居住的主要操突厥语系民族：哈萨克、吉尔吉斯、乌兹别克、土库曼、鞑靼和巴什基尔等"中断了与土耳其的外在联系。②

苏联解体后，中亚五国独立。亚欧地缘政治、经济、文化格局发生了巨大的变化。为了填补中亚意识形态和权力的真空，美国、俄罗斯、土耳其、日本、伊朗等国在这一地区展开了中亚历史上的"第二次大博弈"。土耳其地处欧亚接合部，作为中亚地区近邻，占有得天独厚的地缘优势，同时与中亚地区的哈萨克斯坦、乌兹别克斯坦、吉尔吉斯斯坦、土库曼斯坦四国的主体民族在语言、文化、宗教等方面具有某些联系，于是力图在中亚的竞争中实现本国利益最大化。土耳其在中亚地区战略的推进主要靠

---

① Аршаруни А.，Габидуллин Х.，Очерки панисламизма и пантюркизма в России. М.，1931. c. 33.

② Аршаруни А.，Габидуллин Х.，Очерки панисламизма и пантюркизма в России. М.，1931. c. 125.

两种运作模式：一是利用所谓的历史文化联系，重振"突厥一体化"；二是独特的"土耳其发展模式"。

土耳其历届政府的中亚政策大多强调与操突厥语系的国家和地区全面发展关系，致力于加强具有"奥斯曼之根"的"突厥人之间的联系"，"重振突厥世界"的理念。① 在"同根""同宗""同族"的"突厥民族"情结和"共同历史""共通语言""共有文化"等符号性和感知性内容的吸引和作用之下，中亚操突厥语系民族与土耳其人之间联系密切的方向性纽带得以恢复。所谓的民族认同和情感意识连带的地缘网络逐渐扩展，进而强化了中亚与土耳其在情感和文化上的连接。

新生的中亚各主权独立国家均面临着本国如何发展，选择走什么样的国家建构道路的问题，而土耳其则被西方世界推崇为"伊斯兰世界的民主样板"。基于土耳其与中亚国家之间特殊的联系，以民主政府与市场经济相结合、东西方文化相交汇、传统浓重的伊斯兰教与政教分离的世俗国家体制相共存为特征的"土耳其发展模式"，无疑对正在茫然于如何寻求本国发展道路的中亚国家具有巨大的吸引力和借鉴意义。于是土耳其的"示范"作用在中亚得以提升和发挥。但是随着时间的推移，中亚各国逐步意识到"除了我们自己，谁也改变不了国家的命运"。它们在政治上始终不渝地坚持国家的主权，并根据自身的地缘政治和地缘经济特点制定本国的内外政策和战略。经过一段时期的探索和实践，中亚各国逐步确立了具有本国特色的政治体制和发展道路。乌兹别克斯坦共和国选择了"乌兹别克发展模式"②，哈萨克斯坦共和国选择了"哈萨克斯坦'第三条道路'发展模式"③

---

① Газета《Караван》, (первая еженедельная коммерческая газета Казахстана, создана в 1991 году) Алматы, 26.05.2000.
② Илхом Ботиров. Узбекская модель развития. //Молодой ученый. 2014. № 11 (70). С. 277 – 279.
③ Александр Нефёдов, Казахстанская модель "третьего пути" развития, "Цивилизованное общество и его противники", Германия, 21.08.2010.

和"21世纪哈萨克斯坦发展模式"①，土库曼斯坦共和国选择了"土库曼改革模式"②。中亚国家自独立以来，大多坚持独立、主权和自主选择的发展道路和模式，在政治、经济、文化和社会诸多领域取得了巨大的成就。

二 土耳其与中亚国家的地缘政治关系及其外交取向的演变

土耳其地处连接欧亚的"十字路口"，依据其独特的地缘战略区位，自我定位为"地区大国"和"国际大国"。20世纪90年代初，世界政治版图发生了重大变化，土耳其政府根据新的地缘政治特点，制定和实施了对中亚的独特政策。中亚五国中除塔吉克斯坦外，其他四国都是以某一操突厥语系民族命名的主体民族国家。中亚五国独立之后，土耳其政府即刻承认了中亚五国的独立，确立了全方位发展与中亚国家关系的外交政策，将其作为本国最为重要的外交方向之一，并以此为切入点解决自身面临的地缘政治问题。

（一）土耳其与美、俄（苏联）大国关系的微妙变化及其对中亚国家的波及

长期以来，土耳其在对外关系方面以"依附大国外交"为基点。美国与土耳其的利益结盟是其核心。冷战时期，美国与苏联在中亚地区的博弈愈演愈烈。美国将苏联和伊朗视为其向中亚扩张的竞争对手，进而支持盟国土耳其。土耳其作为中亚国家最理想的典范，美国力主中亚各国与之关系不断发展，旨在逐步将这些新生的民族国家纳入西方体系。美国的支持无疑是土耳其在政治、经济和文化等领域与"亲缘国家"展开合作的

---

① В Астане обсудили казахстанскую модель развития в 21 веке, МИА《Казинформ》, 06.01.2012.
② Юрий Петров, Туркменской модели развития экономики завидуют другие государства Центр Азии, "Российская газета", 03.04.2003.

后盾和推动力。

中亚五国独立之时，美国完成了在东、西两线的战略部署，欲将触角深入脱离苏联及其继承国俄罗斯的中亚。1997年美国出台了"新中亚战略"，把削弱俄罗斯和中国作为其主要内容，并依靠土耳其等盟国推行"新中亚战略"。美国通过土耳其与俄罗斯展开在里海-中亚地区的原油与天然气管道之战。冷战结束之后，俄罗斯、土耳其和伊朗等多国纷纷力争里海——中亚油气管道经过本国领土，后经多轮谈判达成了一个"南北两线、对半出口"的里海早期石油运输协议。这个协议既照顾了俄罗斯的利益，也兼顾了土耳其等国家的利益。但是美国对此极不满意，于是趁俄罗斯陷于车臣危机，促使土库曼斯坦、阿塞拜疆、格鲁吉亚和土耳其四国签署了一份关于修建经里海和外高加索到土耳其的天然气管道的协议，其目的是通过土耳其将里海能源引向西方市场。为此美国破例为土库曼斯坦的能源计划提供"特殊政策"，积极支持其修建绕开俄罗斯、自土库曼斯坦穿越伊朗到土耳其的天然气管道。美国冀望借助土耳其同俄罗斯进行里海-中亚地区的管道争夺。

随后，土耳其又以观察员身份参加了由哈萨克斯坦等国在1994年成立的中亚经济共同体。与此同时，土耳其还积极效仿阿拉伯国家联盟体制，建立了一个具有文化共同性基础的国际组织。2000年，土耳其主管中亚经贸事务的国务部部长柴伊提出，土耳其将与宗教、语言及习俗相仿的中亚突厥语系国家哈萨克斯坦、土库曼斯坦、乌兹别克斯坦、吉尔吉斯斯坦和外高加索的里海国家阿塞拜疆，建立一个由六国组成的突厥语国家联盟。

2014年8月，埃尔多安当政以后展示其强势的外交风格和新的政治意愿，并根据新的战略环境，进行对外政策的调整，在延续和演变中凸显土耳其在中亚、中东地区具有举足轻重地位的政策取向。

2015年11月24日，土耳其击落俄罗斯苏-24战斗机事件之后，俄罗斯政府宣布对土耳其实施一系列大规模经济制裁。俄罗斯总统普京签署了关于保障俄罗斯联邦国家安全和对土耳其采取特别经济制裁措施的总统令。根据这项命令，俄罗斯禁止从土耳其进口某些种类的商品，禁止或限制土耳其管辖的机构在俄罗斯境内从事活动，从2016年1月1日起暂停与土耳其的相互免签制度，并禁止俄罗斯企业聘用土耳其公民。俄罗斯的限制和禁令措施导致土耳其损失约120亿美元，相当于土耳其当年国内生产总值的1.6%左右。同时，俄罗斯文化部部长弗拉基米尔·梅津斯基向"突厥文化国际组织"的观察员，即俄罗斯所属的阿尔泰共和国、萨哈（雅库特）共和国、图瓦共和国、哈卡斯共和国、巴什科尔托斯坦共和国、鞑靼斯坦共和国的领导人发电，要求他们必须立即终止与"突厥文化国际组织"的一切联系，致使这6个联邦主体退出该组织。"突厥文化国际组织"下属的巴什基尔教育学院也就此关闭。随着土俄关系的恶化，土耳其进一步强化"突厥语国家一体化"的扩张力，积极推进与中亚地区操突厥语系国家的政治交往与经济合作，密切与中亚的关系，以弥补经济损失和摆脱在国际关系中的窘境。

2015年，欧亚经济联盟成立，成员国包括俄罗斯、哈萨克斯坦、白俄罗斯、吉尔吉斯斯坦和亚美尼亚。美国将削弱欧亚联盟成员国之间的关系，遏制欧亚经济联盟发展作为其地缘政治的计划之一。土耳其曾是这一计划的积极参与者。对于西方而言，由土耳其在中亚大力推行的"突厥语系国家一体化"，是一个分裂欧亚经济联盟非常有效的工具。因此，美国针对俄罗斯欧亚大国的地位，积极打造一个"新奥斯曼帝国"，以此作为替代性的地缘政治集团。

其实，自苏联解体、中亚五国独立以后，美国就将中亚地区作为其全球地缘政治战略的重要组成部分，致力于与俄罗斯在中亚展开博弈，特别是在油气资源领域争夺主导地位。早在20世纪90年代，美国就向雪佛龙、埃克森美孚等国际石油巨头提供大量支持，让其在哈萨克斯坦建立公司；说服土库曼斯坦开放陆上油田并与国际石油巨头展开国际合作。在石油运输方面，美国积极支持修建绕开俄罗斯和伊朗，而把中亚、高加索和土耳其连接在一起的过境运输路线。其中最主要的石油运输线项目如下：①通过阿塞拜疆首都巴库经格鲁吉亚首都第比利斯至土耳其的杰伊汉输油管道（BTC）；②通过阿塞拜疆首都巴库经格鲁吉亚首都第比利斯抵土耳其的埃尔斯伦输油管道（BTE）；③土库曼斯坦经阿富汗到印度的输油管道。前两个项目基于土耳其和阿塞拜疆亲西方的战略定位而得以实现，但是土库曼斯坦等中亚国家对这两个项目的参与度十分有限。始于土库曼斯坦的第三个项目延宕了十年之久，迄今为止都没有进展。美国还支持塔吉克斯坦和吉尔吉斯斯坦建设通向南亚的输电项目，从而可以在南亚打开一个出口，使南亚得以偏离俄罗斯影响的势力范围。然而，美国一贯的冷战思维和其相关承诺长期未能兑现，致使其在中亚的影响力和声誉大打折扣。

只要我们审视一下美国执政者的外交战略，就不难看出在美国历届政府追求本国政治经济利益优先的中亚政策中，土耳其无一例外都是被利用的"马前卒"。布什时代提出的"大中亚计划"，强调美国的战略目标是在大中亚地区建立包括政治、经济与安全的多边机制，以阿富汗为立足点，通过共同利益与共同需求将阿富汗、印度与中亚五国和土耳其连成一个地缘板块，以促进这些地区的发展和民主改造。奥巴马政府绕开中国和俄罗斯，推进建立一个由大中东到大中亚的"新丝绸之路计划"，土耳其在该计划中将作为由南亚阿富巴取道伊朗、伊拉克、叙利亚到欧洲的重要通道。但是，美国的上述既定目标都未取得地缘政治和地缘经济成效。特朗普当政后，其政府提出了"美国+中亚"的"C5+1"机制，2020年2月3日，又抛出了《美国中亚战略2019—2025》，其中重要内容之一是在中亚地区推行美国的价值观，并抵消邻国的影响。鉴于土耳其地处亚洲和欧洲之间的重要战略位置，其在该地区起着重要的能源码头作用，又因为土耳其与中亚地区的"特殊关系"，土耳其尽管近年来与美国关系中的负面因子不断增加，亲俄趋向逐渐凸显，但是不会改变自二战以来形成的传统的亲美外交政策，土美之间的龃龉只不过是阶段性的震荡。美国也不会轻易放弃土耳其，仍然会将土耳其作为其进一步深入中亚的工具之一。

（二）土耳其与欧美共同价值基础动摇，外交政策重心的转向

回溯历史，1987年土耳其正式向欧共体提交加入申请，2005年土耳

其入盟的谈判正式展开,但是三十多年来土耳其得到的一直是欧盟国家的闪烁其词。其主要原因在于土耳其是一个人口大国(截至2020年1月拥有居民8316万)①,其中土耳其族占75%,90%以上的人口信仰伊斯兰教。欧盟国家担心,土耳其一旦入盟,将在人口、宗教等方面给整个欧盟带来重大变化,从而打破欧盟内部的平衡。法国、德国等欧盟成员国领导人都曾公开表达反对土耳其入盟的立场。土耳其入盟遥遥无期,前途未卜,这大大刺伤了土耳其的自尊。

土耳其一直是美国的战略盟友。由于美国坚持"地区管理角色"的利益价值观和双重反恐标准,其与地区利益伙伴在很多问题上产生了分歧,特别是在中东问题上的"窝里斗",削弱了战略同盟的基础。

2015年春,美土两国商定联手在土叙边境开展军事行动。土耳其希望美国政府派出突击部队,并提交美国地面先头部队的名单以及反叛武装"沙姆自由人组织"的人员名单。美方以该组织为极端主义组织为由予以拒绝,致使美土联合行动会谈陷入僵局。

土耳其政府一向指称叙利亚库尔德民兵部队从属于库尔德分裂组织,并在土耳其境内从事恐怖活动。而美国不仅承诺支持库尔德人自治,还向库尔德人提供武器,对其民兵部队进行军事训练。其实早在2014年,库尔德自卫队就与美国开展了密切的合作。美国的做法引起了土耳其的担心与警惕。土耳其在没有事先知会美国的情况下单方面采取行动,与美国直接支持下的叙利亚库尔德人武装交火。两个北约伙伴国之间的合作就此有了裂隙。

长期以来,俄罗斯也把库尔德人视为地区盟友。土耳其和叙利亚的库尔德领导人定期访问莫斯科。俄土关系出现波折以后,俄罗斯对库尔德人的好感又有增进,但是并未及时与库尔德人建立有效的合作关系。美国便乘虚而入,试图借助库尔德人夺回在叙利亚的主动权。在这种情况下,土

---

① Турция – самая подробная информация о стране, Турция (Türkiye) Краткая информация о стране,《Россия сегодня》, 14.03.2020.

耳其不得已向俄罗斯示好，俄罗斯也不得不依靠土耳其和伊朗在叙利亚战线上的齐心协力，来对抗库尔德人和美国组建的新联盟。

2016年，土耳其在经历了未遂军事政变以后，其利益维度发生了变化。首先，美国没有就此对埃尔多安当局表示支持。其次，土耳其要求引渡其指控的"军事政变幕后策划者和罪魁祸首"——居住在美国的神职人员费特胡拉·居伦①，而美国要求土方提供证据且拒不交人。另外，土耳其与欧盟和美国在库尔德及其人权等问题上争执不休，裂痕加深。时任美国国务卿约翰·克里甚至表示，在某种情况下，有可能提出将土耳其驱除出北约的建议。一系列因素导致土耳其与欧盟、美国和北约国家关系紧张。土耳其国内支持加入欧盟的人数比重也从75%减少到20%。严重的国内危机及与西方关系的尖锐化迫使埃尔多安寻求新盟友的支持。这也为土耳其改善和修复与欧亚大国俄罗斯和中东大国伊朗的关系创造了机遇。

土耳其当局为了打破自己在国际舞台上的孤立局面，重新调整了外交政策，积极寻求能制衡西方的战术联盟。首先，与俄罗斯和伊朗的关系趋于缓和，并且迅速升温。埃尔多安倡议建立土耳其—伊朗—俄罗斯联盟。他声称，土耳其如今比过去更加满怀决心要与伊朗和俄罗斯同心协力，在与它们的合作中推动解决地区问题，并努力恢复和增进地区的和平与稳定。② 埃尔多安试图通过"土－俄－伊三角关系"寻求与西方相对抗的新的地缘政治力量中心。这个战术举动折射出土耳其与美国在一定程度上划清了界限，欲改变土耳其"唯美国和欧盟马首是瞻"和"西方代理人"的形象。其次，土耳其为了寻找新的生存环境，在拉近与俄罗斯和伊朗关系的同时，也加快了与上海合作组织贴近关系的步伐。2012年，在

---

① 费特胡拉·居伦（亦译法土拉·葛兰），土耳其著名的哲学家、教育家和诗人，在中亚国家具有一定的影响力。居伦曾是土耳其总统埃尔多安的盟友和积极支持者，后因政治观点的不同彼此反目为仇。2016年7月16日，土耳其发生军事政变危机，总统埃尔多安称是远在美国宾夕法尼亚州的政敌居伦策划和指挥了此次政变。

② Светлана Гомзикова, Эрдоган задумал《Тройственный союз》Что способен принести миру политический альянс Анкары, Москвы и Тегерана. Свободная пресса, 20.06.2016.

上海合作组织峰会期间，土耳其被接纳为上海合作组织对话伙伴国，成为唯一与上海合作组织建立关系的北约成员国。随着全球地缘政治和地缘经济中心由欧洲和北美向亚太地区转移，上海合作组织作为区域性组织的地位进一步凸显。北约、欧盟与土耳其的关系呈现相持局面。这些因素促使土耳其改变了以往的外交战略，将重心东移，转向亚洲，把中亚国家占据成员国近一半的上海合作组织视为其未来经济和对外贸易发展的"可行性窗口"。

2012年，土耳其出口中亚的贸易额为34.8亿美元，其中服装业和食品业出口位居前列，共占其出口总额的29%。2012年，土耳其对乌兹别克斯坦的直接投资达3.53亿美元。同时，土耳其与吉尔吉斯斯坦签订了50多项经济贸易协定。2013年1~9月，土耳其向吉尔吉斯斯坦投资1575.1万美元，占该国吸收外国投资总额的20.3%。2014年，土耳其在海外参与的工程项目为324个，总金额为271亿美元，其中土库曼斯坦项目占土耳其海外工程项目的24%，其中多为天然气合作项目。2014年，在西方国家对俄罗斯和伊朗实施制裁的情况下，土耳其从上海合作组织成员国、观察员国和对话伙伴国进口的贸易额为700亿美元，出口贸易额为170亿美元，两者相加占其外贸进出口总额的29%，而2003年仅占16%。2003~2014年土耳其从欧盟国家进口的贸易额占其进口贸易总额的比重从51%降低到36%。2003年土耳其对欧盟国家的出口额占土耳其出口总额的比重是58%，2014年下降到43%。2003年，土耳其对上海合作组织国家的出口额仅占土耳其出口总额的6.5%，2014年增长到10.5%。[1]

2016年，在一些欧盟国家脱欧倾向日益凸显的情况下，土耳其总统埃尔多安曾多次表达正式加入上海合作组织的意愿。他认为，"加入欧盟不是土耳其的唯一选择"，"如果欧盟不尽快接纳我们，我们就加入上海合作组织"，"比起处在欧盟的末席，待在上海合作组织的感觉更好"，

---

[1] Керим Хас, Перспективы Турции в ШОС: возможный вклад в региональную архитектуру безопасности и экономического процветания, Ориентир, Бишкек, 2015. № 6, 40стр.

"进入上海合作组织将保证土耳其的行动更加自由"①。2016年12月和2017年1月,俄罗斯、土耳其、伊朗三个上海合作组织相关国家分别在莫斯科和哈萨克斯坦的阿斯塔纳就叙利亚问题举行会谈并发表联合声明,从而使三方在参与解决中东问题方面形成合力。

土耳其加紧靠近上海合作组织,并开启了逐步由上海合作组织对话伙伴国向观察员国,乃至成员国目标迈进的进程。这一动向已引起国际学术界和一些观察家的关注。然而,虽然目前土耳其正与俄罗斯和哈萨克斯坦等中亚国家积极商讨相关问题,但是这不意味着土耳其将与其他国际组织脱离关系。土耳其仍然不会轻易放弃加入欧盟的梦想。

三 土耳其中亚政策和外交路线的传承基础和驱动要素

现阶段土耳其对外政策是埃尔多安政府利用国际形势新特点,在多元因素共同作用下的产物。但是,我们只要深入其中,就不难看出土耳其的中亚政策万变不离其宗,依然坚持其传统的外交思想和路线。

(一)"建立一个统一的突厥语国家体系":土耳其民族主义的理念基础

土耳其威权民族主义的理念基础——"泛突厥主义"根植于其历史,在其中亚政策中根深蒂固。其中目标之一是希冀通过突厥语系民族间"天然的认同感",将全球战略意义之重要板块,即土耳其、俄罗斯、伊朗、阿富汗、中亚诸国境内所有操突厥语系的民族联合起来,建立一个横跨欧亚的"突厥语系联盟"。土耳其的政治精英所强调的在"同根""同宗""同族"的"突厥民族"情结和"共同历史""共通语言""共有文化"的历史文化框架内,与操突厥语系的国家和地区全面发展关系,"建

---

① Турция рассматривает возможность вступления в ШОС вместо ЕС, РИА Новости, 21. 11. 2016.

立一个统一的突厥语国家体系"的外交理念，对新生的中亚民族国家产生了强烈的影响。

1992年，中亚国家独立之始，土耳其总统图尔古特·厄扎尔（Turgut Özal）就提出了加强土耳其与中亚突厥语系国家的联系的想法，制定了建立一个类似欧盟的"突厥共同体"规划，并倡议召开首届突厥语国家首脑会议，参与国包括土耳其、哈萨克斯坦、吉尔吉斯斯坦、乌兹别克斯坦、土库曼斯坦和阿塞拜疆。1992年10月，首届突厥语国家首脑会议在土耳其首都安卡拉举行。同年，土耳其以创始国身份，倡导成立中亚西亚经济合作组织，得到刚刚独立的中亚各国的积极响应。该组织由土耳其、土库曼斯坦、乌兹别克斯坦、塔吉克斯坦、吉尔吉斯斯坦、哈萨克斯坦、阿塞拜疆、阿富汗、巴基斯坦、伊朗十国组成，是一个包括近800万平方千米土地，拥有3亿多人口，以伊斯兰文化为特色的国家间合作组织。其涵盖的区域战略地位十分重要，位于世界"心脏地带"，控扼阿拉伯海、波斯湾、里海、黑海、地中海等世界主要油气产区和海运要道。这一区域既是国际各种力量的聚集处，也是国际反恐怖主义的热点地带。

中亚国家独立后，土耳其历届执政者均利用历史渊源的吸引力、文化联系的感召力和民族间关联性的亲和力，释放自己在世界上所有突厥语系的国家和地区中的软实力影响。无论是土耳其第八任总统图尔古特·厄扎尔倡导的"突厥共同体"规划，还是第十一任总统阿卜杜拉·居尔（Abdullah Gül）提出的"六国一族"论[1]，乃至现任总统雷杰普·塔伊普·埃尔多安的"新奥斯曼帝国"思想都说明，"泛突厥主义"在土耳其的政治生活和外交政策中根盘蒂结。为了实现自己的长远目标，从苏联解体开始，土耳其就抓住机会，利用自身拥有的与中亚地区新生的共和国建立持久联系的有利条件，即"历史渊源"和"文化共性"，开辟了特殊的交往渠道，而深入其中。数十年间，土耳其的各种宗教教育组织在中亚地区积

---

[1] 六国是指土耳其、阿塞拜疆和中亚的哈萨克斯坦、乌兹别克斯坦、吉尔吉斯斯坦和土库曼斯坦。

极开展活动。它们凭借土耳其各种非政府组织和基金会的资助，广建宗教活动场所，整修和恢复宗教遗迹，招收中亚青年学生赴土耳其神学院学习。有专家评论，"所有这些投入的宗旨是宣传'泛突厥主义'"[①]。

1992年，土耳其、哈萨克斯坦、吉尔吉斯斯坦、乌兹别克斯坦、土库曼斯坦和阿塞拜疆六国在安卡拉举行首届突厥语国家首脑会议，讨论在保护、发展和传承突厥语系各国共同拥有的物质和文化遗产方面开展合作的问题。

1993年7月12日，六国在阿拉木图召开的第二届峰会上签署协议，宣布成立突厥文化－艺术共同发展组织（俄语：Организация по совместному развитию тюркской культуры и искусства，土耳其语：Türk Kültür ve Sanatları Ortak Yönetimi）。1996年该组织与联合国教科文组织开始正式合作，包括互设代表处和定期举行会商和咨询会议。

2009年，突厥文化－艺术共同发展组织更名为突厥文化国际组织（俄语：Международная организация тюркской культуры/ТЮРКСОЙ；土耳其语：Uluslarası Türk Kültürü Teşkilatı/TÜRKSOY）。突厥文化国际组织总部设在土耳其的安卡拉，总负责人由哈萨克斯坦文化部前部长卡西耶诺夫·秋谢·库拉巴耶维奇（Касеинов Дюсен Курабаеви）担任。除上述六国为正式成员国外，俄罗斯所属的阿尔泰共和国、萨哈（雅库特）共和国、图瓦共和国、哈卡斯共和国、巴什科尔托斯坦共和国、鞑靼斯坦共和国6个联邦主体和摩尔多瓦共和国的加告兹自治区被列为观察员。同年11月3日，以土耳其和独联体中突厥语系国家为基础成立的突厥语国家地缘政治组织——突厥语国家合作委员会（突厥议会，Turkish Council）取代了突厥语国家首脑会议。同年，突厥文化国际组织被纳入突厥语国家合作委员会。

2009年10月3日，在阿塞拜疆历史文化名城纳希切万市举行的第九

---

① К. Жаркынбаев, Разыграть карту Кыргызстана не прочь и Турция, Радио Озодлик, 29.05.2012.

届突厥语国家峰会上，哈萨克斯坦首任总统纳扎尔巴耶夫提议建立一个研究突厥语世界历史文明的国际性组织。2010年5月25日，以研究和重振突厥语世界历史、语言、文化为宗旨的国际突厥研究院（TWESCO），在哈萨克斯坦共和国首都的和平和谐宫揭牌。2014年8月28日，国际突厥研究院作为实证研究突厥语系国家在世界文明中地位的学术组织，获得了国际研究院称号。2015年6月8日，国际科学院联盟接纳国际突厥研究院为正式成员。截至2020年，国际突厥研究院成立10年来，组织开展了一系列教育科研工作，涉及考古调查、文化遗产整理、编撰突厥语国家统一历史教材《突厥通史》等，制定和实施了"突厥语世界晴雨表""文化遗产"等项目，参与联合国和教科文组织的大型学术合作活动，出版了近百部科研专著。

土耳其现任总统埃尔多安及其领导的正义与发展党在处理与突厥语系国家关系方面基于历史的积淀，表现出强烈的"大突厥主义"民族情绪和强烈的身份认同意识，借助突厥语国家合作委员会、突厥文化国际组织、国际突厥研究院等机制和平台，在中亚等一些国家施展人文合作的影响力，推行其外交政策。正如国际评论家所指出，土耳其通过软实力的传播策略，形成了"一个发达的国际组织网络"，构筑了"强大的意识形态基础"，从而冀望"在突厥语世界中发挥主导作用"[1]。

（二）"突厥语世界一体化"：土耳其中亚政策的基本原则和相关国家的回应

2011年10月21日，在哈萨克斯坦首都突厥语国家合作委员会宣告成立，并举行了首届峰会。这一区域性国际组织的成立，标志着苏联解体20年后，土耳其与中亚、外高加索等地区的"突厥语国家全面合作，实现一体化"的理念具备了实体化机制。在2009年第九届突厥语国家首脑峰会上，土库曼斯坦总统以该国外交政策建立在积极中立的基础之上为

---

[1] Фёдор Колосков, Каким целям служит ТЮРКСОЙ, Политическое обозрение, 22.10.2019.

由，拒绝在成立突厥语国家合作委员会的协定上签字；乌兹别克斯坦总统自1998年以后从未出席突厥语国家首脑峰会，所以土库曼斯坦和乌兹别克斯坦两个中亚国家被拒之于突厥语国家合作委员会（突厥议会）门外。

2012年8月22~23日，第二届突厥语国家合作委员会峰会和外长会议在吉尔吉斯斯坦首都比什凯克举行。其间，确定了该组织的统一旗帜，图案由土耳其国旗上的新月、吉尔吉斯斯坦国旗上的太阳、阿塞拜疆国旗上的星星和哈萨克斯坦国旗的颜色等元素构成，象征着成员国的共同合作和未来的共同目标。

2014年6月5日，第四届突厥语国家合作委员会峰会在土耳其博德鲁姆举行。会议提出"突厥语世界一体化"概念和构想。土耳其总统居尔表示，突厥语国家合作委员会的成立旨在促进各成员国的互相帮助，增进地区的和平稳定、团结合作；在这一框架下，土耳其将进一步提升与突厥语系国家的合作水平，应对共同的挑战。

2015年9月11日，第五届突厥语国家合作委员会峰会在哈萨克斯坦首都举行。峰会批准了"突厥语世界一体化"构想，筹备设立"突厥语世界一体化"基金会并以此作为执行单位，开设突厥语电视台，共同创建国际突厥语新闻频道，设立突厥文化信息交流中心等联合机构。哈萨克斯坦时任总统纳扎尔巴耶夫提出发突厥语世界之声，在全球推广突厥文化的倡议。土耳其、哈萨克斯坦、吉尔吉斯斯坦、阿塞拜疆四国教育部长会议宣布将《突厥通史》作为中小学历史通用教材，后续还将推出《突厥地理》和《突厥文学》等教材。此后，体现在文化、教育领域的"突厥语世界一体化"进程加快。

2016年10月，土耳其在军事介入摩苏尔收复战之后，进一步加快了民族统一主义和国家宗教化的步伐，欲再造奥斯曼帝国的新版图。埃尔多安声称，土耳其不会背叛其"中亚兄弟"和"逊尼派阿拉伯兄弟"。他还表明，土耳其可以根据外交政策的需要，有选择性地利用宗教教派的吸引力。埃尔多安对中亚政策的调整完全附和了土耳其历史的既有模式。

2017年9月，《突厥通史》（上卷）历史教材编写完成并通过审议，目前已进入土耳其、哈萨克斯坦等国家的中学课堂。这一事项不仅折射出"突厥语系国家历史文化认同"在突厥语系国家的循序渐进,逐步推广,而且标志着"突厥语世界一体化"建设首先在文化教育领域得到贯彻实施,并由理想变为现实。

2018年9月3日,在吉尔吉斯斯坦的乔尔蓬阿塔市举行了第六届突厥语国家合作委员会首脑峰会。这次会议以"传统民族体育和青年政策合作"为主题,通过了突厥语国家在文化、教育、体育和青少年培养等领域进一步促进"突厥语世界一体化"的系列文件。同时各国首脑还根据突厥语国家地处欧亚大陆中心地带的地缘优势,就充分利用各国的过境运输优势,深化突厥语国家之间的经贸关系,在突厥语国家贸易中改用本币结算,简化海关程序等问题展开讨论。值得关注的是,本届峰会通过了《突厥语国家发展纲要》,旨在进一步完善现有的突厥语国家一体化机制。

2019年10月14日,在阿塞拜疆首都巴库举行了第七届突厥语国家合作委员会首脑峰会。乌兹别克斯坦在离开突厥语国家合作机制9年后再次回归,成为突厥语国家合作委员会成员国。土耳其总统埃尔多安提议推举哈萨克斯坦首任总统纳扎尔巴耶夫为突厥语国家议会大会(Parliamentary Assembly of Turkic – speaking Countries)荣誉主席,得到与会代表一致通过。在本届首脑峰会上,哈萨克斯坦首任总统纳扎尔巴耶夫提出了关于制定"突厥未来2040"方案的建议。"突厥未来2040"方案包括突厥语国家长期建设目标和实施办法,其内容涵盖进一步加强外交政策、经贸、运输、旅游、投资、能源、绿色经济、中小企业等优先方向的合作,还包括推动文化、教育、青年政策、医疗卫生、数字化和人工智能领域的合作的措施。他总结了突厥议会成立以来所取得的一系列成果,其中最重要的是通过了"突厥语世界一体化"概念,为突厥语国家合作建立了可靠的体制架构,并不断提升本区域在国际上的地位。同年10月,在巴库举行了突厥语国家合作委员会成员国外长会议。哈萨克斯坦外交部部长穆赫塔尔·特列乌别尔德在会上引用首任总统署名文章《大草原的七个优势》指出,哈萨克斯坦是突厥语世界精神文明的中心与"摇篮",在人类文明的历史发展中留下了辉煌的足迹；共有的历史记忆将成为成员国互利合作的坚实基础。

长期以来，土耳其将中亚作为其"战略纵深"构想的目标区域。中亚国家独立后，土耳其不断加大与中亚国家的合作力度，试图持续扩大其在中亚地区的地缘政治影响力。埃尔多安执政后，沿用"突厥语国家一体化"项目，构筑其中亚政策，强调扩大突厥语的使用范围，在突厥语系国家推动语言的统一化。其政府部门建议在操突厥语人群原有之称谓后加后缀"突厥"，重新命名书写。在此政策推动之下，土耳其媒体开始使用诸如"乌兹别克突厥""吉尔吉斯突厥""鞑靼突厥"等词语取代以往已约定俗成的"乌兹别克""吉尔吉斯""鞑靼"等专有名称。

加强与中亚国家的合作办学，是土耳其政府文化教育政策的重中之重。目前中亚地区已建有多所与土耳其合作办学的高校，诸如阿塔图尔克－阿拉套国际大学、吉尔吉斯－土耳其玛纳斯大学、艾哈迈德亚萨维哈萨克－土耳其国际大学等。这些大学经历了几十年的发展，已成为中亚地区教育体系完善成熟的热门高校。土耳其教育部国际教育署还通过"国际学生交流站"项目吸引中亚国家留学生。截至2019年，已有26000名中亚五国等独联体国家的大学生享受到了土耳其政府的奖学金，并在土耳其留学。[①] 埃尔多安政府借助土耳其设在中亚各国的合办大学和留学生项目来施展其软实力影响。哈萨克斯坦、吉尔吉斯斯坦、土库曼斯坦等国纷纷接纳和利用土耳其教育设施和学校，发展本国的教育体系，并通过文化联系促进与土耳其的政治和经济合作。在埃尔多安及其政府的推动下，"突厥语国家一体化"首先在文化教育领域得以实施和实践，并成为土耳其对中亚、外高加索等国家和地区开展特色外交，施加意识形态影响的基础，而且这一进程在不断加速和深化。

反观之，在地缘政治格局中，土耳其的综合实力与美国、俄罗斯相比差距显著。但对于中亚而言，土耳其与本国大多数居民在历史文化渊源上

---

① Фёдор Колосков, Каким целям служит ТЮРКСОЙ, Политическое обозрение, 22.10.2019.

具有相近性，一些国家基于利益诉求，在某种程度上与土耳其相呼应，希望通过"寻根"来实现民族国家的认同感，由此提升了土耳其在这一地区的影响力。然而，中亚不是铁板一块。土耳其对中亚五国的政治经济的影响程度也不尽相同。坚守主权、独立的国家属性，坚持走独具特色的国家发展道路，是中亚各国至高无上的利益诉求。中亚国家虽然没有像俄罗斯那样对"泛突厥主义"高度警惕，但是对土耳其因素的影响也保持着很强的自主性和警惕性。

土耳其在中亚政策的实践中，总是能抓住地缘政治的新机遇，并根据时事变化不断调整与中亚国家交往的思路，进而提出与中亚国家关系发展的新目标，并从中获益。中亚国家的回应则往往根据纷繁复杂的国际形势，立足于国际关系机制，以实现本国利益的最大化为目标。

（三）强化经济合作是主要战略取向

20 世纪 90 年代初，苏联解体后，土耳其利用其与中亚地区在历史文化和语言上的"亲近关系"迅速在中亚国家开办了 2000 多家合资企业。同时，土耳其还以此为切入点，组建了专门机构，协调对中亚国家的政策，帮助、指导和鼓励这些国家建立和经营私人企业，发展市场经济。

哈萨克斯坦与土耳其建立了国家间商务委员会。一时间，土耳其的企业和产品占据了哈萨克斯坦诸多经济领域（交通、基础设施、建筑、通信、食品、轻工业和制药业）的优势地位。2008 年，哈萨克斯坦与土耳其之间的商品流通额达 15 亿美元；有 1600 家土耳其公司向哈萨克斯坦的各类项目注入资金。1993～2010 年，土耳其向哈萨克斯坦直接投资逾 18 亿美元。2004～2010 年哈萨克斯坦向土耳其直接投资超过 6 亿美元。2011 年土哈双边贸易额达 33 亿美元，比 2010 年提高了 73%。哈萨克斯坦向土耳其主要出口矿产资源、化工产品、非贵重金属及其制品；从土耳其主要进口建筑材料、化学产品、塑料及塑料制品、食品、机器和设备。2012 年 5 月 24 日哈萨克斯坦与土耳其签署了《新协作经济纲领》，其目标是实现土、哈贸易额达百亿美元。① 2019 年 1～9 月，哈土贸易额为 23 亿美元，同比增长 68%。双方计划全年贸易额超过 30 亿美元，投资项目总价值超过 60 亿美元。截至 2019 年，哈萨克斯坦境内有超过 4200 家土耳其企业，涉及能源、交通、农业、机械、基础设施建设等多个领域。哈萨克斯坦成为中亚地区土耳其企业数量最多的国家。

  土耳其对吉尔吉斯斯坦也采取了积极的外联政策。2010 年 4 月吉尔吉斯斯坦发生骚乱以后，土耳其资助其 1000 万美元的建筑材料。2011 年土耳其总理埃尔多安表示，将向吉尔吉斯斯坦注入 4.5 亿美元的投资。土耳其因此在吉尔吉斯斯坦得到了该国达斯坦（Дастан）军工厂 49% 的股份。② 2010 年以后，土耳其与吉尔吉斯斯坦的贸易额较之前增长了近 10 倍。此后，吉尔吉斯斯坦和土耳其打算再将贸易额提高近 3 倍，达到 10 亿美元。2012 年 3 月 19 日，吉尔吉斯斯坦领导人在土耳其举行的两国贸易投资论坛上表明，欢迎土耳其商人投资吉尔吉斯斯坦的黄金开采和加工业，吉政府将为此创造有利条件。2012 年土耳其对吉尔吉斯斯坦的出口增加了 50%，土耳其与吉尔吉斯斯坦的双边贸易额达 3 亿美元。土耳其各类企业对吉尔吉斯斯坦投资的金额达 5.85 亿美元。2013 年 1 月 26 日土耳其资本市场理事会代表团访问了吉尔吉斯斯坦，并与吉尔吉斯斯坦国家金融监管局在吉土经贸合作委员会框架下签署了合作与技术援助纲要，其内容包括协助吉尔吉斯斯坦发展与调整资本市场、建立贵金属交易中心、提高国民金融意识等。上述纲要的实施旨在提高吉尔吉斯斯坦资本市场对外资的吸引力，从而推动吉尔吉斯斯坦政府确定的国家级战略项目落地实施。2013 年土耳其与吉尔吉斯斯坦地方合作的贸易额达 2.97 亿美元。2014 年 1～8 月两国地方贸易额为 3.2 亿美元。2016 年土吉两国续签了 1999 年签署的避免双重征税协定以及 1992 年签署的关于相互鼓励和保护投资的协定，这为推动双方共同投资领域的发展奠定了坚实的法律基础。

---

① Экономические перспективы Турции и Казахстана, "Казахстанской правды", 19.07.2012.
② Мурат Лаумулин, Турция и Центральная Азия, Московский Центр Карнеги, 18.12.2012.

近 30 年来，土耳其对吉尔吉斯斯坦的直接投资额达 6 亿美元。① 2018 年，土耳其向吉尔吉斯斯坦提供的项目资金超过 9300 万美元。同年，土耳其与吉尔吉斯斯坦的贸易额为 4.24 亿美元。2019 年前 9 个月，双边贸易额为 3.26 亿美元。② 2019 年 11 月，土耳其与吉尔吉斯斯坦的贸易额比 2018 年同期增加了 1834.3 万美元，达到 4858.4 万美元。目前，土耳其已成为吉尔吉斯斯坦的第四大贸易出口国。③

2016 年 6 月 5 日，突厥语国家合作委员会秘书长拉米利·加萨诺夫提出，该组织成员国将签署统一的海关程序和标准化协议，以实现政府间经贸活动的便利化和标准化。尔后，该委员会推进实施了"丝绸之路"和"商队之家"等项目。这些项目的实施首先体现在海关领域相关协议的具体落实上，如成员国海关之间签署协议，实行统一政策，运用电子系统办理货物运输的过境海关手续，从而使得相关流程变得更简化、更透明。近年来，突厥语国家合作委员会作为一个区域性国际组织，正在从立足和加强成员国间文化教育的合作范式，转向提升和扩大其经贸合作水平，进而推进成员国之间的全方位合作和一体化进程。

（四）能源需求：土耳其中亚政策调整的关键促进力

土耳其西接欧洲能源市场，东邻环里海、伊朗和中亚的能源产地，是连接东西方的天然走廊和欧洲陆地能源进口的最重要通道。据世界银行的统计数据，土耳其是全球第 17 大经济体。其石油天然气储量匮乏，长期以来很难满足国内之需，能源几乎全部依赖进口，每年用于能源进口的费用大约在 500 亿美元。近年来，随着国家经济的迅速发展和人口的急遽增

---

① Чтобы достичь цели товарооборота в ＄1 млрд между Кыргызстаном и Турцией, мы должны устранить барьеры для нашей торговли, Tazabek, 22.11.2019.
② Кыргызстан и Турция намерены нарастить товарооборот в три раза, "Рамблер", 24.07.2019.
③ Кыргызстан и Турция намерены нарастить товарооборот в три раза, "Рамблер", 24.07.2019.

长，土耳其对进口能源的依赖不断提升。目前，土耳其91%的石油消费需求及98%的天然气消费需求需要进口来满足。根据预测，今后20年内，土耳其的能源需求将会以每年至少10%的速度递增，而国内能源的短缺已经成为其经济发展的隐患。这不仅加大了土耳其经济的脆弱性，而且迫使其外交政策日益显露出浓重的能源取向。为此，土耳其政府积极采取措施，致力于制定多样化的能源供应政策，确保能源安全。土耳其极为重视中亚的能源优势，积极加强与中亚各国的资源合作，致力于输油管道建设。

中亚丰富的油气资源是土耳其深入这一地区的主要经济驱动力。积极参与里海-中亚地区的石油天然气管道和过境运输路线的管控和博弈也是其多样化能源供应政策的选择之一。土耳其对里海-中亚地区能源的需求和依赖决定了它必将继续扩大在这一地区的影响力。

土库曼斯坦位于中亚的西南面，西濒里海，油气资源丰富，是仅次于伊朗、俄罗斯、卡塔尔的世界第四大天然气储量国，也是中亚地区向欧洲输送天然气的关键国家。土库曼斯坦计划到2030年天然气开采量达2500亿立方米，年出口天然气1800亿立方米。土耳其则是"南方天然气走廊"（South Caucasus Pipeline）的关键一环，也是里海天然气进入欧洲的中转国。

早在20世纪90年代中期，土耳其就与土库曼斯坦讨论关于修建跨里海天然气管道的问题，曾选择土库曼斯坦经伊朗达土耳其的管道路线作为修建计划，但是里海法律地位问题和环里海国家之间的矛盾，以及俄罗斯和伊朗的反对等因素使这一计划搁浅。之后，俄罗斯不断削减土库曼斯坦天然气的进口量，以致完全中止进口土库曼斯坦的天然气；土库曼斯坦因供气款问题也中断了向伊朗供气。在此情况之下，土库曼斯坦迫切需要另辟蹊径以寻求能源出口的新通道。土耳其为强化能源枢纽的地位趁机而入，积极密切与土库曼斯坦的关系。基于利益互补，土库曼斯坦成为土耳其在中亚地区最主要的天然气合作伙伴。

2014年11月、2015年1月和3月，土耳其总统埃尔多安和外长恰武什奥卢频频出访土库曼斯坦，双方就跨里海天然气管道路线问题达成框架协议。土耳其积极协调经阿塞拜疆运送土库曼斯坦天然气至欧洲的一系列事务。土耳其还联合阿塞拜疆呼吁土库曼斯坦加入跨安纳托利亚天然气管道建设计划。三国外长随后在土库曼斯坦举行会谈，讨论能源领域的合作以及从里海地区向欧洲输气问题。

2017年6月，土耳其、土库曼斯坦、阿塞拜疆和欧盟四方成立工作组，重启关于土库曼斯坦天然气运往欧洲的管道路线问题的研讨会。2017年12月，环里海国家外长会议宣布，里海法律地位公约草案制定完毕，已提交环里海各国审批。鉴于此，土耳其与土库曼斯坦加快了能源合作的步伐。

2019年4月19日，土耳其、阿塞拜疆、土库曼斯坦在伊斯坦布尔举行能源合作三方会议，讨论三国能源合作现状和前景，并签署联合声明，宣布将扩大彼此企业、科研机构在可再生能源、能源效率、绿色技术等油气工业和能源领域的合作事宜。油气行业对于土库曼斯坦国民经济的稳定发展具有重大意义。土库曼斯坦境内的东、西天然气管道已经建成。经过土库曼斯坦的BTC（巴库—第比利斯—杰伊汉）石油管线已成为里海石油出口的大动脉。长期以来，土耳其始终坚持与土库曼斯坦共建"跨世纪管道工程"，这必将使其在中亚天然气西输中发挥重要作用。

哈萨克斯坦是土耳其在中亚地区的另一个重要的能源合作伙伴。哈萨克斯坦油气资源丰富，其大部分资源蕴藏在里海的哈属区域。2019年1~10月，哈萨克斯坦原油出口总量为5956万吨，同比增长0.9%。2019年，哈萨克斯坦的石油出口量达7220万吨。未来世界石油价格的增长趋势、向南欧和亚洲市场铺设油气出口管线，以及大型国际公司不断参与哈国油气开采项目等将成为哈萨克斯坦油气领域进一步吸引投资的主要因素。

2016年2月初，纳扎尔巴耶夫总统指出，哈萨克斯坦将开始卡沙甘油田的商业开采，完成里海管道增产计划，而田吉兹雪佛龙项目的增产计划将使其产出额外产量；并结束别伊涅乌—博佐伊—奇姆肯特管道建设，以保障本国南部地区天然气供应，使哈萨克斯坦的天然气完全实现自给自足。土耳其时任总理艾哈迈德·达武特奥卢当月访问哈萨克斯坦。其目标有三：其一，通过纳扎尔巴耶夫总统协调土耳其和俄罗斯的关系；其二，旨在降低对俄罗斯的能源依赖，加强与哈萨克斯坦的能源合作；其三，在其参与开采卡沙甘油田后，获得哈萨克斯坦的石油天然气资源。土耳其表示其可以提供阿塞拜疆以远沿巴库—第比利斯—杰伊汉管线的油轮。除此以外，土耳其希望能与哈萨克斯坦签署跨安纳托利亚天然气管道（TANAP）建设的相关协议。虽然这条管道的建设因复杂的环境特点并不被看好，但是对于土耳其来讲，中国提出的"一带一路"倡议，为其建一条新的运输线路创造了重要的机遇。目前，土耳其正积极参与从中国经中亚和里海到欧洲的运输路线的论证工作，这条线路将经过哈萨克斯坦境域。

综上所述，土耳其中亚政策的另一面向则是极力凸显其作为中东、中亚等国家石油天然气输送至欧洲的必经之地的地理优势和枢纽作用。土耳其、哈萨克斯坦和土库曼斯坦等国具有共同的愿望，即加大对外能源出口，开拓对欧洲能源出口的新通道，实现能源供应的多样化。土耳其借助中亚各国能源优势和彼此之间的互补，已成为东西方能源中转的要津之一。

四 土耳其与中亚国家关系的阶段性和政策调整

回顾近三十年来土耳其与中亚国家关系的发展脉络，其关系经过了密切期、活跃期、冷淡期、重振期和强化期等阶段，目前仍在继续深化。其中折射出土耳其中亚战略的顺时而动和不断调整。从土耳其方面看，其中亚战略选择取向是寻求一种超地域、跨国家的新的"民族（或种族）共同体"的认同，致力于在一个特定的经济文化圈内充当领袖，进而强化自身在地缘政治、地缘经济和地缘文化中的主导地位。对于中亚国家来讲，随着各国日益融入现有的国际体系之中，它们对自己和世界的认识不断变化。中亚国家从最初对别国发展道路经验的盲从，逐渐转变为根据本国国情和国家利益选择发展道路和对外战略定位，其全方位外交政策追求的目标日益扩大。中亚各国已成为国际社会多边机制的积极合作者和重要参与者，并在其中发挥作用。

（一）土耳其与中亚国家关系由密切转向冷淡，继而重振

1992～2007年，土耳其与中亚国家关系从密切转向冷淡。十多年间双方共举办了七届突厥语国家首脑会议。此后，由于土耳其将主要精力置于加入欧盟之上，其与中亚突厥语国家的合作形式多于实际，且搞大国主义，不时表现出突厥语国家联盟"领头羊"的态势，引起中亚国家的不满。至此，中亚国家与土耳其的关系进入了短暂的"冷淡期"。突厥语国家首脑会议及突厥语国家和族群友谊合作大会亦因此中断。

随着国际各种势力围绕中亚地缘政治、地缘经济和能源的博弈愈演愈烈，土耳其意识到必须牢牢维系中亚这个与自己具有"亲缘关系"的地区，于是重提突厥语世界联盟，并积极参与中亚国家的能源规划。在与中亚国家关系中断五年之后，土耳其重新启动与突厥语系国家的合作。在土耳其的积极推动下，2006年9月，第十届突厥语国家和族群友谊合作大会在土耳其海滨城市安塔利亚恢复举行。同年11月17～18日，第八届突厥语国家首脑会议也在安塔利亚召开，与会首脑强调要进一步加强突厥语系国家之间的合作，实现共同发展。土耳其重回中亚带来的必然结果是彼此之间更为频繁的关系互动。

2008年以后，土耳其与中亚国家的关系重振。为了重新调整与中亚各国的关系，解决彼此间存在的实际问题，2008年2月6日，土耳其全球化战略研究所主办了主题为"土耳其在中亚地区的发展前景与存在的问题"的国际学术会议。2009年10月3日，第九届突厥语国家首脑会议举行，与会国家首脑签署了《纳希切万协议》，成立了与欧盟、阿拉伯联盟架构类似的突厥议会，其总部设在伊斯坦布尔。在这次会议上，土耳其、阿塞拜疆、哈萨克斯坦和吉尔吉斯斯坦四国首脑还签署了关于成立突厥语国家合作委员会的协定。2010年9月举行了第十届突厥语国家首脑会议，土耳其总统阿卜杜拉·居尔提出"六个国家，一个民族"的理论，

要求加强各国"基于共同历史、语言、文化和认同的团结"。2011年10月21日，首届突厥语国家合作委员会成员国峰会在哈萨克斯坦第一大城市阿拉木图举行。阿塞拜疆总统阿利耶夫、哈萨克斯坦总统纳扎尔巴耶夫、吉尔吉斯斯坦总统奥通巴耶娃和土耳其副总理博兹达出席会议，共同签署了《阿拉木图宣言》，各方在经济、安全、社会文化和国际事务合作四大领域达成共识。这次峰会被认为是开创了突厥语系国家合作的里程碑。2012年12月29日，世界突厥青年联盟第15届代表大会在伊斯坦布尔召开。与此同时，主题为"突厥民族青年同根源－同目标"的国际学术研讨会也在哈萨克斯坦历史名城阿拉木图召开。

除通过建立国家间组织加强联系外，土耳其与中亚国家关系的重新振兴，还表现在社会文化领域的务实合作上。早在中亚国家独立之初，土耳其就与中亚四个操突厥语的国家签订了"国际学生交流计划"相关协议。土耳其不仅派出教师前往中亚教授土耳其语，还接收了数千名来自突厥语系国家的留学生，并向他们提供奖学金。吉尔吉斯－土耳其教育规划受到土耳其的高度重视。截至2012年，已有来自吉尔吉斯斯坦的2000多名大学生在土耳其学习。哈萨克斯坦也有1500多名留学生毕业于土耳其的各所高校。[①] 一批又一批在土耳其学习毕业的中亚留学生返回各自祖国，服务家乡建设。为了加强与这些学生的联系，土耳其教育部国际教育署不仅建立了国际学生交流站，还组建了土耳其毕业学生数据库、突厥语国家大学联盟和突厥语国家科研基金会。在国际突厥语文化组织的推动下，2011年5月，土耳其举行了突厥语国家与地区社会电视媒体会议，其主旨是"媒体联合，人民联合"，加强突厥认同和突厥文化的宣传和保护，推广突厥语世界语言的同一化。

2012年是"国际学生交流计划"相关协议签署20周年，土耳其举办了各种论坛、学术研讨会、文艺演出等。国际突厥语文化组织为此举办了画展。这一系列活动都通过土耳其广播电视总局中亚频道和音乐频道现场直

---

① Астана－Анкара: синергия партнерства, Казахстанская правда, 24.05.2012.

播。在土耳其和哈萨克斯坦密切合作和努力之下，哈萨克斯坦的图尔克斯坦市建立了以霍加·艾哈迈德·亚萨维（Х. А. Ясави）[①] 的名字命名的亚萨维哈土国际大学，在阿拉木图开办了以苏莱曼·德米雷尔（С. Демиреля）[②] 的名字命名的非国立大学，建立了 Достык（哈萨克语：友谊）教育中心和 24 所中小学。在伊斯坦布尔开办了以哈萨克伟大的思想家、著名诗人阿拜·库南巴耶夫的名字命名的学校。

在加强文化教育和经济贸易合作的同时，土耳其还积极扩大在中亚的军事影响，主要致力于军事技术和军事政治方面的合作。10 年间，土耳其为土库曼斯坦培训了 1299 名各类军事人才，为乌兹别克斯坦培训了 426 名各类军事人才，为吉尔吉斯斯坦培训了 401 名各类军事人才，为哈萨克斯坦培训了 383 名军事教官。[③] 1999～2012 年在军事技术合作框架下，土耳其给予吉尔吉斯斯坦 1250 万美元的军事援助。[④] 综上可见，中亚国家独立建国 20 周年之际，正是土耳其加强与中亚操突厥语的国家合作关系的又一个良好契机。土耳其为推动与中亚国家的合作正在注入新的活力。

（二）埃尔多安执政后土耳其与中亚国家关系进入新的活跃期

埃尔多安当政以后，通过大量的外交技巧和传递方式展示其强势的外交风格和新的政治意愿，并根据新的战略环境，进行对外政策的调整，提出了"中亚为土耳其外交政策轴心"的理念，在与中亚各国合作关系的延续和演变中凸显土耳其在中亚、中东地区拥有举足轻重地位的政策取向。

[①] 霍加·艾哈迈德·亚萨维（1103～1166），伊斯兰教的一位圣人，安葬于哈萨克斯坦历史名城图尔克斯坦市。

[②] 苏莱曼·德米雷尔（Süleyman Demirel，1924 年 11 月 1 日～2015 年 6 月 17 日），土耳其政治家，7 次出任土耳其总理，1993～2000 年任第九任总统。

[③] Мурат Лаумуллин, Турция и Центральная Азия. Московский Центр Карнеги, 22. 10. 2012.

[④] С. В. Кожемякин, Внешняя политика Киргизии в зеркале интеграционных процессов в Центральной Азии. № 1/2014 (105).

通过与中亚国家建立特殊交往渠道，经过不断磨合，土耳其与中亚各国的双边和多边关系已实现正常化、稳定化和制度化。

1. 土耳其与哈萨克斯坦：最亲密和最可靠的合作伙伴

哈萨克斯坦是中亚经里海通向世界市场的重要门户。土耳其针对哈萨克斯坦在外交方面实施了一系列计划，为其深入中亚地区创造了条件和机遇。哈萨克斯坦独立以来，土哈两国签署了80多个协议和意向合同，涵盖政治、经济、教育和文化等领域。2015年，哈萨克斯坦庆祝哈萨克汗国建立550周年，总统纳扎尔巴耶夫称："作为'突厥之根'的土耳其总统的到来，具有象征性的意义。土耳其是哈萨克斯坦最亲近、最可靠的政治和经济伙伴。"[①]

"土耳其和哈萨克斯坦是欧亚地区两翼。"[②] 土耳其与哈萨克斯坦一直保持着政治上互信、经济上支持的伙伴关系。两国元首一致认为，在全球威胁和挑战不断增多的背景之下，双方应强化在反恐和军事领域的合作，携手维护国际安全与稳定。2015年末，土耳其与俄罗斯关系恶化，哈萨克斯坦总统纳扎尔巴耶夫为恢复土俄关系正常化积极斡旋，经过长达一年的调解，结束了土俄之间的紧张关系状态。2016年8月5日，纳扎尔巴耶夫总统访问土耳其，在安卡拉与埃尔多安总统举行了会晤。他多次表示，哈萨克斯坦和土耳其是两个环绕"丝绸之路"的国家，承担着连接东西方的纽带作用；欧亚经济联盟的建设为土耳其开辟新的市场创造了条件，哈萨克斯坦支持土耳其与欧亚经济联盟建立自由贸易区。

与此同时，哈萨克斯坦主张，积极推进土-哈工业园区的建设和过境运输领域的合作。哈萨克斯坦认为，过境运输项目的实施为土耳其创造了经哈国到中国和东南亚的便捷途径，而哈萨克斯坦也能经土耳其直达欧洲和地中海东部沿岸地区。2015年4月5日，土耳其和哈萨克斯坦在双边《"新协同效应"经济计划》框架内，签署了19个双边经济合作项目，价值超过8亿

---

① Коммерческих документов насумму более ＄800млн，NUP KZ, 16.04.2015.
② Турция и Казахстан – два тюркских крыла Евразии, "Kazakhstan", №1, 2006 год.

美元。这些项目涉及建筑材料、基础设施建设、商业军事、船舶修理和海上运输等领域。另外，还有23个总价值达28亿美元的项目将付诸实施。双方还积极磋商建设全长988千米的热兹卡兹干（Жезказган）—别涅乌（Бейнеу）铁路，该铁路与正在建设的格鲁吉亚阿哈尔卡拉奇至土耳其卡尔斯的新铁路对接，后形成经巴库、伊斯坦布尔沿马尔马拉抵达欧洲国家的新铁路干线，即"铁路丝绸之路"计划。[①] 2016年，土耳其奥斯提姆（Ostim）工业园区在南哈萨克斯坦州奇姆肯特设立办事处。奥斯提姆工业区拥有5200家企业，并具有50年的相关建设经验。与此同时，哈萨克斯坦的奥恩图斯提克（Oнтустік）工业区也在土耳其的安卡拉设置了办事处。奥恩图斯提克工业区已有84家企业，可提供2500个固定就业岗位。[②] 据统计，目前在哈境内共有1600多家土耳其企业。2018年9月8日，土哈两国商定近期双方努力将商品周转额提高到50亿美元，最终达到100亿美元。

土耳其和哈萨克斯坦还共同推进土耳其"中间走廊"计划和哈萨克斯坦"光明之路"新经济政策计划的对接。目前土哈正在实施的工业合作项目达25个。纳扎尔巴耶夫总统多次邀请土耳其优秀企业积极参与哈萨克斯坦正在大力推动的工业创新发展规划和"光明之路"计划的投资项目。

2. 土耳其与乌兹别克斯坦：昔日兄弟—不友好国家—重归于好

乌兹别克斯坦独立建国后，土耳其一度对其有不小的影响力。以文化教育领域为例，自1993年起，土耳其在乌兹别克斯坦陆续开设了365所教育机构。但是土乌之间的兄弟友谊好景不长。土耳其与乌兹别克斯坦两国因乌反对派领导人萨利赫问题关系恶化。1999年，塔什干发生了企图谋杀卡里莫夫总统的暴恐事件，而被指控与事件有关的反对派领导人穆罕默德·萨利赫长期居住在土耳其。2005年萨利赫在接受土耳其电视台采

---

① Казахстан и Турция подписали 19 коммерческих документов на сумму более 800 млн долларов,《zakon.kz》, 16.04.2015.
② В Южном Казахстане открыто представительство турецкой индустриальной зоны Ostim, Kazakhstan Today, 04.02.2017.

访时声称，要借多国爆发"颜色革命"之机在乌兹别克斯坦发动一场"天鹅绒革命"。之后萨利赫成为由6个乌兹别克斯坦反对派联合建立的"乌兹别克斯坦人民运动"的领导人，成为乌兹别克斯坦境外最大的政治反对派领袖。萨利赫长期居住在土耳其，令乌兹别克斯坦政权十分不满。2011年，萨利赫在土耳其宣称，要仿效中东、北非，通过非暴力手段推翻卡里莫夫政权。土耳其议会还将乌兹别克斯坦列入"五个不友好国家名单"。由此，两国关系交恶。乌兹别克斯坦驱逐了境内的大部分土耳其企业，两国的文化交流项目也被取消。

2016年9月2日，乌兹别克斯坦总统卡里莫夫去世后，土耳其总统埃尔多安第一时间访问乌兹别克斯坦，并赴撒马尔罕参加卡里莫夫总统的葬礼，与当时代为行使总统职务的前总理米尔济约耶夫举行会谈。埃尔多安希望，"土耳其与乌兹别克斯坦的关系掀开新的一页，两国的关系提升为兄弟国家的水平"。埃尔多安访问乌兹别克斯坦意味着两国迈出了相互理解、改善关系的重要一步。

2016年12月，米尔济约耶夫当选新总统以后，土耳其政界认为，"一个新时代的到来意味着在改善两国关系的道路上已不存在任何障碍"；"如果乌兹别克斯坦现任总统米尔济约耶夫考虑到本国的经济发展，希望提高自己在国际社会上的地位，那他势必改善与土耳其的关系"①。

米尔济约耶夫当政以后，土耳其与乌兹别克斯坦的关系进入新的历史时期。正如土耳其政界和埃尔多安总统所评价的，"土耳其和乌兹别克斯坦关系进入一个新时代。两国关系提升为兄弟国家的水平"②。2018年4月30日，土耳其埃尔多安总统率领庞大的代表团访问乌兹别克斯坦，与米尔济

---

① Турция надеется 《Открыть новую страницу》 в отношениях с Узбекистаном, Радио Озодлик, 17. 11. 2016.
② Эрдоган: Турция надеется открыть новую страницу отношений с Узбекистаном, "Рамблер", 16. 11. 2016.

约耶夫总统签署了24份合作协议、50个新投资项目，总价值达30亿美元。①

3. 土耳其与吉尔吉斯斯坦：共同的"突厥语系"和相似的"民主政治"

在土耳其的中亚政策中，土耳其以共同的"突厥语系"和相似的"民主政治"将中亚的"民主岛"吉尔吉斯斯坦作为优选国家。两国政府之间不仅加强高水平外交关系，而且支持某些政府部门、议会、地方自治机构和教育设施开展交流合作。这使得无论是政治和商务精英，还是广大的草根阶层的互联互通都不断加强。2011年4月25日，吉尔吉斯斯坦与土耳其签署了互免签证协议。2012年两国总统签署了《土耳其－吉尔吉斯斯坦建交20周年联合声明》，宣布建立战略联盟。两国外长签署了《土耳其－吉尔吉斯斯坦2012—2013年合作备忘录》和《司法协助条约》。土耳其时任总统阿卜杜拉·居尔强调，土耳其与吉尔吉斯斯坦在政治领域方面的合作不只限于双边，还将继续加强在国际领域的合作。土耳其在经济、贸易、军事、安全和国防问题等方面与吉尔吉斯斯坦进行了深入合作。

近十年来，吉尔吉斯斯坦首都比什凯克和南都奥什两个城市同伊斯坦布尔之间的贸易增长了31%。吉尔吉斯斯坦从土耳其进口的贸易额在4.3亿美元的基础上增长了12倍。2015年吉尔吉斯斯坦加入欧亚经济联盟以后，拥有了1.7亿人口的欧亚经济联盟内部市场，借此也明显加强了与土耳其的经贸合作。2016年1月18日，土吉两国领导人在会晤时指出，在世界动荡局势加剧的情况下，两国对外政策优先发展方向应该符合各自国家利益。2015年12月~2016年1月，土吉两国在安卡拉举办了"吉尔吉斯斯坦商务论坛"，土方建议吉方建设"土耳其模式"的工业园区。2016年1月21~22日，两国签署了建设工业园区备忘录。按照双方达成的协议，吉尔吉斯斯坦将为投资者创造优惠条件，为土耳其商户降低税收。

---

① 《Браво, президент!》- встреча Мирзиёева и Эрдогана, Центр-1, 01.05.2018.

2016年3~4月，土耳其派出大型考察团在吉尔吉斯斯坦进行市场调研。①
2016年11月23~24日，两国总理在伊斯坦布尔就经济合作，尤其是在农业、物流中心和国际商品验证实验室的建设等方面达成协议并签署了合作计划实施备忘录。②

2017年11月，索隆拜·热恩别科夫就任吉尔吉斯斯坦总统后的土耳其之行，是其对独联体以外国家的首次正式访问，旨在加深和扩大吉尔吉斯斯坦与土耳其的战略伙伴关系。土吉两国总统达成一系列经贸协议，目标是将双边贸易额增加到10亿美元③，并加强在贸易、医疗、运输、能源、采矿、农业、投资等方面的合作。

吉尔吉斯斯坦与土耳其的文化交流比经济联系更加积极活跃。2016年，两国联合举办了三场文化活动：诗人奥马尔·苏尔丹诺夫（Омора Султанов）的创作晚会、著名作家成吉思·艾特玛托夫（Чингиза Айтматов）的纪念会、纪念苏联著名的吉尔吉斯族导演托拉穆沙·奥基耶夫（Толомуша Океев）的活动。自1992年以来，有3500名吉尔吉斯斯坦学生获得了土耳其的奖学金，吉尔吉斯斯坦－土耳其玛纳斯大学已成为教育领域最成功的项目之一。④目前土耳其不仅在吉尔吉斯斯坦形成了一套从幼儿园到研究生培养的完整的教育体系，而且成为吉尔吉斯斯坦青少年选择的主要留学国家。正如索隆拜·热恩别科夫总统所评价的，吉尔吉斯斯坦与土耳其文化领域的互动已达到新的水平。⑤

---

① Дарья Подольская, Кыргызстан и Турция подписали меморандум о строительстве промышленной зоны, Бишкек – ИА 《24. kg》, 25. 01. 2016.
② Кыргызстан и Турция обсудили вопросы экономичесогосотрудничества, Review. uz, 25. 11. 2016.
③ Екатерина Розина, Жээнбеков и Эрдоган договорились увеличить товарооборот между Кыргызстаном и Турцией до $1 млрд, Комсомольская правда, 10. 04. 2018.
④ Президент Жээнбеков совершит официальный визит в Турцию, 《Азия тв》, 30. 03. 2018.
⑤ Екатерина Розина, Жээнбеков и Эрдоган договорились увеличить товарооборот между Кыргызстаном и Турцией до $1 млрд, Комсомольская правда, 10. 04. 2018.

4. 土耳其与土库曼斯坦：以"两个国家，一个民族"为座右铭发展友好关系

土耳其自称是土库曼斯坦最忠实的朋友，长期以来充当土库曼斯坦与阿塞拜疆争端调停者的角色。土耳其对土库曼斯坦的影响较之其他国家更为深远。土库曼斯坦独立建国以来，两国的高层会晤已形成了定期性、常态化的机制。土库曼斯坦在中亚国家中率先以土耳其为典范，改用拉丁字母拼写本国国语——土库曼语，与土耳其在政治、经济、文化、教育等方面加强了合作关系。2012年3月、2014年6月、2015年3月土耳其和土库曼斯坦两国首脑举行了三次会谈。土库曼斯坦总统别尔德穆哈梅多夫强调，土库曼斯坦和土耳其是"两个国家，一个民族"[①]；两国将以此为座右铭发展兄弟般的友好关系，巩固和强化双方在政治、经济、文化等领域的合作。双方在此基础上签署了能源、交通运输、旅游和农业等多项协议。

土耳其与土库曼斯坦的双边贸易增长速度很快。土库曼斯坦从土耳其进口大量的生产制造和配套的机械设备。据土耳其商务部的统计数据，2019年12月，土耳其与土库曼斯坦的贸易额为8571.5万美元，比上年同期增加了3007.6万美元。2019年，土耳其从土库曼斯坦进口的金额约为2.52亿美元，土耳其对土库曼斯坦出口的金额约为6.7亿美元。2019年全年，土耳其与土库曼斯坦的双边贸易额约为9.22亿美元，比2018年增加了2.16亿美元。[②] 目前土耳其在土库曼斯坦注册的企业数达600余家，投资总额接近500亿美元。近30年来，土耳其在土库曼斯坦落地的

[①] Роберт Катлер, Турция и Туркменистан –《двагосударства, однанация》,《Asia Times》, 08.03.2012.
Турция и Туркменистан заключили ряд двусторонних соглашений, Gundogar - news, 04.06.2014.

[②] По итогам 2019 года между Туркменистаном и Турцией вырос товарооборот, Информационный портар Туркменистана, 23.02.2020.

企业推进实施的项目超过600项，总价值逾210亿美元。①

2015年8月3日，经中国、哈萨克斯坦、阿塞拜疆、格鲁吉亚、土耳其和乌克兰到欧洲的跨里海国际交通运输通道（ТМТМ）投入运营，首趟集装箱专列沿中国石河子—哈萨克斯坦多斯德克（Достык）—阿塞拜疆阿里亚特（Алят）的铁路抵达里海最大的巴库国际海运贸易港。这一国际海运贸易港还服务于巴库至位于里海东岸的土库曼斯坦石油加工工业中心的土库曼巴士以及巴库—阿克套和巴库—伊朗港口的水运线路。2016年6月1日，跨里海国际交通线上新的具有竞争力的运价费率已生效。2016年9月初，土耳其、土库曼斯坦和阿塞拜疆三国签署了关于建设从北京到伦敦的交通走廊的《阿什哈巴德宣言》。这个计划亦如巴库—第比利斯—卡尔斯的铁路，将建设三个航空港和其他配套设施。② 土耳其致力于将这一项目与土耳其交通发展规划相对接。土耳其与土库曼斯坦等里海-中亚国家在交通运输等领域推进的项目建设无疑能为欧亚等许多国家带来经济效益，并为地区政治、经济、人文等领域的交流发展提供新的动力。

自2017年起，土库曼斯坦与土耳其就携手推进"青金石走廊"建设项目。早在2000多年前，青金石就是中亚向中东、欧洲和北非输出的主要商品之一。"青金石走廊"是指从阿富汗经土库曼斯坦、阿塞拜疆、格鲁吉亚到达土耳其的陆上和水上路线。2018年12月，首次沿"青金石走廊"将农产品运抵目标地土耳其的试运输取得成功。为推动可持续多式联运过境运输走廊的建设，沿线各方制定了相关法律法规，利用物流中心和陆港构建了包含公路、铁路、海路和航空的运输网络。2019年以来，土耳其与土库曼斯坦致力于发挥物流企业在发展交通运输走廊中的作用，共同推进"青金石走廊"建设项目，使中亚成为欧亚地区最大的物流运

---

① Туркменистан утвердил свой состав межправкомиссии с Турцией, Туркменстан, 16.12.2019.
② Азад Гасанли, Азербайджан, Турция и Туркменистан подписали декларацию в рамках Транскаспийского маршрутаБизнес, 05.09.2016.

输中心，进而扩大沿线国家的贸易规模和提升区域经济一体化。

概而言之，为了成为地区强国，土耳其的外交路线以恢复和加强自身在欧亚地区的影响力为核心，强化与邻国和地区大国的关系，支持伊斯兰国家和操突厥语的国家，以里海－中亚地区和中东地区作为自己影响力的轴心和半径，并以此为舞台展现自身的软实力和军事力量。

结　语

2020年4月10日，突厥语国家合作委员会召开应对新冠疫情紧急状态非例行元首峰会，就如何消除新冠疫情对各国和全球经济带来的负面影响，保障未来区域和国家间的经贸合作，以及采取何种共同应对措施交换了意见。土耳其总统埃尔多安指出，应加强突厥语系国家间应急中心的合作，共同应对疫情；在经济合作方面，延长土耳其、阿塞拜疆、格鲁吉亚到中亚的铁路货运，扩大货物运输量。土耳其更关注有关国家在巴库—第比利斯—卡尔斯跨境铁路干线的正常货运量问题上的态度。土耳其外长恰武什奥卢在成员国外长会议上强调，"突厥语国家合作委员会成员国将在经贸、海关事务和基础设施发展等领域发挥重要的作用"。

土耳其在新冠疫情全球性蔓延期间，坚持以扩大软实力影响，强化与中亚国家的政治和经济关系为既定目标；以突厥语国家合作委员会为平台，确定合作的重点举措；除给予中亚国家人道主义援助外，还积极主张将维护公共卫生安全事项纳入"突厥语系国家愿景2040计划"；加强与中亚国家的交通走廊建设，促进和确保商品过境与运输畅通；筹备启动电子商务合作项目，制定联合行动计划，发挥突厥语系国家工商业联合会和突厥语系国家基金投资委员会的作用，推进经济合作事宜，弥补疫情造成的损失，共同应对世界经济新形势，保证可持续发展。

·特稿·

凯末尔在中国媒介话语中的形象：1923～1938年

◎马细谱

【内容提要】 凯末尔是土耳其现代史上和中东民族解放运动中杰出的人物之一。土耳其人民在他的领导下摒弃了奥斯曼帝国遗留的陈规陋习，建立了共和国和议会民主。他对内实行大刀阔斧的改革，对外奉行世界和平，把土耳其引上了欧洲现代化的道路。凯末尔的伟大人格和奋斗精神受到了20世纪二三十年代中国报刊的称赞与尊敬。他的革命思想和改革精神以及成功事业给中国人民留下了不可磨灭的印象，中国人民即使在艰苦的抗日战争年代也在宣传凯末尔、赞美凯末尔，也没有忘记凯末尔其人其事。这是中国和土耳其友好关系的重要见证。

【关 键 词】 土耳其 凯末尔 媒介话语 人物形象 中国

【作者简介】 马细谱，中国社会科学院世界历史研究所研究员，首都师范大学区域国别研究院首席专家。

凯末尔一生没有来过中国，但是他的革命思想和改革精神以及成功事业却在中国留下了不可磨灭的印象，得到了20世纪二三十年代中国报刊的广泛评论和赞扬。第一次世界大战前夕，土耳其和中国分别被西方殖民主义者视为西亚和东亚的两个"病夫",饱受欺凌和侵略。然而,一战结束后,凯末尔在土耳其领导资产阶级民主革命,对内推翻了持续时间长达6个世纪的苏丹专制制度,对外驱赶西方霸权主义势力,建立了共和国,走上独立自主的发展道路。

1929年,中国南京国民政府与土耳其共和国建立了正式外交关系,互派了外交人员,两国官方和民间的交往增多。正是在此前后,中国媒体和学界开始关注、了解和研究土耳其、土耳其革命和凯末尔其人其事。这可以从当时的一些专访和通讯文章看出来。如果翻阅1923年至1938年中国南京和上海两地的几种报纸和杂志,就会发现有的报纸几乎每天都登载有关土耳其的消息,多种刊物的创刊号都在其显著位置刊发了有关凯末尔的文章。它们像一幕幕电影浮现在人们眼前,那些泛黄的纸页依稀在向人们叙述一个个动人的故事。这些真情实意的文字深深地感动着笔者,使笔者觉得有必要记录下来,把它们再呈现给今天的读者们。[①]

一 《新土耳其》一书夸赞凯末尔领导土耳其革命的贡献

1927年中国出版的《新土耳其》一书[②],在社会上引起了广泛反响。作者在书中论述了土耳其国家的兴起、衰落和复兴,重点介绍了土耳其共和国的诞生和凯末尔的贡献。他在讲到土耳其复兴的原因时说:"是因为土耳其到了1919年的时候,已经有了民众的觉醒了……自1919年后,土耳其民众跟着他们的革命领袖走,不计成败,不管利钝,总是朝前的动,朝前的干;所以即令一时没有成功,但凭这点觉醒,我们也总可以相信他们必有成功之一日。"(《新土耳其》,第2页。以下为方便行文,只在引用时备注页码。)

[①] 首都师范大学历史学院硕士研究生徐蕊帮助提供了本文的相关报刊资料,特此致谢!
[②] 柳克述编《新土耳其》,商务印书馆,1927。柳克述(1904~1987)是一位知名学者,是中国第一位对土耳其进行研究的学者,著有《土耳其革命》《近世外交史》等书。其中,《新土耳其》是第一本关于土耳其的著作。

1927年正是中国革命最困难的年代。该书作者坚信,土耳其的今天就是中国的明天。他说:"这一次土耳其的革命,以凯末尔等为先锋,以全体民众为后盾,对内有普遍的觉醒与一致的团结,对外有奋勇的军队与敏捷的外交,各出全力,各下决心,一个生气勃勃的新土耳其,便是这样艰难缔造起来的。我们的地位,与过去的土耳其恰有同病;现在土耳其已经复兴了,已经找到新的生命了,只是我们应该要如何努力啊!"(第4页)作者还明确指出,当时的中国应该向土耳其学习,以土耳其为榜样。他写道:"以过去的政治、经济、司法、外交各种地位论,土耳其与中国最相类似;现在中国状况尚陷纷乱,而土耳其对内对外的革命却已告一段落;艰苦卓绝,卒底如成。尤觉处处可供参考,事事可资效法。"(第1页)

对于1923年土耳其共和国成立后,凯末尔以196票对1票的绝对多数当选为共和国的第一任总统,《新土耳其》一书的作者做了这样的总结:"土耳其的国体问题总算有了正确的解决。把六七百年来罪孽深重的帝国政治,还它一个烟消火灭;回想起从前土耳其人呻吟憔悴于专制淫威之下,不聊其生,不得其死,岂曾料竟有今日!"(第331页)

在作者的笔下,新土耳其的建设取得了举世瞩目的成绩,彻底改变了土耳其的落后面貌。他说:"自从这次革命,土耳其共和国的执政者,他们的眼光是比较深远的,他们的思想是比较新颖的。所以就能够一反向日所为,相与励精图治,从各方面去实行现代化、西方化,以期与世界各文明国立于同一标准线上。他们的这种决心与态度,对于外交的折冲是如此,对于内政的兴革也是如此。"(第337页)作者深信,新土耳其的各项改革计划和建设事业定会获得成功。"总而言之,现在土耳其革命已经成功,正在力谋建设,一方面以获得独立自由的资格,与各强国各民族相周旋;一方面又极注意休养生息,以图国力的恢复与充实。假使在进行中不遇若何重大的事变,则新土耳其的繁荣,良可计日而待。"(第338页)

新土耳其在短短的两三年里,整顿全国教育,改良司法,奖励农工商业,开展妇女运动,并在其他领域进行改革,到1926年各项改革措施已经取得明显成效。作者看到中国革命的主要敌人仍是帝国主义、封建势力和军阀，列举了新土耳其革命成功的几点启示，"或对中国改造前途，也是不无借鉴之处"（第353页）。新土耳其革命取得胜利的原因有：民众的觉醒、革命势力的集中、外交胜利、团体组织的严密、应付事机的果断、领导者。

作者这里所指的领导者，当然是凯末尔。他认为，在三四年的时间里，凯末尔用军事和外交两手创建了一个新土耳其，让西方世界为之惊服。"凯末尔是一个最高领袖，要处理一切大政方针；而同时在国民军中，他又是一个全军统帅，时常要去亲身督战。在政治军事两方面，他所负担的责任都非常重大，而又都能胜任愉快。像这样的干才，在并世豪杰中原也不多见啊！"（第361~362页）

对于新土耳其共和国的缔造者凯末尔，作者充满了敬意，在书中专门开辟一章，谈凯末尔的生平。他指出，对于真正革命者的成功，绝非侥幸所致。"他要看清环境，他要抱定信仰，他要以毕生精力去贯彻、实践。"（第363页）凯末尔就是这样的领袖人物。

凯末尔成立共和国和颁布新宪法仅仅才用了两三年的时间，但新土耳其取得的成就足以值得中国学习。作者感叹道："我们想想，土耳其自建国700年来，苏丹一向就是政治上的领袖，教主也一向就是宗教上的权威，积习相沿，等闲不敢把他怎样；今革命政府乃一律揭破而毁灭之，其思想、其行事，真也令人起敬！"（第407~408页）

新土耳其革命已经成功，建设已经起步。从一战结束到1926年，新土耳其已经描绘出自己的发展蓝图。作者在全书的结尾，再次把当时的中国与土耳其作比较，动情地呼吁国人以新土耳其为榜样，不要气馁，奋起直追，以实际行动改造和建设中国。不是光在一旁赞叹，而是要学习，要有行动。他写道："当兹快要搁笔之时，尚有未尽之一言，应为读者诸君告：土耳其与中国同为近东远东两大病夫，相似之处最多，相念之情倍切……现在土耳其已经霍然病已，而中国转有病入膏肓之势；我们目观彼邦人士激昂振奋，顺利进步之处，应该是如何的羡慕与惭愧呢？昔人有言：'临渊羡鱼，不如退而结网。'我进步的觉悟的国人啊，我们不要徒然羡慕，不要徒然惭愧，我们还是进一步去努力'结网'吧！"（第410页）

作者还指出："土耳其之与中国，真也算得遥遥相对的一对难兄难弟了。可是到了这几年来，近东方面的那位兄弟力自振奋，竟能霍然病已；最惭愧的只是僭称哥哥的我们，一向依然故我！纵未获以身作则，宁不能见贤思齐？我中国的志士仁人，其将何以善自处呢？"（第2页）

二 高度评价凯末尔的改革及其成就

从目前查找到的资料来看，中国报刊早在1920年就第一次报道了凯末尔革命活动的相关消息。例如，以当时影响最大、历史最悠久和最权威的《东方杂志》（1904～1948年）为例，该刊1920年第17卷刊登了题为《土耳其国民党（即尔后的共和人民党）领袖凯末尔将军》的照片和简介；1921年《东方杂志》第18卷又登载了标题为《在安卡拉土耳其国民党政府领袖凯末尔》的照片和解说。1922年，《东方杂志》又多次登载了凯末尔参加活动的照片，有如下的标题：《希土大战及近东时局：土耳其总司令凯末尔》（第19卷）、《近东战争之扩大：凯末尔在营中摄影》（彩图，第19卷）、《安卡拉政府外交总长凯末尔》（彩图，第19卷）、《近东之战胜利后的土耳其：君士坦丁堡人民游行市街，以祝胜利》（彩照）。

1923年，凯末尔创建土耳其共和国并当选第一任总统，《东方杂志》重点介绍了凯末尔的生平，并附有不同时期的照片（包括彩照）。这一年《东方杂志》的最后一篇综合消息，总结了这一年新生共和国的政绩："土耳其自改建共和政体以来，凡事厉行革新。新总统凯末尔严令全国妇女废除面幕。图为在埃及开罗之土耳其妇女，服装如旧，面幕则已除去矣。"（彩照，第20卷第24期，第1页）

这里，我们特别推荐笔名"幼雄"发表在1923年《东方杂志》第20

卷第6期上的长篇文章《凯末尔的生平》①。从下面几个小标题我们便对该文略知一二："历史小说中的人物""反抗专制主义者""入狱的前后""凯末尔与安弗尔②""上安弗尔的一个条陈""重回故京""凯末尔与福立特的仇视""安卡拉国民议会""凯末尔的战略""凯末尔是怎样一个形貌"。作者开门见山地指出，由于建国，他"闻名全球"。去年他带领土耳其军民打败了希腊，今年统辖土耳其全国，"他的功绩，差不多和我国历史小说中所描写的一般"。现在人家都称他为"铁人"，"安卡拉泥城中的铁人"。

另一位作者在《拯救土耳其于危亡中的凯末尔》③一文中说，土耳其和中国是两个"同病相怜"的国家。"土耳其原来和我们中国却有许多同病相怜的地方，这一点很是得记着，决意做这篇文，贡献于我国的同胞。"化鲁还指出，凯末尔把土耳其改造为共和国，"表示世界历史中一个专制帝国的崩溃"，是民主的"最后的大胜利"。没有开国元勋凯末尔，决不会有今日的土耳其。④

同时，《东方杂志》对土耳其和凯末尔的报道和介绍在中国舆论界开了关注土耳其共和国及其领袖凯末尔的先河，带动了旧中国对遥远土耳其的关注和研究。笔者在查阅1923年至1938年的报刊时，发现有20多种大大小小的周刊、半月刊和月刊对土耳其和凯末尔的兴趣不减，成为"历史的忠实记录者"。报纸中要数当时在上海创刊、近代中国发行时间最久、具有广泛社会影响的报纸《申报》（英文：Shun Pao，1872~1949）最为突出。

这些报刊上的消息、报道、专稿（包括部分译文）和述评的一个共同特点是，称赞土耳其共和国建国以来取得的举世瞩目的成绩和凯末尔改

---

① 幼雄：《凯末尔的生平》，《东方杂志》1923年，第20卷，第6期，第55~61页。
② 即恩维尔·帕夏（Enver Pasha），曾任奥斯曼帝国政府的国防大臣。
③ 落霞：《拯救土耳其于危亡中的凯末尔》，《生活（上海1925A）》，1928年，第4卷，第2、3、4期，第5~16页。
④ 化鲁：《土耳其共和国成立》，《东方杂志》，1923年，第20卷，第22期，第16页。

革的功绩，分析土耳其与中国的历史和国情，认为两者情况基本相同，土耳其的成功值得中国借鉴和效仿。

土耳其共和国的诞生，让中国舆论界看到了凯末尔是一个"伟大的革命家"，也从中看到了中华民族复兴的希望。有作者称土耳其共和国缔造者凯末尔是民族英雄。"凯末尔为土耳其民族解放英雄，彼善利用帝国主义之相互冲突，出奇制胜，使土耳其脱离列强束缚，得到自由，其精神之伟大，能不令人肃然起敬耶？"① 另一位作者称赞道："成立土耳其民主国于亚洲，唯凯末尔盖世之英才。"共和国建立才五六年，已变成民主国家，"内政已百度维新，其在国际上之地位，已为列强所不敢轻视"。"此虽不能不归功于土国人民之觉醒，但其中有劳苦功高，出类拔萃，盖世之革命英豪，出而领导群众，重造邦国，是即土耳其伟大之革命家穆斯塔法·凯末尔其人也。"②

土耳其革命的成功鼓舞了正处于内忧外患之中的中国的知识界。其时中国南京国民政府对外妥协于帝国主义，对内发动内战。从广东开始的资产阶级民主革命也半途而废，各派军阀混战不已。所以，有的学者强调，一战后，民族解放运动在亚洲高涨，诸多弱小民族奋起反抗，争取民族独立和自由，唯独土耳其成功了。"现在中国正向独立自由的途径走去，对于这个新兴的土耳其，尤其对于这个土国民族的领袖凯末尔，应予以特别的注意。""欧战前后的近东病夫，已成为独立自由的国家，我们何以不引为前车之鉴，把这个远东病夫，也造成亚洲独立自由的共和国呢？"③ 文章还指出，"我们现在最需要的是民族的团结，有一个强有力的领袖人物"。

基于上述见解，本文发现，除了正在对中国虎视眈眈的日本，在亚洲还没有哪个国家像土耳其那样，没有哪个领导人像凯末尔那样吸引中国报

---

① 丁伯恒：《凯末尔传略》，《军事杂志（南京）》1935 年，第 75 期，第 262 页。
② 陈念中：《凯末尔之生平及其革命事业》，《建国月刊（上海）》1929 年，第 2 卷，第 1 期，第 41~42 页。
③ 《凯末尔的对外政策》，《中央周报》1928 年，第 26 期，第 8 页。

刊和舆论界如此广泛的重视和敬仰。那些热情洋溢的文章，那些发自肺腑的言辞，那些诚恳的态度，溢于言表，跃然纸上。这些在很大程度上都是对土耳其和凯末尔的客观评价，是中国知识分子意见的表达。应该说，那时，中国正处于困惑和彷徨之中，与万里之外的土耳其国家和凯末尔本人交往甚少，对其既不大了解，更不熟悉。许多信息是通过苏联和英美等国获得的。

历史进入20世纪30年代，随着凯末尔改革成果的外溢和土耳其国际地位的提高，中国报刊对凯末尔锐意改革、励精图治的关注和赞许也上升到了一个新的高度。在这10年里，土耳其共和国经历了两件大事：共和国成立10周年和凯末尔逝世。中国报刊围绕着这两个事件进行了大量的报道，刊登了不少较有分量的文章。

1933年正值土耳其建国10周年。中国报刊大量刊登了有关土耳其建国十年成就的文章。既有中国学者自己撰写的，也有一些比较好的英美记者的采访稿译文。其中，《申报》率先发表了一组纪念性的通讯和文章。该报在1933年10月29日《凯末尔政绩——以农民繁荣为基础》一文中写道："明日为土耳其民国成立之十周年纪念，全国人民皆注意凯末尔总统所成就之非常大政绩。凯末尔总统之成功，系以农民之新繁荣为基础。土耳其农民向处于苛政重税之下，困苦不堪，今则感受农业银行与六百会社之援助。"① 接着，文章列举了凯末尔的其他改革及其成就，诸如采用拉丁字母和新文字，使教育趋于简易；废除伊斯兰教的国教地位；变更服装与社会风俗，使女子获新自由；"预算案不借外债而能平衡，通货已见稳定"；"土国对俄之友谊，及对希腊、南斯拉夫、匈牙利与罗马尼亚之不侵略公约，已成黑海公约之要素"。

此时，日本侵略者在制造了1931年的九一八事变后，侵占了中国东北地区，并开始染指华北地区。中国学界对凯末尔一生保卫祖国、建设国家、改革进取及其灵活的外交政策表示钦佩。一位学者在评价凯末尔的改

---

① 《凯末尔政绩——以农民繁荣为基础》，《申报》1933年10月29日，第8版。

革成果时写道:"由于凯末尔的热心改造,经过十余年来的不断努力,社会上各种新基础,都已渐渐树立稳固。土耳其已步入近代国家之林,今日的土耳其,已是世界的一个强国了。"①

土耳其经过十年的改革和奋斗已经取得了令人羡慕的成绩,并成功克服了20世纪20年代末30年代初的世界性经济危机。有的报刊载文强调,土耳其短短的十年,凯末尔"已经把那个在世界被推为最顽梗的、迷信的和好战的人民,改变范型为一种现代化的、进取的、友善的共和国人民了。他率领着他国家的人民虽在世界发生经济恐慌之中,竟不要挪借外债……在土耳其历史上的第一次十年之中,平安度日,不遭遇着什么危险"②。在土耳其举行建国十周年庆祝活动时,凯末尔发表了长篇演说,陈述了土耳其十年来的一切情况。"我们在这儿敬祝土耳其日趋繁荣,更希望凯末尔拿出更大的力量,打倒一切压迫弱小民族的帝国主义者而拯救一切弱小民族。这样,始可谓现时代的大伟人!"③

在把目光集中到土耳其建国十周年的同时,对凯末尔领导的土耳其革命和中国的抗日现状进行比较也是一部分作者必然要做的工作。他们公开提出土耳其是中国学习的榜样。这里,本文推荐1934年《前途》杂志上刊登的《土耳其复兴与凯末尔》一文,以飨读者。此文开宗明义,在第一段写道:"昔日西人常称东方有二病夫。远东病夫为吾中国,近东则土耳其。今近东病夫已霍然醒矣,而远东病夫则每况愈下,至于今日,病势且危尔,大有不可终日之势;是诚强弱异形,而应为吾人所猛省者。果兹从兹猛省,奋起直追,则前事不忘,后事之师,吾国前途尚未始不可有为……今吾敌国外患之来,较之当日之土耳其所遭或犹过之,则吾国复兴之工作至少亦当不亚于土耳其。幸国人勿悲观,勿自馁,努力前

---

① 曹毓俊:《凯末尔与土耳其》,《中山半月刊》1938年,第3期,第23页。
② 丁鹤:《土耳其国父凯末尔及其新生活政策》,《血汗周刊》1934年,第2卷,第10期,第14页。又见谢挚生《新土耳其与凯末尔》,《现代青年》1935年,第6期,第10页。
③ 《国际译报(上海1932)》,1933年,第1~12期,第79页。

进,终有复见光明之一日也。"①

该文强调,不能嫉妒他国他人,而应该像土耳其人民一样团结在凯末尔周围,"万众一心,以赴国难",并透露了一个信息:一个中国考察团访土,受到凯末尔接见,凯末尔表示,对中国之遭遇严重国难,极于同情,而期望其复兴。"独以中国土地辽阔,人民众多,是或不如土国之易。吾人遨听之余,能不以是自警乎?"

另外,1935年《国衡》在创刊号上的一篇综合报道也值得我们关注。这篇报道指出凯末尔像中国的孙中山先生一样认为,要建设国家,就要先建造交通系统,铺设铁路,兴办银行,操练新式军队,解放妇女,改革选举和行政等。该报道文章在最后得出结论说,土耳其人民观往知来,"不能不自慰自傲"。"十二年努力有这样的成绩,再加十二年,当土耳其国民庆祝其建国二十五周年纪念之时,当然更有欢忭歌舞。那个时候,希望中国已经把建设基础打好,而东亚细亚二大兄弟国左右辉映,为亚洲增加一点辉光,给西方人一点惊奇。这是在于我们国民自己的努力,及中国领袖的决心。"②

1936年,《申报》在年中的专稿栏目中发表了一篇署名文章,题为《新土耳其的经济建设》。该文作者一一列举了土耳其在工业、农业、外贸、银行业等各个领域取得的成绩,引用了大量的数据。作者特别强调"凯末尔统治下的新土耳其,是建立在这三大主义之上的,即国粹主义、现世主义、工业立国主义"。1923年以来的新土耳其共和国,"无论在经济和政治方面,都努力从事于完全独立的发展。它的最基本的任务便是使农业国发展而为工业国"。为此,自1934年起,新土耳其仿效苏联,制定五年计划,实行计划经济。"这计划的重点也和苏联计划经济有些类似,即是将重要产业作为国有国营,注意国防建设。"并且强调,"全国电气化是祖国发展的重要因素"③。

---

① 王道丰:《土耳其复兴与凯末尔》,《前途》1934年,第2卷,第7期,第1页。
② 《民族英雄凯末尔》,《国衡》,1935年创刊号,第23页。
③ 王特夫:《新土耳其的经济建设》,《申报》1936年12月13日。

1937年，有作者认为土耳其取得的成绩是有目共睹的，但功劳应归功于凯末尔。土耳其共和国自建立之日起，他便"开始新土耳其的建设工作，锐意改革，实行政教分离，改良司法，整顿教育，奖励农工商业，提高妇女地位，并宣布了一个经济建设的五年计划"。"从前被人们认为近东病夫的土耳其，现在复兴了，是个和世界列强角逐的壮士了。苏莱曼大帝时代的光荣，将再现于今日新土耳其，这就是伟大的民族英雄凯末尔始终艰苦奋斗的业绩。"①

还有的作者看到土耳其的成功，感叹中国革命何时也能成功，表达了忧国忧民的迫切心情。他写道："凯末尔领导下的土耳其国民革命成功了。反观我国，在革命时代的前后，很像土国的革命环境。他们赖有天才的革命领袖凯末尔统筹兼顾，艰苦奋斗，卒告成功。而我们这革命的收获是怎样呢？"②

1938年，一位作者在讲到凯末尔的精神对土耳其和中国的影响时说，凯末尔革命的时候遇到很多的困难和失败，但他以永不妥协的决心把一切困难都克服了。"假使土耳其没有一个凯末尔出来，那末土耳其说不定要被瓜分灭亡，土耳其人民说不定要像犹太人一样，尝着亡国奴的苦痛。"作者进一步比较了土耳其和中国的形势，指出土耳其为中国作出了榜样，"在抗战中的我国，其艰苦卓绝，与欧战时的土耳其的情形相同……因此土耳其的复兴，也是我们大中华民国复兴的最好榜样。只要我们始终不懈，最后胜利，没有不成功的"③。

三 一切赞美之词属于凯末尔

1938年10月20日，《申报》公开报道称，凯末尔总统病势业已加剧，肝痛已久，体气日衰，颇堪忧虑。官方及政界人士均在讨论总统继任

---

① 葛文：《土耳其的救星凯末尔》，《公余》1937年，第3期，第467页。
② 蕉影：《土耳其的革命领袖凯末尔》，《现代评坛》1936年，第2卷，第4期，第34页。
③ 五月生：《现世动态：七日一谈：凯末尔的精神》，《现世报》1938年，第29期，第2页。

人选问题。

1938年11月10日，凯末尔与世长辞，以《申报》为代表的报刊纷纷报道了这个噩耗以及土耳其各界的缅怀纪念活动。《申报》在11月13日的第5版登载了凯末尔的遗容照片和土耳其国会选举新总统和组建新内阁的情况。11月11日，土耳其国会以348票全体一致选举前任内阁总理穆斯塔法·伊斯麦特·伊诺努（Mustafa İsmet İnönü）为总统。新总统发表了简短而激动人心的演说，"谓当遵循凯末尔故总统遗教而赓续向前迈进"。11月13日，该报在第16版发表了一篇署名文章，介绍了土耳其一战前后的社会变化和凯末尔自幼至登上总统宝座的生平和战斗经历，这一切"从此就奠定了他发奋救国的基础，终于成为世界伟大的人物之一"。他因病去世，"使举世人士，震悼不已"①。

11月23日，《申报》报道了11月21日土耳其为凯末尔致哀，举行隆重国葬的相关情况。各国军舰均悬半旗，以表敬意。11月30日，该报透露，凯末尔早在逝世之前的1937年6月，就把全部私产捐赠国家，获土耳其国民议会通过，并向总统表示感谢。

1938年，中国多家报刊也登载了纪念凯末尔的文章。例如，《小主人》杂志在"模范人物"栏目里载文指出，"从今天11月10日起，胜利者凯末尔总统竟就此去世"。文章描述了安卡拉万人悼念的情景，"安卡拉满街都沉静起来，除了清道夫默默地在扫去地上的《泰晤士报》号外，各店铺都关了一半铁门。店员们在里面谈些胜利总统的……不知从什么地方传来一阵哀乐声，国人失掉了一个艰苦卓绝的领袖"②。

1938年11月15日出版的中国人民的抗日刊物《全民抗战》，在首页发表的一篇社论特别值得推荐。该社论由近代中国著名记者和出版家、中国抗日救亡运动的救国会领导人之一邹韬奋先生撰写，哀悼凯末尔总统逝世。文章写道：

---

① 严懋德：《新土耳其创国英雄凯末尔的童年》，《申报》1938年11月13日。
② 任菊岩：《模范人物：胜利总统凯末尔》，《小主人》1938年，第11期，第19~20页。

新土耳其开国元勋凯末尔总统于本月10日逝世，这不但是土耳其全国国民所痛悼，也是全世界同情土耳其奋斗精神的人所悼惜的。尤其是在我们中国正在艰苦奋斗，争取民族独立解放的同胞，对于这位领导土耳其反抗侵略，达到"抗战必胜，建国必成"的民族英雄，格外敬重，对于他的不幸逝世，也格外感觉到深刻的悼惜。

我们悼念这位新土耳其的"国父"，想到他领导全国反抗侵略的成功过程，不禁深深地感觉到我们中国当前的苦斗，实有从土耳其接受许多宝贵的经验和教训的必要。

中国和土耳其在以前是被人鄙视地叫作"远东病夫"和"近东病夫"……当时（指一战后）土国的苦难，较之今日中国的遭遇，有过之而无不及。而当时凯末尔振臂一呼，领导全国积极奋斗，铲除腐化，振奋人心。

我们中国英勇抗战到了今日，有不少进步，也有许多缺憾。自广州失陷武汉撤退后，无可讳言地更增加了多少困难。但是我们看了新土耳其的先例，应该只有克服困难的决心，不应存着消极颓废的观念。①

凯末尔"经历了多少困难磨炼，忍痛潜修，增加阅历，扩充识见。可见天下肩负大事业的人，绝非有大修养不可"②。

早在1935年，当凯末尔第三次连任共和国总统时，中国学界就认为，这是"土国人民为报其功而酬其能"，也是凯末尔实至名归。有作者指出："凯氏之所以一而再，再而三的被选为大总统，一方面固然是土国人民念其功劳，一方面亦是凯氏本人有其能力和人格，是爱其国家人民者，国家人民亦恒爱之，凯氏之连任，非出有权力与述数，盖以现在的土国，

---

① 邹韬奋：《凯末尔与新土耳其》，《全民抗战》1938年，第36期，第1页。
② 《民族英雄凯末尔》，《国衡》，1935年创刊号，第23页。

除凯氏而外，孰能堪为此一国之领袖？"① 没有凯末尔就没有新土耳其。有的学者写道："新土耳其的光荣历史，的确是从凯末尔创造起来的。有了凯末尔，才有独立于世界上的新土耳其。"②

中国作者还分析了凯末尔受到人民群众喜爱和欢迎的原因，即在于"他的伟大的人格，奋斗的精神，坚强的意志，彻底的态度，果敢的魄力，和为整个民族的幸福而牺牲自己的思想，的确是值得称颂的"③。

有的学者认为，凯末尔是深受土耳其人民崇拜的英豪，并抨击关于凯末尔是个独裁者的言论。他们指出："凯末尔最显著的几种特性，便是鞠躬尽瘁，专心为国。意志的坚强，他对于自己的民族是十分忠心耿耿的。他是第一流的军事家、行政家。他有坚决真切的意志，能够不辞劳苦的工作。他是个能够感动民众的领袖，对于事物有极锐敏的眼光。他是个深渊的思想家，当担负责任的时候，竟是个百折不挠的铁汉。土耳其共和国便是他伟大的纪念碑。由于他对于民族命运的一种志诚，故他的祖国竟重现色彩于地图之上。"④

还有作者感叹，"土耳其总统凯末尔最近离开其亲手创造的共和国，溘然与世长辞，消息传出，举世震悼"。凯末尔在其国家奄奄一息的时候，担负起了救国救民的艰巨重任。"经过了三年的苦战，把他的战败国家重新登入胜利之门，雪报欧洲病夫的奇耻，更再接再厉的本其坚决不移的信念，又把他的文化落后的人民教养成一个生气勃勃的现代民族。凯末尔现在虽已溘然长逝，但他的精神却永远在土耳其存在。……从此以后，土耳其的历史，将因凯末尔的伟大人格放一异彩。我们中国正遭遇着五千年来历史上所未有的国难，在我们奋斗求生的进程中，对于土耳其革命成功的历史教训，人人应该记取，人人应该起来，鼓起我们民族至大至刚的

---

① 焰生：《七日谈：凯末尔三次连任》，《七日谈（上海1935）》，1935年，第1卷，第11期，第1页。
② 苇君：《救亡运动的实干者凯末尔》，《中国学生（上海1935）》，1936年，第2卷，第5~6期，第66页。
③ 葛文：《土耳其的救星凯末尔》，《公余》1937年，第3期，第467页。
④ Khairallah：《凯末尔——新土耳其的创造者》，《东方杂志》1928年，第16期，第55页。

精神，把我们的敌人驱逐出境，土耳其就是我们的好模样！"①

1939年初，中国众多报纸杂志的开头大多标出内容提要称："一个不幸的消息，土耳其的救主——凯末尔将军/总统于1938年11月10日与世界永别了，享年只五十有八。"各个报刊都配有凯末尔在不同革命时期的照片以及安葬仪式的场景。

1939年，有作者继续撰文指出："土耳其前后不到二十年，今已变成一个现代化强国，实皆其故总统凯末尔氏一人努力抗敌救国，有以致之。故土国人皆称凯末尔氏为'土耳其国父'。"凯末尔确实是"他山之石"，值得抗击日本侵略者的中国人学习。②

就在这一年，一向报道土耳其和凯末尔较多的《东方杂志》载文说，新土耳其的创造者凯末尔因病逝世，"他不但是土耳其共和国的开国元勋，并且是弱小奋斗独立运动中的典型人物"。他把素称"近东病夫"的土耳其变成了现代化的新兴国家，"他的事迹是值得我们敬仰的"。"我们今日的处境，和欧战后的土耳其相仿佛。只要全国的人民和那时土耳其人民一样的沉毅坚决，不折不挠，抗战的胜利建国的成功一定是有把握的。现在我们一方面悼惜凯末尔氏；另一方面却感谢他给了我们许多可以借镜的地方。"他的谢世，是土耳其人民和世界弱小国家人民的"重大损失"。③

直到1942年，中国的一个刊物还登载了一篇长文，缅怀凯末尔的功绩。文章一开头便说，我们今天要说的是"在亚洲西端一个国家里一位英雄的故事"。这个国家曾被人称为"近东病夫"，但"在欧战刚打完后三四年内，义旗一举，居然把陈腐的政府革掉，这几年来革新内政，建设地方，很是生气蓬勃。因此一向叽骂它的一变而为夸赞它的，一向瞧不起它的也不敢不以正眼看它了。'病夫'之名，于是乎终。领导这国家做革命运动的，便是大家都已闻名的凯末尔将军。"凯末尔从领导土耳其革命一开始就意识到："要使土耳其能在现在的世界上立足，非把它'欧化'

---

① 曹毓俊：《凯末尔与土耳其》，《中山半月刊》1938年，第3期，第23页。
② 张因明：《土耳其国父凯末尔》，《大风（香港）》1939年，第31期，第981页。
③ 《新土耳其的创造者：凯末尔》，《东方画刊》1939年，第1卷，第10期，第24页。

不可,于是就凭他坚强的意志,不顾一切地铲除腐朽的制度,建立起新的制度。在数年之内,居然很有成效,将老大帝国的暮气一扫而空,国内到处充满着新的生气。"

作者最后总结道:"从凯末尔将军,我们青年的读者至少可以得到几点教训:第一,他教给我们热忱的爱国心,奋身为国的精神,担当起救国的责任;第二,他教给我们服务的道德和个人的私德,为国家为社会努力;第三,他教给我们勇敢和毅力,以百折不挠的精神向前奋斗……我们现在反躬自问:我们有他那样热烈爱国心吗?有他那样嫉私奉公的精神吗?有他那样勇敢的毅力吗?我们的国家不也是被人叽为'病夫'的吗……只要大家心目中存着一个救国的意识,中国就像土耳其一样不会再是'病夫'的了。"①

总的来看,上面中国报刊对凯末尔总统的与世长辞,表达了深切的哀悼,对凯末尔本人使用了一切赞美之词。可以说,到1939年为止,我们还找不出第二个中外逝者能够享用如此之多和如此之高的评语。这些溢美之词有:"革命先驱""救亡运动的实干家""民族英雄""民族解放运动的旗手""革命者""革命领袖""复兴领袖""胜利将军""天才的军事家""铁汉""土耳其之新先知""新土耳其的创造者""土耳其的救星""土耳其现代化设计师""改革家""世界重要人物""伟人""杰出领袖""共和国缔造者""共和国之父""共和国大总统",等等。

当然,像对待历史上任何一位伟人一样,关于凯末尔及其领导的革命的评价,在土耳其国内外也存在不同的声音,不可能完全一致。一位土耳其的大学历史教授悉纳·阿克辛(Sina Akşin)指出:"在任何国家的历史上,都很少有人能像穆斯塔法·凯末尔在土耳其那样改变一个国家的历史潮流和人民的生活……在阿塔图克去世已过半个多世纪后,时间的久远将会促成客观的评价,以克服近年来兴起的负面批评。"

---

① 刘朗泉:《谈谈凯末尔将军:新土耳其的英雄》,《劳动服务月刊》1942年,第5期,第92~94页。

在中国，尽管许多方面对凯末尔好评如潮，但同样也不乏独立见解。大家都熟悉的毛泽东主席对凯末尔革命就有与众不同的、冷静而客观的评价。他在1940年1月发表的《新民主主义论》中指出，在一战和十月革命之后，"还有过一个基马尔式的小小的资产阶级专政的土耳其……由于中国的特殊条件（资产阶级的软弱和妥协性，无产阶级的强大和革命彻底性），中国从来也没有过土耳其的那种便宜事情。一九二七年中国第一次大革命失败之后，中国的资产阶级分子不是曾经高唱过什么基马尔主义吗？然而中国的基马尔在何处"[①]？

其实，这也就是说，在第一次世界大战后的俄国十月革命的影响下，欧洲和亚洲的民族解放运动风起云涌，一批中小国家宣告民族独立，纷纷建立了共和国。其中，被冠上"欧洲病夫"绰号的土耳其就是一个较为典型的例子。其时，中国爆发了震惊中外的1919年的"五四运动"，1927年以蒋介石为首的国民党反动派屠杀了共产党人和革命群众，此后中国爆发了土地革命战争和抗日战争。凯末尔领导的土耳其和国民党统治下的旧中国同为半殖民地半封建国家，有着许多相似的历史经历和现实的社会问题。但两国的地缘战略地位不同，人口、土地面积相差巨大，面临要解决的国内外问题也不尽相同。而且，中国人民在中国共产党的领导下，将新民主主义革命转变为社会主义革命，并建立了社会主义国家，而土耳其则停留在资产阶级民主共和国阶段。

历史是照耀后人的一面镜子。中国和土耳其在历史上都曾是世界性的大国，现时又都是二十国集团中的重要发展中国家。中国人民在艰苦的抗日战争年代曾宣传凯末尔，赞美凯末尔，缅怀凯末尔；在今天中国和土耳其关系发展的新时代，中国同样敬仰凯末尔其人，不会忘记凯末尔其事。

[①] 毛泽东：《新民主主义论》，载《毛泽东选集》（第二卷），人民出版社，1991，第680~681页。毛泽东主席称凯末尔建立了资产阶级专政，在很大程度上是源于斯大林的说法。斯大林说："基马尔式的革命是民族商业资产阶级的上层革命，它是在反外国帝国主义者的斗争中产生的，在其继续发展中实质上是反对农民和工人、阻碍土地革命发生的。"参见斯大林《与中山大学学生的谈话》，人民出版社，1953。

·专题研究·

土耳其共产党的发展变化、理论主张与主要活动探析[*]

◎朱传忠

【内容摘要】 土耳其共产党的历史可以追溯至1920年9月,虽历经挫折但仍不断发展,并在21世纪出现了相对复兴的发展势头。同时,在21世纪土耳其共产党也发生过分裂,土耳其国内出现了多个以共产党和工人党命名的组织,还有毛派组织和托派组织。2014年,土耳其共产党召开进步大会,通过了名为《社会主义纲领》的新党纲,并强调坚持社会主义是人类唯一真正的必要的选择。在理论探索方面,土耳其共产党对世界形势、1917年十月革命、土耳其政局都进行了新的探索和评价。在活动方式上,土耳其共产党通过召开大会和研讨会,参加土耳其选举,组织游行示威活动,以及参与国际性共产主义活动,加强宣传教育等形式扩大自己在国内外的影响力。目前土耳其共产党没有与中国共产党建立党际交往联系,且领导人和成员的代际差异较为明显,影响力相对有限。

【关 键 词】 土耳其共产党 社会主义 政治活动 选举政治

【作者简介】 朱传忠,河南科技大学人文学院副教授,陕西师范大学土耳其研究中心兼职研究人员,西北大学叙利亚研究中心兼职研究员。

---

* 本文是国家社科基金项目"20世纪中东国家共产党研究"(项目批准号:16CSS009)的阶段性成果。

《土耳其研究》第3辑,第54~71页。

土耳其共产党既是世界社会主义运动的一支重要组成力量，也是土耳其国内一个具有一定影响力的政治组织。2020年正值土耳其共产党成立一百周年，土耳其共产党（有学者称其为"新土耳其共产党"）举行了多次纪念活动[①]，如纪念该党创始人穆斯塔法·苏布希（Mustafa Suphi）的活动。然而，国内外学界对土耳其共产党的关注和研究并不多见。[②] 本文在简述土耳其共产党历史的基础上，尝试探讨21世纪以来土耳其共产党的发展变化、理论主张、主要活动和现实影响等内容。

一 土耳其共产党的发展变化

土耳其共产党的历史可追溯至1920年9月10日在巴库召开的土耳其共产党第一次代表大会。[③] 其主要领导人苏布希在1921年1月前往安纳托

[①] 国内学者余维海和刘春元称土耳其共产党为"新土耳其共产党"，但土耳其共产党自己并没有采取这一名称，故沿用"土耳其共产党"称谓。不过在查阅资料的过程中，土耳其共产党的网站有两个，分别是共产党（KP）和土耳其共产党（TKP）。由于前者已经停止了活动，本文仅涉及土耳其共产党。此外，土耳其有多个使用"共产党"名称的组织，从政治主张上看，可以分为布尔什维克派、社会党国际派、毛主义派、托洛茨基派等。

[②] 除媒体报道外，国外学者还未探讨过土耳其共产党的发展新变化，相关成果仅论及土耳其共产党的发展历史。目前国外有关土耳其共产党的资料主要来自土耳其共产党英文网站（https://www.tkp.org.tr/en）、土耳其左翼新闻网站（https://news.sol.org.tr/）、世界共产党与工人党会议网站（http://www.solidnet.org/home）、欧洲共产党倡议网站（https://www.initiative-cwpe.org/en）等网站资料。国内并没有编译土耳其共产党的相关资料。《当代世界共产党党章党纲选编》仅仅编译了土耳其工人党（今称"爱国党"）的章程和纲领，而未编译土耳其共产党组织的纲领。其他国内相关研究成果参见刘春元《土耳其共产党对社会主义的探索》，《当代世界与社会主义》2010年第5期；刘卫卫《土耳其共产党论资本主义经济危机和国际共产主义运动》，《唐山师范学院学报》2010年第6期；余维海《土耳其共产党对当前帝国主义的分析》，《社会主义研究》2013年第6期；余维海《新土耳其共产党纲领评析》，《中国矿业大学学报》（社会科学版）2016年第5期；余维海《土耳其共产党探析》，博士学位论文，华中科技大学，2017；王喜满、李文倩、梁子璇《共产国际成立100周年与争取和平和社会主义的斗争——第21次共产党和工人党国际会议的成果与特点》，《当代世界与社会主义》2020年第1期。

[③] 关于土耳其共产党的早期历史可以参见George S. Harris, *The Origins of Communism in Turkey*, The Hoover Institutionon War, Revolution and Peace, 1967; Walter Z. Laqueur, *Communism and Nationalism in the Middle East*, Routledge, 1956。

利亚的途中被暗杀,至于是谁暗杀了土共的领导人,至今仍是历史悬案。1925 年,土耳其共产党被取缔,成为非法组织。土耳其国父穆斯塔法·凯末尔·阿塔图尔克也曾成立"官方共产党",来抵消苏联的影响。

1960 年军事政变后,土耳其的左派运动成为土耳其政治力量的重要组成部分,共产党反而被边缘化。① 这一时期的土耳其共产党组织形式呈现多样性。以正统自居的土耳其共产党仍在进行活动,并在《世界马克思主义评论》杂志上发表过文章。土耳其共产党的理论家也对土耳其政治产生了一定的影响,并出版了多部著作。这一时期,土耳其的社会主义运动分裂成多个派别。

1980 年军事政变发生后,土耳其当局的政策对土耳其政党政治产生了重要影响。土耳其的共产党组织在 2000 年之前处在一个相对沉寂的发展阶段。1983 年 10 月,土耳其共产党召开了"五大",批准了新的党纲和党章,强调土耳其共产党必须巩固在群众中的阵地,团结左派力量,推翻军事独裁,建立民族民主政府。1984 年 12 月,包括土耳其共产党在内的六个左派政党宣布建立"土耳其和土耳其库尔德斯坦左派团结",以便共同进行争取民主的斗争。土耳其共产党"社会主义政权"派决定从 1986 年开始出版理论刊物《传统》,该刊物至今仍是土耳其共产党的理论刊物。1987 年 10 月,土耳其共产党与土耳其工人党合并组成土耳其联合共产党。② 1992 年 11 月 6 日,奥库杨等人在安卡拉成立了土耳其社会主义党(Sosyalist Türkiye Partisi),但被土耳其宪法法院于 1993 年 11 月 30 日取缔。在被取缔后,党的领导层立即组建了社会主义力量党(Sosyalist İktidar Partisi)。

由于不能参加 1995 年的土耳其大选,社会主义力量党选择加入了由库尔德政党——社会民主平民党(HADEP)组织成立的"劳动、和平与自由联盟"。1995 年土耳其大选后,社会主义力量党领导了 1996 年伊斯

---

① 关于 1960~1980 年土耳其左派运动的发展情况可参见朱传忠《1960~1980 年的土耳其左派运动探析》,《阿拉伯世界研究》2018 年第 1 期。
② 刘春元:《土耳其共产党对社会主义的探索》,《当代世界与社会主义》2010 年第 5 期。

坦布尔大学的静坐和占领活动，该党还曾发起过关停安卡拉中东技术大学的麦当劳餐厅的活动。社会主义力量党参加了1999年的土耳其大选，获得了37680张选票，得票率为0.12%，未能获得议会席位。

进入21世纪以来，土耳其共产党出现了新的发展变化，展现出新的特征，也出现了多次分裂。① 2001年11月11日，社会主义力量党举行了第六次特别代表大会，宣布该党与土耳其共产党合并，并更名为土耳其共产党，并将党的成立日期定为1920年9月10日。在这次会议上，梅亭·楚哈奥卢（Metin Çulhaoğlu）及其追随者加入了土耳其共产党，党的中央委员会由居莱尔等22人组成。

2009年1月31日至2月1日，土耳其共产党召开了第九次全国代表大会，来自国内各地的367名代表和24个国家共产党和工人党的34名国际代表出席了会议。大会选举出了由27人组成的中央委员会和由7人组成的政治局，通过了新的党纲和一系列决议，对资本主义进行了深刻的批判，并认真总结和反思了社会主义发展的历史经验及教训。② 在这次大会上，土耳其共产党的领导人发生了变化，埃尔坎·巴什接替埃德米尔·居莱尔成为党主席。根据土耳其共产党网站的资料，2012年1月，土耳其共产党举行了第十一次全国代表大会，会议通过了名为《宗教化与共产党人》的决议。③

2014年7月，土耳其共产党举行了特别大会或称进步大会（Progress Congress），宣布重新组建共产党。进步大会的政治报告涉及国际形势、地区形势和土耳其国内形势、阶级矛盾、社会主义斗争和党的任务、党的组

---

① 土耳其目前存在多个左翼政党。这些左翼政党有土耳其共产党、土耳其工人党（EMKP）、土耳其民主人民党（HDP）、土耳其共产党（1920）等。另外，土耳其国内还有多个被政府认为非法的毛主义政党，如土耳其共产党/马列（TKP/ML）、土耳其共产主义工人党/列宁主义（TKEP/L）、库尔德斯坦共产党（KKP）、土耳其共产党（工人之声）、马克思－列宁主义共产党（土耳其）、土耳其革命共产党（THKO）。
② 刘春元：《土耳其共产党对社会主义的探索》，《当代世界与社会主义》2010年第5期。
③ "Communist Party of Turkey, 11th Congress – Religionization and Communists," http://www.kp.org.tr/en/kongre-belgeleri/communist-party-turkey-11th-congress-religionization-and-communists, accessed：2021-12-22.

织与革命准备、组织构成与高效政治等内容。① 2014年7月15日，土耳其共产党内部出现了危机，该党一分为二。双方决定停止使用土耳其共产党的名称和党徽。7月17日，以凯末尔·奥库杨和埃德米尔·居莱尔为代表的一派成立了土耳其共产党。② 该派就是国内学者所称的"新土耳其共产党"。③ 另一派则以埃尔坎·巴什（Erkan Baş）和梅亭·楚哈奥卢为代表，于7月13日成立了土耳其人民共产党（People's Communist Party of Turkey）。④ 之后，土耳其共产党为重振力量，成立了延续委员会（The Committee Responsible for the Continuity of the TKP）。2016年7月，该委员会曾建议土耳其共产党重回土耳其政治舞台，重申土耳其共产党对土耳其和社会主义斗争的重要意义。⑤ 2016年12月17日，在七名党员的提议下，土耳其共产党延续委员会宣布重建土耳其共产党。

2017年1月，土耳其共产党发布了一份名为《土耳其共产党的纲领和任务》的文件，从33个方面阐述了土耳其共产党的纲领和任务。⑥ 2017年5月27~28日，土耳其共产党在伊斯坦布尔召开了第十二次全国代表大会，会议由383名代表参加，其中14名代表来自国外。会议通过了关于六月抵抗运动周年纪念活动、富人政权、声援工人阶级等七个决

---

① "The Political Report of the 'The Progress Congress' (Atılım)," https：//www.kp.org.tr/en/kongre-belgeleri/progress-congress, accessed：2021-12-22.
② 土耳其共产党的现任总书记凯末尔·奥库杨，1962年生于土耳其伊兹密尔，主要从事苏联历史研究，其主要著作有《斯大林》《苏联》《左派》《革命理论》等。2018年，奥库杨曾面临牢狱之灾，土耳其一家法院判处其监禁，希腊、以色列等国家的共产党都曾发表声明支持奥库杨无罪。
③ 余维海：《新土耳其共产党纲领评析》，《中国矿业大学学报》（社会科学版）2016年第5期，第49页。
④ 2017年11月7日土耳其人民共产党宣布解散并更名为土耳其工人党（Türkiye İşçi Partisi），又称土耳其工人党（2017）。在2018年二合一选举中，该党与民主人民党结盟。目前，该党在土耳其议会中拥有2个席位。党主席埃尔坎·巴什（Erkan Baş），1979年7月14日出生于德国柏林，青年时代曾是民主左派党的成员，后参与组建了土耳其共产党。
⑤ "Communist Party of Turkey Comes Back to Political Scene," https：//news.sol.org.tr/communist-party-turkey-comes-back-political-scene-171498, accessed：2021-12-25.
⑥ "Thesis and Tasks of the Communist Party of Turkey," https：//tkp.org.tr/en/temel-belgeler/thesis-and-tasks-communist-party-turkey, accessed：2021-12-25.

议。另据相关报道，2020年8月9日，土耳其共产党在伊兹密尔举行了第十三次全国代表大会，大会的主题是"革命党，为了革命的党，百年纪念"。① 希腊共产党（KKE）、塞浦路斯劳动人民进步党（AKEL）、伊拉克共产党（ICP）、叙利亚共产党、叙利亚共产党（联合）等58个共产党和工人党均对此次大会的召开表示祝贺。大会通过了《支持古巴人民的斗争》《无产阶级国际主义是我们的指南》《帝国主义是难民危机的根源》等决议。2020年9月7日，土耳其共产党曾准备在伊斯坦布尔、安卡拉、伊兹密尔三大城市举行建党一百周年庆祝活动，但土耳其政府以疫情为由取消了该党的庆祝活动。

二 土耳其共产党的理论主张

土耳其共产党的政治主张主要体现在其纲领、相关声明、领导人讲话和相关访谈中，但目前能够找到的土文、英文资料相对有限，这里仅能就土耳其共产党的纲领、大会文件、领导人讲话等内容进行简要分析。

第一，土耳其共产党对世界形势的认识。土耳其共产党认为，当今世界与一百年前的世界存在诸多相似性和不同点。资本主义依然在没落，没有人能够宣称资本主义比一百年前更强大、更持久。帝国主义正在衰落。右翼民粹主义、种族主义正在兴起。② 土耳其共产党认为，要从资本主义危机的高度认识土耳其政治，不能忽视土耳其政治的阶级特征。正义与发展党通过各种手段控制了资产阶级政治。③

第二，深刻批判资本主义制度。土耳其共产党深刻批判资本主义制

---

① "13th Congress: 'Revolutionary Party, Party for Revolution'," https://tkp.org.tr/en/haber-ler/13th-congress-revolutionary-party-party-revolution, accessed: 2021-12-25.
② "21 IMCWP, Opening Speech Communist Party of Turkey," https://www.solidnet.org/article/21-IMCWP-Opening-Speech-Communist-Party-of-Turkey/, accessed: 2021-12-20.
③ "The Reflections of the International Relations Bureau of TKP on Turkey's June 24 Elections," http://www.solidnet.org/export/sites/default/.galleries/documents/The-Reflections-of-the-International-Relations-Bureau-of-TKP-on-Turkeys-June-24-Elections-.pdf.

度，指出资本主义制度存在不断发生经济危机、只有阻止工人阶级参与政治才能得以维持等方面的弊端。① 2014年土耳其共产党的纲领称，资本主义正在发起各领域、全方位的进攻，社会主义运动在资本主义的进攻中陷入了低潮。为了阻止社会主义的不断进步，资本主义加紧了进攻和侵略的步伐。资产阶级针对社会主义价值观开展了多维度的思想攻势，清空了人权、民主、自由等概念的阶级内容，加大了艺术的、体育的市场化和信息的商业化，导致人们日常生活腐败堕落。关于对帝国主义的批评，土耳其共产党纲领中指出，美国领导的帝国主义体系通过暴力方式建立了符合帝国主义利益的"新世界秩序"，国际资本主义体系得到进一步巩固。自由主义成为世界上最具影响力的思潮。尽管国际资本主义体系采取了一切措施防范危机并获得了一些成功，但资本主义继续准备着各种自我毁灭的条件，结构性的经济危机仍然动摇了国际资本主义制度。帝国主义摆脱危机的唯一出路就是加大对全世界工人阶级的攻击，这也是资本主义解决其内部动态危机的方法。② 为了解决经济危机导致的市场和资源问题，资本主义国家之间争夺控制权的竞争将会更加激烈，资本主义体系内的发达资本主义国家将他们的内部竞争转变成毁灭性的地区武装冲突。同时，2014年的土耳其共产党纲领认为，资本主义在发展过程中，制造了自己的"掘墓人"——无产阶级，且阶级斗争并没有停止。当前的资本主义制度正在经历着严重的危机。这次危机表现为经济、政治、文化、军事等方面的全面的危机。资本主义要么取得巨大的经济成就，要么被无产阶级推翻并交出政权。③ 资本主义制度的严重危机为全世界的工人阶级提供了大量的机会，各国共产党应该号召工人阶级和劳苦大众为共产主义而奋斗。土

---

① 刘春元：《土耳其共产党对社会主义的探索》，《当代世界与社会主义》2010年第5期。
② 余维海：《新土耳其共产党纲领评析》，《中国矿业大学学报》（社会科学版）2016年第5期。
③ "Program of the Communist Party of Turkey," https：//tkp.org.tr/en/temel - belgeler/program - communist - party - turkey, accessed：2021 - 12 - 26.

耳其共产党将在土耳其肩负起这一责任。①

第三，总结和反思社会主义发展的历史经验及教训。土耳其共产党对社会主义的论述主要体现在社会主义社会的政权形式和社会主义社会的经济形式两个方面。关于社会主义的政权形式，土耳其共产党认为，社会主义社会在国家政权上将实行社会主义民主。工人阶级通过其社会组织掌握各种权力。国民议会是最高立法机关，决定政府的组建，并经常检查其对相关决议的执行情况。社会主义社会将鼓励和确保地方政权机关发挥其积极性，并扩大其权力。各级行政机关、所有组织都将通过自由的选举来决策。选民有权在其所选代表任期结束之前"召回"他们，这种权利的行使由法律调整和保护。② 关于社会主义社会的经济形式，土耳其共产党认为，在社会主义社会里，所有自然资源和主要的生产资料（包括土地）都属于公有财产。社会主义经济的主要目标是促进整个社会的繁荣富强，提高公民的生活水平。③ 关于社会主义的未来，土耳其共产党认为，社会主义的低潮是暂时的，社会主义是唯一能给人类提供未来希望的道路，社会主义是人类唯一真正的、必要的选择。④ 土耳其共产党认为，解决土耳其经济、社会、政治问题只能通过社会主义，要坚持启蒙斗争、反资本主义斗争和反帝斗争相结合，建立土耳其社会主义共和国。⑤

第四，充分肯定了1917年俄国十月革命的历史意义。1917年十月革命带来了新的力量和斗争动力，土耳其共产党的成立深深地受到了十月革命的影响。土耳其共产党的纲领称，20世纪初，历史因伟大的十月革命

---

① "Program of the Communist Party of Turkey," https：//tkp.org.tr/en/temel – belgeler/program – communist – party – turkey, accessed：2021 – 12 – 26.
② 刘春元：《土耳其共产党对社会主义的探索》，《当代世界与社会主义》2010年第5期。
③ 刘春元：《土耳其共产党对社会主义的探索》，《当代世界与社会主义》2010年第5期。
④ 余维海：《新土耳其共产党纲领评析》，《中国矿业大学学报》（社会科学版）2016年第5期。
⑤ 余维海：《新土耳其共产党纲领评析》，《中国矿业大学学报》（社会科学版）2016年第5期。

而取得了巨大的进步，通过这次革命工人阶级掌握了政权。① 2017年5月召开的土耳其共产党第十二次全国代表大会的有关文件也称，十月革命的胜利及其所带来的社会形式证明人类不会终结于资本主义；列宁的帝国主义理论为1917年十月革命开启了大门；第一次社会主义革命清晰地展现了资产阶级民主的局限性和对工人阶级的意义。② 第十二次全国代表大会的基本文件还称，在非革命年代，共产党要做好革命的准备。在十月革命前，布尔什维克主义大约有15年的历史。在这一时期，"革命"仅仅是理想上的，在俄国社会也远不现实。在这一时期，区分布尔什维克和其他派别的主要标志是布尔什维克从未放弃"革命主张"，即使那时他们丧失了群众基础，即使那时资本主义在俄国的发展相对稳定，即使那时沙皇的绝对权威得到了加强。③

第五，充分肯定共产国际在国际共产主义运动中的重要作用。在2019年举行的第21次世界共产党和工人党国际会议上，土耳其共产党总书记奥库杨在开幕式的讲话中充分肯定了共产国际的地位和重要性。奥库杨称，第21次世界共产党与工人党国际会议是在共产国际成立一百周年之际召开的，共产国际对国际共运的历史重要性是无可争议的。成立共产国际的目的是形成共同意志和革命中心，即无产阶级所需要的革命中心。从这种意义上讲，"第三国际"是世界政党是没有问题的。共产国际成立于俄国布尔什维克主义发起十月革命并取得胜利、工人阶级在欧洲掌权的时代。共产国际在短期内获得的力量可能让我们难以置信。然而，1919年3月共产国际刚成立时，请不要忘记共产国际当时资源极其匮乏，参加成立大会的人员来自不同国家的代表团且并没有更多的代表权，多数成员还没有自己的政党。如果我们将共产国际成立一年半前夺取政权的布尔什

---

① "Program of the Communist Party of Turkey," https：//tkp.org.tr/en/temel-belgeler/program-communist-party-turkey, accessed：2021-12-26.
② "Basic Documents of the 12th Congress," https：//tkp.org.tr/en/kongre-belgeleri/basic-documents-12th-congress, accessed：2021-12-24.
③ "Basic Documents of the 12th Congress," https：//tkp.org.tr/en/kongre-belgeleri/basic-documents-12th-congress, accessed：2021-12-24.

维克搁置一边，那么就会发现共产国际是由高度不活跃的政党或组织创立的。然而，他们展现出巨大的毅力、激情、决心和乐观主义精神。在资本主义的深重危机面前，拥有人数达数千万的无产阶级对共产党人来说足够了。他们聚焦历史使命和责任，他们相信能够战胜资产阶级。因此，在布尔什维克的支持下成立的共产国际不仅在短期内成为主要力量并参与了工人阶级掌权的斗争，还在许多国家取得了短暂的成功。今天，没有人能指责匈牙利、斯洛伐克、德国和其他国家发生的革命是冒险主义。那些为建立革命政权而战的人忠于共产国际创立的哲学，其失败有各种原因。[①]

第六，土耳其共产党对土耳其政局的认识。土耳其共产党对土耳其政局的认识主要包括正义与发展党的执政情况、土耳其政府的经济政策、土耳其的叙利亚政策、2016年的土耳其未遂军事政变、土耳其新政党的成立等多个方面。关于土耳其正义与发展党的执政情况，土耳其共产党认为，正义与发展党执掌的"第二共和国"已经失去了合法性，"第二共和国"完全丧失了"第一共和国"的进步性和进步理想。[②] 在2019年4月发表的一份有关地方选举的声明中，土耳其共产党称："2017年前上台执政的正义与发展党的危机正在加剧。选举不仅仅对正义与发展党，而且对认同正义与发展党体制的反对党都是危机。……然而，土耳其已经陷入了严重的经济、政治和社会危机。"[③] 关于土耳其政府的经济政策，土耳其共产党认为要终止与国际货币基金组织的合作。关于土耳其的叙利亚政策，土耳其共产党主张土耳其从叙利亚撤军，并与多个国家的共产党发表了交出叙利亚的联合声明。关于2018年的二合一选举，土耳其共产党对

---

① "21 IMCWP, Opening Speech Communist Party of Turkey," https：//www.solidnet.org/article/21 - IMCWP - Opening - Speech - Communist - Party - of - Turkey/，accessed：2021 - 12 - 20.

② "The Political Report of the 'The Progress Congress' (Atılım)," https：//www.kp.org.tr/en/kongre - belgeleri/progress - congress，accessed：2021 - 12 - 22.

③ "We Will not Allow the Two - party System," http：//www.tkp.org.tr/en/aciklamalar/we - will - not - allow - two - party - system，accessed：2021 - 12 - 27.

外关系局在《土耳其共产党对2018年选举的回应》一文中称:"土耳其的总统选举是非法的,呼吁民众在选举期间以抵制选举作为抗议手段,因为没有候选人(包括保守派、民族主义者、社会民主派)能够真正扭转制度,他们也不能代表人民的利益。"① 关于2016年的土耳其未遂军事政变,土耳其共产党认为,居伦残余分子发动了军事政变,未遂政变过后,建立一个超越种族和宗派紧张关系的、广泛的、反帝反伊斯兰宗教激进主义的国民阵线,是当前的迫切需要,要努力防止各种反动势力在土耳其度过危机后变得更强大。② 关于土耳其前任总理达武特奥卢要成立新政党的问题,土耳其共产党总书记奥库杨曾撰文称:"达武特奥卢的政党可能包括各种不同主张的人,但终究可能会分裂。"正如奥库杨所言,2019年12月13日达武特奥卢的未来党(Future Party)③成立时,人称"土耳其经济沙皇"的土耳其前副总理阿里·巴巴詹并没有参加该政党,而是在2020年3月11日宣布正式成立新的政党——民主与进步党(DEVA)。④

第七,土耳其共产党论库尔德政治。库尔德因素是影响土耳其政治发展的结构性变量。有研究报告甚至称库尔德人是土耳其政治的"造王者"。在土耳其历史上,土耳其左派与库尔德人的关系较为复杂。许多库尔德人曾是左派力量的重要成员,马克思主义思潮曾在库尔德人中颇受欢迎。就新世纪的情况来看,土耳其共产党对库尔德政治持较为悲观的立场。在2017年1月通过的《土耳其共产党的纲领和任务》的文件中,土耳其共产党认为,库尔德政治与埃尔多安的"新奥斯曼主义"是密切联系的。正义与发展党解决库尔德问题的努

---

① "The Reflections of the International Relations Bureau of TKP on Turkey's June 24 Elections," https://www.solidnet.org/export/sites/default/.galleries/documents/The-Reflections-of-the-International-Relations-Bureau-of-TKP-on-Turkeys-June-24-Elections-.pdf.
② 《土耳其共产党员对未遂军事政变的绝佳分析》,产业人网,http://www.cwzg.cn/html/2016/guanfengchasu_0719/29553.html,最后访问日期:2021年12月27日。
③ 关于达武特奥卢的简介可参见朱传忠《土耳其正义与发展党研究》,社会科学文献出版社,2018,第333~334页;关于未来党的情况可参见土耳其未来党网站:https://gelecekpartisi.net/。
④ 民主与进步党网站:https://devapartisi.org/。

力与"新奥斯曼主义"在每个领域的成功密不可分。当土耳其在叙利亚失败之后，库尔德工人党（PKK）再次从"解决进程的合作伙伴"变成了"恐怖组织"。① 土耳其共产党认为，库尔德民族主义运动并非土耳其革命的一部分，不仅因为它从事恐怖活动，而且因为它坚持反动的亲美路线，这背叛了其贫困农民和工人阶级的立场。② 在左派与库尔德运动的关系方面，土耳其共产党认为，只有当作为库尔德运动独立政治力量的左派变得更加强大时，左派与库尔德运动之间良好的政治关系才有可能实现。③

第八，土耳其共产党论土耳其的新冠疫情。2020年6月，土耳其共产党国际局发表了题为《新冠疫情在土耳其》的专题通讯，专门论及了土耳其疫情及其对土耳其工人阶级斗争的启示。④ 通讯论及了2020年5月前土耳其疫情的发展演变情况，从政治、经济、社会等方面阐述了疫情对土耳其的影响，认为正义与发展党的威权特征正在增强，不仅取消了五一劳动节游行活动，还对无辜的群众实施暴力。在这样的环境下，土耳其共产党应该继续从政治活动、团结行动、宣传战略、工人与青年等多个方面展开行动，继续实施《这个社会秩序必须改变宣言》。这种秩序不能自愈，美国和欧洲国家正在疫情中挣扎，土耳其也正在为此付出代价。土耳其共产党必须根除这一威胁整个人类的秩序，使土耳其成为样板，建立一个公正、自由、平等的社会秩序。⑤

---

① "Thesis and Tasks of the Communist Party of Turkey," https：//tkp. org. tr/en/temel – belgeler/thesis – and – tasks – communist – party – turkey，accessed：2021 – 12 – 25.
② "Thesis and Tasks of the Communist Party of Turkey," https：//tkp. org. tr/en/temel – belgeler/thesis – and – tasks – communist – party – turkey，accessed：2021 – 12 – 25.
③ "The Political Report of the 'The Progress Congress'（Atılım），" https：//www. kp. org. tr/en/kongre – belgeleri/progress – congress，accessed：2021 – 12 – 22.
④ "COVID – 19 Pandemic in Turkey," https：//www. tkp. org. tr/sites/default/files/brosurler/tkp_covid – 19_bulletin. pdf.
⑤ "COVID – 19 Pandemic in Turkey," https：//www. tkp. org. tr/sites/default/files/brosurler/tkp_covid – 19_bulletin. pdf.

三 土耳其共产党的主要活动

土耳其共产党的主要活动和现实影响主要体现在通过选举合法参与土耳其政治，举行游行示威和集会活动，参与国际性共产主义运动的相关活动，进行媒体宣传活动等方面。

第一，参加选举，合法参与土耳其政治。土耳其共产党认为，选举是非常重要的政治斗争舞台，虽然在这方面土耳其左派表现不佳。对左派而言，总体上，选举既是革命斗争的手段，也是左派社会化的手段；但是因为现实和意识形态的原因，选举不能被认为是实现这些目标的关键。而且，选举成功并不能成为左派获得支持的起点。[①] 然而，土耳其共产党也曾多次参加土耳其的选举。在2014年3月的土耳其地方选举中，土耳其共产党的候选人法提赫·马恰奥卢（Fatih Macoglu）当选奥瓦奇卡区区长。而自2014年召开进步大会以来，土耳其共产党参加了2015年的两次议会选举、2018年"二合一"选举、2019年地方议会选举。2015年6月，土耳其共产党在第一场议会大选中推出了550名女性候选人，赢得了13780张选票，得票率为0.03%，在土耳其产生了广泛的影响；同年11月在第二场议会大选中土耳其共产党赢得了52527张选票，得票率为0.11%。[②] 在2018年举行的"二合一"选举中，土耳其共产党未提名总统候选人，而是通过推出独立候选人参加了同时举行的议会选举，并提名了17名独立候选人去竞争15个省份的议员。[③] 为了更好地参与选举活动，土耳其共产党于2018年5月10日发起了名为"社会秩序必须改变"的论坛（This Social Order Must Change Platform，TSOMC）。根据土耳其共产党

---

① "The Political Report of the 'The Progress Congress'（Atılım），" https：//www.kp.org.tr/en/kongre - belgeleri/progress - congress，accessed：2021 - 12 - 22.

② 余维海：《新土耳其共产党纲领评析》，《中国矿业大学学报》（社会科学版）2016年第5期。引用时略有调整和修改。

③ 这些省份包括伊斯坦布尔、安卡拉、伊兹密尔、布尔萨、阿达纳、安塔利亚、科尼亚、开塞利、迪亚巴克尔等。

网络媒体左派新闻的报道，2018年5月30日，该论坛布尔萨地区的候选人前往工会参加了相关活动，并支持该地区工人的斗争。2018年6月8日，该论坛在安卡拉举行了选举宣传活动，安卡拉第一选区和第二选区的候选人作了发言。2019年3月，土耳其共产党参加了土耳其地方议会选举，并夺得了通杰利市（Tunceli）的市长职位，获得该市长职位的是法提赫·马恰奥卢。① 马恰奥卢的得票率为32.23%，这是土耳其历史上共产党候选人第一次当选市长。在第21次世界共产党和工人党国际会议的讲话中，土耳其共产党总书记奥库杨称："我们对资产阶级联盟说不，我们通过建立革命联盟在土耳其历史上第一次赢得了市政选举。我们的得票率，在土耳其最大城市的一些地区第一次超过了1%。"② 2019年地方选举后，土耳其共产党中央委员会在发表的一份声明中称："与朋友一道，我们做到了我们能做的一切，为的是将'人民市政'主张扩大至省级层面。"在2019年地方选举中，土耳其共产党获得了超过13万张选票，在一些地区的得票率超过了1%。值得一提的是，土耳其共产党在乌拉（Urla）地区的得票率为2%。③ 但土耳其共产党也承认："土耳其共产党的一些选票是'抗议选票'（votes of protest），但这也表明土耳其共产党自2018年以来拥有了一定的支持基础。那些希望推翻土耳其现行体制和建立社会主义国家的人为共产党人投票。"④

---

① 法提赫·马恰奥卢，1968年出生于奥瓦奇卡，在医院急诊做过化验员工作。马恰奥卢曾参加2014年土耳其地方议会选举，并成功获得通杰利市奥瓦奇卡（Ovacik）区区长职位。马恰奥卢在采访中自称是社会主义者。他说："如果你问我是社会主义者么？我是共产主义者吗？当然我是。但是在一个资本主义流行的年代，是共产主义者或成为共产主义者是一件夸张的事情。"参见"Turkey's Communist Mayor Tears Down Walls with Fresh Approach," https://www.france24.com/en/20190502 - turkeys - communist - mayor - tears - down - walls - with - fresh - approach。

② "21 IMCWP, Opening Speech Communist Party of Turkey," https://www.solidnet.org/article/21 - IMCWP - Opening - Speech - Communist - Party - of - Turkey/, accessed: 2021 - 12 - 20.

③ "We Will not Allow the Two - party System," http://www.tkp.org.tr/en/aciklamalar/we - will - not - allow - two - party - system, accessed: 2021 - 12 - 27.

④ "We Will not Allow the Two - party System," http://www.tkp.org.tr/en/aciklamalar/we - will - not - allow - two - party - system, accessed: 2021 - 12 - 27.

第二，举行游行示威活动，抗议政府的内政外交政策。2004年6月，土耳其共产党发动群众运动以反对在伊斯坦布尔举行的北约峰会，并在许多工厂、中学、大学和社区建立了"反对占领伊拉克的委员会"。① 关于2013年抗议事件，土耳其共产党认为，2013年的"六月抗议"是土耳其历史上最为重要的群众抗议。② 2013年6月3日，土耳其共产党发布了《有关最近形势的声明》，发表了对抗议事件的看法。2013年9月，土耳其共产党在名为《对"六月抗议"事件的看法》的文件中，对"六月抗议"事件进行了评价，认为抗议事件促使土耳其共产党重新界定政治方向，在政治斗争中使用新手段，而非完全改变政治目标。土耳其共产党在"六月抗议"事件中表现不佳，希望"六月抗议"事件长期进行，并成立社会组织。③ 2017年4月修宪公投举行前，土耳其共产党举行了集会抗议活动，声称"够了，对修宪说不"。2019年12月22~23日，土耳其共产党在伊斯坦布尔和安卡拉举行集会，主题是"希望、组织和庆祝，赢在2020"。土耳其共产党的重要成员凯末尔·奥库杨、尼哈特·贝赫拉米（Nihat Behram）、恩维尔·埃塞夫（Enver Aysever）、奥尔罕·埃登（Orhan Aydın）参加了集会。④ 2020年2月1日，土耳其共产党在伊斯坦布尔、安卡拉、伊兹密尔三个主要城市组织示威游行，抗议天然气价格上涨。

第三，参加国际性共产主义运动的相关活动，发表相关声明，扩大国际影响力。根据世界共产党和工人党会议的网站资料，土耳其共产党参加了该论坛自成立以来的所有会议，并承办过两次会议。2015年10月30日至11月1日，土耳其共产党组织承办了第17次世界共产党和工人党国

---

① 刘春元：《土耳其共产党对社会主义的探索》，《当代世界与社会主义》2010年第5期。
② "The Political Report of the 'The Progress Congress'（Atılım），" https：//www.kp.org.tr/en/kongre-belgeleri/progress-congress，accessed：2021-12-22.
③ "The Political Report of the 'The Progress Congress'（Atılım），" https：//www.kp.org.tr/en/kongre-belgeleri/progress-congress，accessed：2021-12-22.
④ "Turkish Communists Hold Gatherings in Istanbul and Izmir，" https：//peoplesdispatch.org/2019/12/26/turkish-communists-hold-gatherings-in-istanbul-and-izmir/，accessed：2021-12-27.

际会议，展示了其强大的组织能力。① 2017年8月，土耳其共产党参加了世界共产党和工人党国际会议——"十月革命100周年"。2019年10月18~20日，土耳其共产党和希腊共产党在土耳其伊兹密尔举办了第21次世界共产党和工人党国际会议，会议主题是"共产国际成立100周年与争取和平和社会主义的斗争"。② 2019年12月9日，第20届世界民主青年联盟大会在塞浦路斯首都尼科西亚举行，大会的口号是"勇敢前行！为我们梦想的世界而奋斗！"③ 包括土耳其共产主义青年（TKG）在内的95个青年组织参加了会议。此外，土耳其共产党还联合希腊共产党等欧洲国家的共产党和工人党发起了欧洲共产党和工人党倡议（ICWPE），并参加了该倡议的多次活动。2019年12月9日，土耳其共产党总书记在欧洲共产党大会上发表了重要讲话，称"我们没有什么不光彩的历史"。④ 在党际交往方面，土耳其共产党与希腊共产党（KKE）、古巴共产党的党际交往活动较为频繁。希腊共产党中央政治局成员吉奥拉格斯·马里诺斯（Giorgos Marinos）和古巴共产党政治局成员阿尔伯特·贡扎雷斯·加萨拉斯（Alberto Gonzalez Casals）都曾参加过土耳其共产党2017年的第十二次全国代表大会。2020年3月，土耳其共产党给古巴共产党去信表示支持古巴的斗争。此外，在每年11月29日的"声援巴勒斯坦人民国际日"，土耳其共产党都会联合欧洲、中东地区的其他共产党发表联合声明，支持巴勒斯坦人民的斗争。以发表于2019年11月29日的《声援巴勒斯坦人民国际日的联合声明》为例，署名支持的中东国家共产党有土耳其共产党、伊朗

---

① 余维海：《新土耳其共产党纲领评析》，《中国矿业大学学报》（社会科学版）2016年第5期。
② 王喜满、李文倩、梁子璇：《共产国际成立100周年与争取和平和社会主义的斗争——第21次共产党和工人党国际会议的成果与特点》，《当代世界与社会主义》2020年第1期。
③ "20th WFDY General Assembly Convened in Nicosia," https://news.sol.org.tr/20th-wfdy-general-assembly-convened-nicosia-176409，accessed：2021-12-27.
④ "We Don't Have a History to Be Ashamed of!" https://tkp.org.tr/en/haberler/we-dont-have-history-be-ashamed，accessed：2021-12-27.

人民党和约旦共产党。①

第四，土耳其共产党重视宣传工作。土耳其共产党的网站显示，该党拥有土耳其语和英语两个语种的网站。② 土耳其共产党的网站发布有该党的纲领、章程和相关声明，土文网站的内容要多于英文网站的内容。在自媒体方面，土耳其共产党拥有脸书（Facebook）、Youtube、Instagram、推特（Twitter）等自媒体账号。自媒体日渐成为土耳其共产党和土耳其其他政党发表主张和政治言论的重要方式。③ 当选通杰利市市长的马恰奥卢经常在推特账号上发表自己的施政主张。土耳其共产党的网络媒体——左翼新闻在宣传该党的政策方面发挥了重要作用，土耳其共产党的领导人奥库杨、居莱尔等经常在该网站上发表专栏文章。此外，土耳其共产党的相关声明文件、参加会议的情况还发布在团结网、工人网、保卫共产主义网等网站和希腊共产党的网站上。2020年3月，自土耳其暴发大规模新冠疫情以来，土耳其共产党除发表对疫情的看法外，还通过各种形式的线上教育和宣传活动，积极吸引有志于土耳其共产党事业的人包括广大青年加入该党，一起改变现有的社会秩序。④

结　语

土耳其共产党拥有较为悠久的历史，在批判资本主义制度和总结世界社会主义发展经验教训的基础上，不断对社会主义进行探索，但其主张并

---

① "CP of Israel, Joint Appeal by the Palestinian People's Party (PPP) and the Communist Party of Israel (CPI) to Communist and Worker Parties," http：//www.solidnet.org/article/CP–of–Israel–Joint–Appeal–by–the–Palestinian–Peoples–Party–PPP–and–the–Communist–Party–of–Israel–CPI–to–Communist–and–Worker–Parties/，accessed：2021–12–26.
② 土耳其共产党的英文网站：https：//www.tkp.org.tr/en。
③ 自媒体成为土耳其政党和政治家发表政见主张的重要方式。未来党主席、正义与发展党前高级成员、土耳其前总理达武特奥卢对政府的批评就是通过自己的脸书账号发布出来的。
④ 同时，为了更好地进行宣传活动，土耳其共产党出版了八篇内部通讯，发行了网络周报《防疫责任》（*Boyun Egme*）。

没有为土耳其民众所广泛接受。在未来，土耳其共产党面临着代际交替和全国性发展的问题。从土耳其共产党的相关活动的参加者来看，土耳其共产党的成员多为中老年人，这影响了该党的持续发展。

土耳其共产党的理论主张包括对土耳其现政权的认识、土耳其的叙利亚政策，以及土耳其的革命任务及其挑战等，但其提出的主张有些脱离土耳其的实际，并不能解决土耳其的问题。土耳其共产党要实现更高质量的发展，需要在推进马克思主义本土化方面进行更深入的探索。

土耳其共产党通过参加议会选举和地方选举等方式合法参与土耳其政治，通过举行游行示威集会活动、参与国际共产主义运动的相关活动、进行媒体宣传等形式，扩大了其国际和国内的影响力。但其影响力较为有限，且上述正常活动经常受到土耳其政府的压制和阻挠。

通过分析土耳其共产党的发展变化，尤其是分析土耳其共产党对土耳其政局、对外政策、选举政治的认识，我们能够深化对土耳其政治体制、政党政治、国内社会思潮的认识，为发展中国和土耳其的关系提供较为有意义的借鉴。

· 专题研究 ·

以言为治：库尔德语在委任统治时期伊拉克的发展

◎〔荷兰〕米歇尔·利森伯格

【内容提要】　本文主要讨论库尔德语的语言教育及其行政管理在伊拉克的发展。与一些当前流行的观点不同，本文强调了当代库尔德语在前现代时期兴起的历史要素。这些历史要素的产生既早于德国浪漫民族主义的影响，也早于帝国主义的殖民统治。由此，本文反驳了那些过度强调国家要素以及帝国主义重要性的观点。

【关　键　词】　本土化　政府化　库尔德语　伊拉克　民族主义

【作者简介】　〔荷兰〕米歇尔·利森伯格（Michiel Leezenberg），荷兰阿姆斯特丹大学哲学院副教授。

一　导论

近年来，本土化得到了学界的广泛关注，这多半要归功于谢尔顿·波洛克（Sheldon Pollock）那项令人印象深刻的比较研究，即对拉丁文世界与梵文世界的世界秩序进行的比较研究。① 这项研究揭示了长期以来只用于口头交流的本土化语言转化成新式书面语言的过程。公元 1000 年左右，拉丁语转化为诸如法语、意大利语和加泰罗尼亚语等罗曼语，这可能是最为人所熟知且文献记载最丰富的语言本土化的范例；而在印度次大陆上，尽管梵文在第一个千禧年末尾转化为泰卢固语（Telugu）和卡纳达语（Kannada）的过程不为人们所熟知，但是其重要性则毫不逊色。在东亚，古典中文（文言文）向朝鲜语和日语以及近年来向现代汉语的转变，则可以被认为是语言本土化在中国世界秩序下的案例。

波洛克的研究提出了很多富有价值的问题。而在过去的几年中，笔者一直致力于奥斯曼帝国语言的本土化方面的研究，并且取得了一定的成果。奥斯曼帝国的语言世界秩序是复杂的，包括奥斯曼帝国在内的大半个伊斯兰世界的语言秩序并不是由单一的语言主导。实际上，主导这一秩序的语言有三种：用于法律和宗教的阿拉伯语、用于书写高雅文学的波斯语以及用于行政管理的奥斯曼土耳其语。在帝国的基督教臣民之中，语言秩序则更加复杂。许多人可能不知道，诸如通用希腊语（koine Greek）、古典亚美尼亚语（Classical Armenian，Graber）、叙利亚语（Syriac）以及旧教派斯拉夫语（Old Church Slavonic）等被统治民族的语言仍然在宗教仪式与文学中被使用。而奥斯曼犹太人则通常使用"圣语"（lashon ha‐godesh）作为其宗教仪式的语言，并在日常生活中使用各种各样的当地语言。

在对奥斯曼帝国语言秩序的研究中，笔者最重要的发现是奥斯曼帝国所有人群在 18 世纪到 19 世纪初，都经历了语言本土化的进程。本文接下来将简要地叙述这一进程，对这一进程的理解将极有助于读者对 20 世纪东南欧和西亚发展变化的理解。

本文在方法论上采用了一种系谱学的方法来研究语言的本土化，即考虑知识和权力的各种不同形式。这一方法要求研究者采用宏观的视角进

---

① 参见 Sheldon Pollock, "Cosmopolitan and Vernacular in History," *Public Culture*, Vol. 12, 2000, pp. 591 – 625; Sheldon Pollock, *The Language of the Gods in the World of Men: Sanskrit, Culture, and Power in Premodern India*, University of California Press, 2006。

行，以便更好地掌握地方结构的变化。本文建议研究者在研究语言本土化的同时，还要关注主要语言的政府化（governmentalization），即语言成为知识及政府关切的过程。福柯提出的治理术（governmentality）和政府化理论在这一问题的叙述与阐释上具有不少可取之处。① 在叙述上，该理论将重点放在语言成为一种知识与治理方式的过程；而在理论上，该理论将超脱出传统的从主权、法律以及镇压考察国家的理论框架。但是值得注意的是，福柯本人从来没有将其观点扩大到语言问题上，他也从来没有提出或是勾勒出现代语言学的系谱学方法的轮廓。从治理术的视角来考察语言和民族认同，会让我们所寻求的答案在空间、制度和实践上摆脱国家和现代的桎梏。它也可以帮助我们将语言本土化的研究范围扩大，从而将权力与知识的维度也纳入研究的范畴：除了作为一种身份认同，本土化的语言同时成为一种研究的对象（主要是以书写的形式，有时候还会以印刷和语法的形式出现）和政府关切的对象（主要体现推进原汁原味的当地语言的学习）。但是在研究的过程中要注意，本土化和政府化这两个进程并不一定是同步的。

因此，本文建议研究者们采取一种比较的、全球的以及互动的研究方法，从而避免从基本前提开始，就在方法论和政治上具备当前语言本土化研究中十分常见的民族主义的特征。对单一、孤立语言的学习，会让很多人忽视一种共通的模式的存在，并理所当然地认为，应该从概念上研究一门具体的语言是如何成为一个想象民族识别身份认同的工具的，本文重点研究库尔德语在伊拉克委任统治时期以及君主制时期的发展。②

---

① 参见 Michel Foucault, *Securité, Territoire, Population*: *Leçons au College de France*, 1978 – 1979, Paris: Gallimard/Seuil, 2004。
② 本文所使用的数据主要来源于阿米尔·哈桑普（Amir Hassanpour）的重要概述：Amir Hassanpour, *Nationalism and Language in Kurdistan*, 1918 – 1985, San Francisco: Mellen Research University Press, 1992。以及 Hassan Ghazi, "Language Standardisation and the Question of the Kurdish Varieties: The Language Debate in Iraqi Kurdistan," Paper delivered to the International Conference the Kurds and Kurdistan: Identity, Politics History, University of Exeter, UK, 2009, 以及伊斯梅尔·巴尔津吉（转下页注）

二 奥斯曼时期的本土化：本土语言文字学①

波洛克不仅呼吁学界要重视语言本土化进程的研究，也强调语文学（Philology，对于文字/语言、语法以及文学的学术性研究）在这一进程中的重要作用。学界对西欧和中欧的现代语言学之于浪漫民族主义兴起的重要性进行了详细的研究，相比之下，对近现代奥斯曼帝国的语言本土化以及在奥斯曼民族主义兴起背景下的当地语文学传统的研究，也就是对于奥斯曼近现代语言教育中的世界性语言（即阿拉伯语和奥斯曼土耳其语）②的研究仍然显著不足。但即使如此，17世纪末期到18世纪，这种对当地本土语言的重视也是一目了然的。

用于书写帝国文学的波斯语与宗教场合使用的阿拉伯语和行政事务中使用的奥斯曼土耳其语并列，在数个世纪以来一直是帝国的主要语言之一。以包括菲尔多西（Ferdowsi）、尼扎米（Nizami）、鲁米（Rumi）和萨迪（Saadi）在内的诗人所作的诗歌为代表的波斯语文学，构成了一个范围广阔、但我们仍然知之甚少的文化世界。波斯语文化圈范围广阔，任何以非阿拉伯语为主要口语的地方都属于这一文化圈。数个世纪以来，从巴尔干到中亚，再到西亚，这些地区一直受波斯语的文化影响。马歇尔·霍奇森（Marshall Hudgson）将之称为"波斯化"。③ 近年来，沙哈卜·艾哈迈德（Shahab Ahmed）将这一地理空间称为"巴尔干-孟加拉复合体"

（接上页注①）（Ismail Barzinji）、卡德里·伊尔德里姆（Kadri Yıldırım）和其他许多在伊拉克库尔德斯坦地区的语言学研究上做出了重要贡献的学者。

① 参见 Michiel Leezenberg, "The Vernacular Revolution: Reclaiming Early Modern Grammatical Traditions in the Ottoman Empire," *History of Humanities*, Vol. 1, No. 2, 2016, pp. 251-275。

② 参见 Khaled el-Rouayheb, *Islamic Intellectual History in the Seventeenth Century: Scholarly Currents in the Ottoman Empire and in the Maghreb*, Cambridge: Cambridge University Press, 2016; Ahmad Dallal, *Islam before Europe: Traditions of Reform in Eighteenth-Century Islamic Thought*, Chapel Hill: University of North Carolina Press, 2018。

③ Marshall Hodgson, *The Venture of Islam*, Vol. 2: *The Expansion of Islam in the Middle Period*, Chicago: University of Chicago Press, 1974, p. 293.

(Balkans to Bengal complex)，并呼吁学界要重视波斯语在宗教和文学方面的作用。哈米德·达巴希（Hamid Dabashi）也将这一语言秩序称为"波斯人文秩序"（Persian humanist order），但是他的研究主要是通过波斯语影响下的本土文学作品来探究波斯语在文学上的作用。① 然而，时至今日，学界仍然对文化圈区域变化以及无数本土衍生现象缺乏客观而全面的研究。② 在某种意义上，波斯语和阿拉伯语的影响是交叠的。任何一个地方，只要阿拉伯语作为唯一或是主要的宗教语言站稳脚跟，那么波斯语就会随之成为该地区文学表达、政府以及神秘学的主要语言。波斯文最初是奥斯曼帝国的官方通信语言，而在16世纪，奥斯曼土耳其文基本取代了波斯文在奥斯曼帝国官僚机构中的地位，使得波斯语逐渐只作为一种高雅的宫廷语言为人所使用。尽管大趋势是这样，但波斯语在高雅文学上的地位仍然是无法撼动的，而且在官方以及文学的书写中，波斯文（以及阿拉伯文）的借词和借语依然在奥斯曼土耳其语中大量存在。

由此可以看出，早期奥斯曼帝国的语言本土化进程与发生在拉丁文、梵文以及中文秩序中的语言本土化进程是有区别的。在奥斯曼帝国，语言本土化以一种包括奥斯曼土耳其语、阿拉伯语和波斯语在内的系统性多语言的形式发生，这之中还包括那些被信仰基督教的少数民族与犹太人使用的古典语言。自17世纪末以来，语言本土化的发展使得主流语言逐渐挤占了这些古典语言的生存空间。而本文在此只是走马观花地略论这一恢宏而复杂的进程。③

17世纪和18世纪，奥斯曼帝国内的语言本土化进程只在帝国西部的基督教臣民中得到了长足的发展，这一现象为奥斯曼语言本土化的西欧起

---

① 参见 Shahab Ahmed, *What is Islam*, Princeton NJ: Princeton University Press, 2016; Hamid Dabashi, *The World of Persian Literary Humanism*, Cambridge: Harvard University Press, 2012。
② 还有一篇简要总结参见 Bert Fragner, *Die "Persophonie": Regionalität, Identität, und Sprachkontakt*, Berlin: Das arabische Buch, 1999。
③ 对于更具体的叙述，参见将要出版的《从咖啡馆到民族国家》(*From Coffee House to Nation State*) 一书中，作者撰写的 "The Vernacular Revolution" 一文。

源说提供了一定的论据。18世纪到19世纪，现代希腊语、亚美尼亚语、各种现代斯拉夫语和1700年左右出现的瓦拉几亚语（Wallachian）——也就是后来的罗马尼亚语，逐渐成为当地文学、学习以及教育的主要语言。但是，这些发生在奥斯曼帝国内部基督教臣民中的语言本土化现象，既可以被认为是受到了西欧天主教、新教、启蒙思想家以及与西欧商人的商贸往来的影响，同时也可以被认为是当地宗教以及社会经济形态变化的反映。

同时，这种语言本土化的西欧起源说，在解释帝国穆斯林臣民中的语言本土化时也是苍白无力的。首先，17世纪末18世纪初，在帝国东正教、亚美尼亚正教臣民以及波斯尼亚和阿尔巴尼亚的穆斯林臣民中，通俗的波斯语诗歌的数量是呈增长态势的。[①] 其次，即使是作为行政语言的奥斯曼土耳其语，也同样经历了本土化进程，这一进程以一场有意识的语言简化和规范化运动的形式呈现。而这一运动的主角不是书吏（küttab）们使用的奥斯曼土耳其语，这种语言晦涩且艰深，而是被绝大多数伊斯坦布尔居民使用的奥斯曼土耳其语。[②] 最后，地处帝国偏远的东部省份的库尔德人在17世纪末及以后同样经历了对其影响深远的语言本土化进程。[③] 1695年，艾哈迈德·哈尼（Ehmedê Xanî）用库尔曼吉语（Kurmanjî，又称北库尔德语）创作了其第一篇玛斯纳维（Mathnawi，一种伊斯兰教长篇叙事诗的体裁），其内容是关于一对为命运所困的恋人Mem和Zîn的故

[①] 关于希腊本土化，参见Peter Mackridge, *Language and National Identity in Greece, 1766 - 1976*, Oxford University Press, 2009；关于亚美尼亚，参见Marc Nichanian, *Ages et usages de la langue arménienne*, Geneva: Éditions Entente, 1989；关于罗马尼亚，参见Werner Bahner, *Das Sprach - und Geschichtsbewusstsein in der rumänischen Literatur von 1780 - 1880*, Berlin: Akademie - Verlag, 1967；关于早期阿尔巴尼亚文学，参见Robert Elsie, "Albanian Literature in the Moslem Tradition: Eighteenth and Early Nineteenth Century Albanian Writing in Arabic Script," *Oriens*, Vol. 33, 1992, pp. 287 - 306；关于波斯尼亚的波斯语诗歌，参见Seifuddin Kemura and Vladimir Corovic, *Dichtungen bosnischer Moslims aus dem XVII., XVIII., und XIX. Jahrhundert*, Sarajevo, 1912。

[②] 参见Serif Mardin, "Some Notes on an Early Phase in the Modernization of Communication in Turkey," *Comparative Studies in Society and History*, Vol. 3, 1961, pp. 250 - 271。

[③] 参见Michiel Leezenberg, "Eli Teremaxi and the Vernacularization of Medrese Learning in Kurdistan," *Iranian Studies*, Vol. 47, 2014, pp. 713 - 733。

事。哈尼创作这篇玛斯纳维时，特意使用了本土化的语言，以体现其"献给不识字的大众"（ji boyî 'amê）的感情内涵。① 这一向库尔德语转变的趋势没有发生在城市里，而是更多地发生在乡下的伊斯兰学校（medreses）中。同时，也并没有迹象显示这一趋势收到了任何的资助与鼓励。显然，这是一场自下而上的运动。除文学作品之外，这一趋势还体现在很多用于学习的材料上。虽然在实际过程中这两者常常是互相混淆的，但是也正因为如此，哈尼撰写了许多特地用来给伊斯兰学校的小学生使用的学习材料，比如 *Nûbihara piçûkan* 以及 *Eqîdeya Îmanê*，前者是一篇阿拉伯－库尔德语的词汇表，后者则为简单的教理介绍。

这一本土化进程不仅包括对本土化语言的运用，还包括对某些语言学意识形态的推崇。这种意识形态将本土化的语言看作是有利于表达的并且是高雅的、文学的，甚至有人认为可以通过对书写语法的规定和编撰对语言结构进行调整，从而来适配本土化的语言。② 下文中再次提到这个问题。

三　库尔德语本土化的模式

上文提到，在18世纪的库尔德语本土化运动中，其绝对主力是库尔德语的北部方言，也就是库尔曼吉语。但在库尔德语本土化接下来的发展进程中，却是"中部"苏莱曼尼亚地区（Sulaimaniya）方言，即我们今天所称的索拉尼语（Soranî）成为伊拉克最重要的库尔德书面语。这一现象反映了库尔德语本土化进程的偶然性和非线性的两大鲜明特征。中部方言在1800年左右就已经被付诸笔端，远早于20世纪的 *Têgeyishtinî Rastî* 以及 *Pêshkewtî* 等出版物。但是这时的"中部"库尔德语只被用来写诗歌，

---

① Ehmedê Xanî, *Mem û Zîn* (ed. J. Dost), Avesta Yayınları, 2010 [1695], p. 239.
② Sheldon Pollock, "Cosmopolitan and Vernacular in History," *Public Culture*, Vol. 12, 2000, p. 612. 文章简要地提到了语言和社群之间这种语言—意识形态互动关系以及口语和政治权力之间的联系，但是除此以外就没有其他关于这种语言学意识形态的讨论了。

因此，并没有语言学上的合适理由去格外重视它；恰恰相反，这一坎坷的、不平衡的以及竞争激烈的语言本土化进程的发展，并不是由于不可避免的结构性因素，而是由于偶然的政治性因素。但是在本文详述此之前，有必要对索拉尼语的发展轨迹进行简要梳理。

库尔德语本土化过程大致可以被分为三波高潮。库尔德语本土化第一波高潮是哈夫拉米语（Hawramî），或者西方的东方学家们所谓的居兰语（Goranî）。这一语言本土化进程开始的时间颇早，大约在 15 世纪左右，相当一部分的哈夫拉米语，或者说居兰语方言开始被居住在奥斯曼帝国和萨法维波斯帝国交界地带的库尔德人使用，其主要是以诗歌的形式在当地的埃尔德兰（Erdelan）宫廷上被使用。哈夫拉米语本土化仅限于诗歌作品，并且很快就被其他方言取代。① 库尔德语本土化的第二波浪潮上文已经叙述过，从 17 世纪末开始，以库尔曼吉语写就的教科书在库尔德斯坦的伊斯兰学校中普遍使用。② 库尔德语本土化的第三波浪潮是苏莱曼尼亚方言或者说索拉尼语的本土化，这一进程开始得较晚，始于 1800 年左右。它比库尔曼吉语更远离伊斯兰学校，同时比哈夫拉米语更远离宫廷。显然，南部库尔德斯坦地区的教科书，在传播的速度和传播的系统程度上均远逊于北部地区。

在相当大的程度上，苏莱马尼（Sulaimanî，即苏莱曼尼亚地区的方言，也就是索拉尼语，下同）方言的文学和文字功能的演进，以及最重要的语言意识形态化的演进是诗人的功劳。他们包括纳莱（Nalî，可能卒于 1855 年）、赛立姆（Sâlim，卒于 1869 年）、库尔德（Kurdî，卒于 1849 年）、马夫拉维（Mewlewî，卒于 1882 年）、马赫维（Mehwî，卒于 1909 年）以及哈吉·卡迪尔·霍仪（Hajî Qadir Koyî，卒于 1897 年）。从他们

---

① 参见 Vladimir Minorsky, "The Gûrân," BSOAS XI, 1943, pp. 75 – 103; David N. MacKenzie, "The Origins of Kurdish," *Transactions of the Philological Society*, 1961, pp. 68 – 80。当地历史学家以及学者哈马·希拉米认为这一时期地区在语言教育上仍然是以波斯语为主，而非任何一种库尔德语。

② 参见 Michiel Leezenberg, "The Vernacular Revolution: Reclaiming Early Modern Grammatical Traditions in the Ottoman Empire," *History of Humanities*, Vol. 1, No. 2, 2016, pp. 251 – 275。

的诗作中可以看出，他们都是虔诚的穆斯林，但是他们作为诗人的活动范围并没有局限在伊斯兰学校的小圈子中。有人认为，苏莱马尼方言的崛起从一开始就获得了当地巴班王朝（Baban Dynasty）的支持，旨在将临近的埃尔德兰宫廷以及其使用的哈夫拉米语边缘化，不过这一观点仍尚待进一步考察。但即使是在苏莱曼尼亚城中，哈夫拉米语作为诗歌的中介语言也被使用，马夫拉维也因此以哈夫拉米语写就了他的诗集（Dîwan），以及一首长篇伊斯兰神学诗（aqîda）和《马尔蒂亚》（Mardigya）。事实上，库尔德语的第一份印刷品——1843年出版的马夫拉纳·哈立德·纳克什班迪（Mawlana Khalîd Naqshbandî）的诗集就包括了一部分用哈夫拉米语写就的库尔德诗歌。

　　简言之，直到20世纪之前，索拉尼语都没有显现出能成为主要的教育与行政语言的趋势。其使用者只局限于少数当地诗人，以索拉尼语写就的作品也只有一小部分人阅读。无论这些诗人是多么得家喻户晓，其名气都终归来源于当地茶馆中人们的口口相传，而非来源于其作品出版。直到第一次世界大战之前，所有的迹象都表明，库尔曼吉语会成为最主要的库尔德语。但是，在第一次世界大战结束之后，急转直下的政治局势让库尔德人本身的命运发生了未曾料想的变化，也进一步在语言学上产生了深远的影响。

四　委任统治时期伊拉克的库尔德语

　　第一次世界大战后的政治格局使库尔曼吉语的发展画上了句号，但给索拉尼语的发展提供了新机遇。新生的土耳其共和国在最初曾许诺给库尔德人以自治以及语言上的承认。1922年的一份自治法草案曾许诺要鼓励和推动库尔德语的使用，但是这一承诺很快被土耳其当局背弃。1924年3月，凯末尔主义的精英们推动通过了一项法案，这一法案要求法庭上只允许使用土耳其语，并且禁止库尔德语在学校以及公共场所使用。同样，1924年第430号教育一体化法令禁止开办所有的伊斯兰学校，而这些被禁止的伊斯兰学校原本是库尔德地区本土化语言教育的主要机构。在接下来几十年中，法律一直禁止在公私场合使用库尔德语，相关的法律限制直到20世纪90年代才被放宽。

但是在委任统治时期和君主制时期的伊拉克，库尔德语的发展却截然不同。伊拉克政府并不像土耳其的凯末尔主义者们那样公然表现出自己的同化主义理念，而是一直在库尔德人的诉求和阿拉伯民族主义之间摇摆。在战争期间，像鼓动阿拉伯人一样，英国方面一直在尝试鼓动库尔德人的反奥斯曼库尔德民族主义。1925年英国军官爱德蒙斯（C. J. Edmonds）在关于一战的报告中指出，"英国军官在库尔德地区为了鼓动库尔德民族主义情绪，采取的一项重要措施就是鼓励当地使用库尔德语来取代官方文书中的土耳其语，以及私人通信中的波斯语"[①]。

战争结束后，国际联盟授予英国在伊拉克的委任统治权，并明确表示，英国的委任统治，其目的在于为伊拉克的独立奠定基础。但是，尽管英国的委任统治毫无疑问地对伊拉克以及库尔德人产生了深远的影响，但仍然不能夸大其作用并忽视当地自身的作用。因为当时在伊拉克，既存在巴格达的伊拉克政府，也存在地方的库尔德人势力。不但巴格达政府并非完全是英国的"牵线木偶"，库尔德人也并非只会对外界刺激进行机械的反应，同时他们也没有被霸权同化，而是积极主动地创造自己的新社会。

1918年，英国控制了摩苏尔省（vilayet of Mosul）之后，苏莱曼尼亚方言很快就成为当地的主要语言。本文尚不清楚，该方言地位的上升是否是英国当局有意规划的结果。若真是如此，本文也不清楚其意图是什么。但是，以下因素有助于读者尝试理解这一现象。首先，摩苏尔省的辖区并

[①] Amir Hassanpour, *Nationalism and Language in Kurdistan, 1918 – 1985*, San Francisco: Mellen Research University Press, 1992, p.103. 关于英国在伊拉克的教育以及语言政策的更多细节，可以参见 Peter Sluglett, *Britain in Iraq: Contriving King and Country*, London: I. B. Tauris, 2007; Amir Hassanpour, *Nationalism and Language in Kurdistan, 1918 – 1985*, San Francisco: Mellen Research University Press, 1992, pp.103 – 118, 306 – 315。

不包括吉兹雷（Cizre）、迪亚巴克尔（Diyarbakır）以及穆克斯（Muks）等在内的传统库尔曼吉语的中心地区。其次，苏莱曼尼亚地区城市化程度一直较高，比起巴迪南（Badinan）地区，其接触了更多奥斯曼近代教育。因此，相对更多的当地人既掌握了奥斯曼土耳其语，同时也了解奥斯曼知识分子的新常态，也就是民族主义。

在英国占领之前，苏莱马尼方言仅被用来创作诗歌。一份英国给国际联盟的备忘录认为："在战争前，库尔德人并不习惯于以书写作为通信手段，无论是私下里还是公文……作为通信手段的书写，其发展全部归功于英国军官。"① 这种评论容易诱导读者认为索拉尼库尔德语的文学应用，以及伊拉克库尔德人这种基于语言的"民族情绪"完全是，或者主要是英帝国主义推动的结果。然而，这一结论夸大了帝国主义力量的影响，贬低了当地人以及长期因素的作用，特别是忽视了库尔德人18～19世纪的语言本土化，以及在阿卜杜勒·哈米德二世统治时期和青年土耳其党时期的新奥斯曼民族主义的发展。

除此以外，英国在语言等领域的政策常常是多变的。最初，索恩（Soane）少校极力鼓励索拉尼语在新闻（或者说宣传）领域中的使用，旨在对抗奥斯曼土耳其语。但1920年开罗会议决定将南库尔德斯坦纳入伊拉克而非独立之后，索恩少校被解职，以便英国随后推行语言同化政策。

国际联盟的报告最终使得摩苏尔并入伊拉克附带了条件，即英国必须在该地区任命库尔德官员，并将库尔德语作为该地区行政管理、法院以及学校的语言。但是，无论是英国当局还是巴格达政府，都并不热衷于兑现上述附加条件。英国的确宣布过要颁布加强库尔德语运用的《地方语言法》，但是多年以来，该法律都一直停留在草案阶段，没有付诸实施。因此，在论述时要注意，该法律的效力及其背后反映和代表的主权力量都是非常有限的，研究者不应该夸大其作用。类似地，巴格达政府也曾经在

---

① Amir Hassanpour, *Nationalism and Language in Kurdistan, 1918–1985*, San Francisco: Mellen Research University Press, 1992, pp. 105–106.

1930年春天宣布，允许库尔德语作为北部的官方语言，但这一许诺同样只是空谈而并没有兑现。

1931年5月，伴随着伊拉克加入国联以及库尔德人日益高涨的反对情绪，许诺已久的《地方语言法》才得到了批准。① 事实上，在该法案落实的问题上，库尔德人抗议的功劳基本可以和英国政策制定者的努力并驾齐驱。显然，英国和伊拉克当局认为《地方语言法》是对此前许诺给库尔德地区以自治乃至独立的替代品或者说"遮羞布"。英国对于此前承诺的食言及其可能会导致的社会不满是十分清楚的。因此，英国军官爱德蒙斯反复强调，对于英国委任统治当局和伊拉克政府不愿意履行诺言，给予库尔德语在出版、教育以及行政上相应地位的做法表示失望。②

对于本地的观察家来说，英国政策的矛盾性是显而易见的，而英国当局和逊尼派阿拉伯人主导的伊拉克政府之间的不和更是一目了然。新的伊拉克精英们以阿拉伯民族主义者为主，他们的激进程度与日俱增。政府则坚持在所有层次的教育中，阿拉伯语至少要作为第二语言——他们认为这一政策对于库尔德人在政治上融入新生的伊拉克国家来说十分重要。原则上，政府支持在基础教育的第一年提供双语教育；但是实际上，伊拉克政府严重偏向阿拉伯语，忽视甚至阻挠库尔德语教育的开展。巴格达的阿拉伯官员一再强调伊拉克的民族团结（当然他们默认这种团结是逊尼派和阿拉伯式的），并不断重申库尔德语学校是"缺乏实际意义"的，从而反对库尔德语学校的发展。

20世纪二三十年代，伊拉克阿拉伯民族主义越发明显的排他性对于作为公共交流语言的库尔德语的发展并没有起到推进作用。在这一过程中，著名的也可以说是臭名昭著的阿拉伯世俗民族主义先锋——萨推尔·

---

① 该法案的英文文本参见 Amir Hassanpour, *Nationalism and Language in Kurdistan*, *1918 – 1985*, San Francisco: Mellen Research University Press, 1992, pp. 114 – 116。

② Peter Sluglett, *Britain in Iraq: Contriving King and Country*, London: I. B. Tauris, 2007, p. 190; Amir Hassanpour, *Nationalism and Language in Kurdistan*, *1918 – 1985*, San Francisco: Mellen Research University Press, 1992, p. 107.

胡苏里（Sati'al - Husrî）发挥了关键性的作用，他在这期间担任伊拉克全国教育问题的负责人。胡苏里的思想常常被认为是大众民族主义（völkisch nationlismus）的。他的思想受到了德国浪漫主义的影响，并在很大程度上受到他自己所翻译的费希特（Fichte）著作的影响。除此之外，胡苏里在1900~1909年居住在马其顿，当地愈加激进的民族主义运动也自然对胡苏里的思想造成了一定程度的影响。①

五 库尔德非国家行为体和库尔德语的政府化

简言之，无论是英国委任统治当局还是伊拉克逊尼派统治者都没有支持库尔德语在伊拉克王国的发展。恰恰是当地的库尔德人，推动库尔德语发展成为现代通信所需要的成熟的书面语。这一过程囊括了库尔德语知识规范的产出以及从政治和政府层面推动库尔德语发展的行动，因而我们将这一过程称为"政府化"（governmentalizing）。

库尔德语政府化的第一种形式就是库尔德语学校的建立。而这一举措显然需要仰仗伊拉克政府的官方授权以及财政支持。在奥斯曼帝国崩溃前，除纳杰夫（Najaf）、卡尔巴拉（Kerbela）等什叶派圣城学术中心之外，伊拉克基本建立起了奥斯曼式的新式学校——尽管在数量上仍然有限。这些学校的教学语言都是土耳其语，并且仅面向逊尼派。除公立的现代学校之外，还有大批隶属于当地清真寺的 hujra，即基本古兰经学校。而在英国委任统治期间，伊拉克将统一的土耳其语学校换成了一系列根据

---

① 如果要查找关于近来对伊拉克阿拉伯民族主义发展的研究，可以参见 Peter Wien, *Iraqi Arab Nationalism*: *Authoritarian*, *Totalitarian*, *and Pro - fascist Inclinations*, *1932 - 1941*, Abingdon/New York: Routledge, 2006，但其中并没有太多关于阿拉伯民族主义者是如何看待库尔德人以及其他民族群体的内容。关于胡苏里，可以参见 Bassam Tibi 有些过时但仍然有参考价值的 Bassam Tibi, *Arab Nationalism*, London: Macmillan, 1981。有关胡苏里马其顿岁月对其的影响，参见 Leezenberg, *From Coffee House to Nation State*（尚未出版）。韦恩（Wien）也认为德国国家社会主义对于伊拉克阿拉伯民族主义的影响常常是被夸张了的。

当地学生出身以及比例来决定学校所使用语言的新式教育机构。在 1923 年到 1930 年期间，伊拉克的库尔德小学数量从 6 所增长到了 28 所，在比例上从 3% 增长到 9.6%。这一发展状况基本上与土库曼人的数量相当——而土库曼人群体的规模远小于库尔德人。

新式学校加强了学生对古典阿拉伯语的学习和教育，这一现状的背后隐藏着阿拉伯语和库尔德语教育在小学和初中应该开展到何种层次的问题。伊拉克加入国联之后，对于地区内为数不多的库尔德语学校的阿拉伯化进一步加强。20 世纪 40 年代，库尔德语从课纲中被剔除，直到 50 年代才被重新加回。显然，在伊拉克学校中引入库尔德语既不是创造伊拉克这个主权国家的需要，也不是英帝国主义的成就，而是建立对库尔德人的统治这一充满斗争与紧张局势过程的一个方面，同时也是这一控制与反控制斗争的战场。

库尔德语政府化的另一条路径是确立一套新的语言规范。当地的库尔德人有史以来第一次需要整理库尔德语索拉尼语方言的语法规则。无论其表象如何，这一进程同样不是伊拉克国家权力所需要的，而是反对伊拉克国家权力的措施。1923 年，伊拉克教育总局要求陶菲克·瓦赫比（Tawfiq Wahby）撰写一本用于小学的库尔德语法教科书。为了适应索拉尼库尔德语中的一些诸如卷舌/r/、软腭化/l/以及/o/音等的发音，瓦赫比对阿拉伯字母进行了一系列拼写上的修改，并给短音/e/创立了一种新的书写方式。这些建议遭到了教育总局，特别是胡苏里的强烈反对。显然，他们的反对一方面源于伊斯兰情感，另一方面源于世俗阿拉伯民族主义的考量。最终，伊拉克政府官员拒绝采用瓦赫比的教科书。而这本教科书最终由作者在 1929 年自费出版。教育总局最终选择赛义德·西底（Sa'id Sidqi）的《库尔德语语法导论》（*Muxteser serf û nehwî kurdî*）作为教科书，并在 1928 年出版。

除拼写上的区别外，这两套语法体系呈现了两种方法论。瓦赫比在后来表示，其语法体系是基于拉里夫（Larive）和弗罗莱（Fleury）撰写的小学法语语法教科书建立的。① 而西底则反其道而行之，以传统阿拉伯语语法作为模板，采用古典阿拉伯语语法的分类模式，从词形和语法的概念开始，而不是采用现代语言学的词法和句法。由此，库尔德民族主义和阿拉伯民族主义之间在语言上的意识形态斗争，找到了各自的表述方式，并在语法和拼写上产生了不同的方式。这两种表述不分上下，难分胜负。因此，可以看出，瓦赫比对索拉尼库尔德语的整理并非单纯地出于国际化，即对现代西方语法体系一味的吸收，也不是对西方的东方学理论的被动同化，而是具有更深层次的意识形态原因。

索拉尼库尔德语政府化的第三个方面就是库尔德语文学语料库的建立，这包括对索拉尼语文本的进一步整理。如以往一样，在这一时期，库尔德语的文学核心仍然是诗歌，但是新的文学种类也在逐渐兴起，特别是短篇故事以及受大众喜爱的戏剧等通俗文学。不过直到第二次世界大战结束，索拉尼库尔德语的本土化都是以诗歌为中心。在这一时期，库尔德语诗歌的主要创作者包括皮拉梅德（Pîremerd，卒于1950年）、阿卜杜拉·葛兰（Abdullah Goran，卒于1962年）、法伊克·贝克斯（Fayîq Bêkes，卒于1948年）以及伊朗库尔德人赫扎尔（Hejar，卒于1991年）。库尔德民族文学语料库建立的另一个重要方面在于收集那些被封为圣诗人的诗歌，这些诗歌此前一直散落在各种杂志和布告之中，并靠当地人在茶馆中口口相传。因此，20世纪二三十年代，诸如马赫维、哈吉·卡迪尔·霍仪、纳莱、库尔德以及里扎·塔拉巴尼（Shaykh Riza Talabanî）等一批诗人的诗集逐步得到结集出版。

库尔德语民族文学的创立还囊括了库尔德语不同方言著作之间的互译。最重要的是，在20世纪30年代，皮拉梅德将马夫拉维、贝萨拉尼（Besaranî）、马夫拉纳·哈立德等哈夫拉米语诗人的著作翻译为索拉尼语，正因为如此，在今天的伊拉克库尔德地区，即使是小学生也对他们的

---

① 参见 Amir Hassanpour, *Sedeyek xebat le pênawî zimanî kurdî da：tîorî, siyaset û îdeolojî*, Sulaimaniya：Binkey Zhin, 2015。特别是第四章。同时，我要感谢 Lana Askari 所提供的瓦赫比的文本拷贝，但遗憾的是我至今仍然没有办法获得西底语法的具体内容。

作品耳熟能详。除此之外，将艾哈迈德·哈尼的 *Mem û Zîn* 提升到库尔德人的民族史诗的地位也是这一过程的成果。这一故事在早先就通过口口相传以及纸笔相传的方式流传在北部的库尔德人之中，但是它在南部的库尔德人中就远没有那么知名了。而现在，这首诗已成为库尔德人民族文化的经典。1935 年，皮拉梅德出版了该故事的剧本。1960 年，赫扎尔将其改写为现代索拉尼语版本。以上的行动均没有得到伊拉克国家有力的支持，既没有赞助作者，也没有官方出版，更没有政府主导的书籍配发。

对于索拉尼语的发展还有一个未曾预料的方面：库尔曼吉语，或者叫巴迪尼语（Badînî）的使用者。事实上，在这场漫长的语言和语言-意识形态冲突中，伊拉克库尔德语不同变体之间确切的社会语言学关系是长期被忽视的一个方面。当地的库尔德活动家显然在相当长的时间里认为库尔德语应该拥有单一的官方版本，而这一官方版本则应当基于苏莱曼尼亚方言。因此，在 1931 年的一次对《地方语言法》的抗议中，库尔德历史学家、苏莱曼尼亚代表穆罕默德·阿明·扎基（Muhammad Amîn Zakî）特别反对该法的第八条，也就是允许在摩苏尔地区的敕令（Qadhas）中使用不同"形式"或者"种类"的库尔德语。显然，统一库尔德语，其背后的驱动力既来自纯粹的对语言科学的考量，也来自对语言-意识形态以及政治上的考量。有时候一些巴迪尼语的使用者在选择教育以及工作语言时，会更青睐阿拉伯语，而非索拉尼语。[①] 人们目前对于巴迪尼语使用者在语言上的态度以及相关活动都知之甚少。当地的知识分子哈马·赛义德·杜胡齐（Hama Saʻîd Duhokî）在 1932 年可能是为了给学校的语言课程提供额外的选项，总结撰写了一套库尔曼吉语的语法，但是该作品直到 1998 年才得以出版。[②]

---

① Amir Hassanpour, *Nationalism and Language in Kurdistan，1918 – 1985*，San Francisco：Mellen Research University Press，1992，pp. 158 – 159.
② Interview，Mohammad Abdullah，Duhok，April 2019；亦见 Muhammad Abdullah，"Rêzimana mela Mihemmed Seʻîdê Duhokî，" *Metîn*，Vol. 77，1998，pp. 50 – 65，我希望以后可以有机会进一步研究杜胡齐的语法。

六 结论

简言之,索拉尼语的本土化及官方化是一个漫长而又反复的过程。这一过程既得益于英帝国主义的统治以及伊拉克的国家权力,又受阻于上述两者。因此,政府化不应该被单纯地看作国家主权权力的行使。事实上,索拉尼库尔德语的政府化正是源于库尔德人对伊拉克国家权力以及英帝国主义霸权的反抗。所以,也可以得出以下结论。第一,关于以语言为基础的库尔德民族主义,或任何后奥斯曼民族主义,是西方帝国主义的产物或者是"自我东方化"(self-orientalization,即将语文东方学的浪漫民族主义归类并加之于自身)的产物的观点,都是过于简化的,甚至可以说是严重错误的。这种观点夸大了英帝国在伊拉克的统治力和条理性,并且忽视了早在18世纪就在奥斯曼帝国范围内如火如荼开展的语言本土化进程。这一进程的开始早于西方在该地区施加的政治、经济和文化影响,以及任何西方资本主义霸权的出现。当地行为体绝不是被迫复述霸权话语。

第二,人们应该注意到,由巴尔干纷繁复杂的民族主义运动引发的领土争夺以及1877~1878年俄土战争等冲突导致的地区内部结构的变化。地方民族主义不仅受到法国自由爱国主义和德国文化民族主义的影响,而且受到秘密的、革命的和好战的东欧民族主义(一定程度上受到俄国的鼓舞)的影响,这些通常被认为是最重要的影响因素。

第三,最重要的是,人们应该重视,近代早期语言本土化教育的开展对于群体认同形成的影响。从语言角度出发,语言本土化教育对于群体认同的形成起到了核心的作用。特别是在奥斯曼帝国统治时期以及后奥斯曼时代,新兴民族主义依托语言发展,强化其民族主义意识与认同。这不但是一个历史问题,更是一个现实问题。在现当代世界,仍然有许多民族正在依托本土化语言推进其民族主义的发展。这对于他们来说也是需要谨记在心的。

七 附言：1991年之后的库尔德语言政策

在伊拉克共和国时期，特别是复兴党执政时期（1968~2003年）库尔德语言政策的新发展同样值得研究。[①] 复兴党在1968年上台后，以萨达姆·侯赛因为核心实行威权统治，并照搬了苏联早期的少数民族政策，大力打压库尔德语言的运用及发展。随着公开宣扬阿拉伯民族主义的1972年宪法的颁布，伊拉克的同化政策越发极端且暴力。[②]

在1991年起义后，北伊拉克开始呈现全新的语言格局。1991年起义之后，北伊拉克获得了事实上的自治。这一自治在2005年被法律确定下来，这为此前的阿拉伯化政策画上了句号。但是库尔德斯坦地区政府（Kurdistan Regional Government）从来没有提出过任何重要的语言政策。1991年之后，库尔德语在学校教科书、政府工作以及广播中得到广泛使用，但是这一切均无统一组织，而是各行其是。索拉尼语被广泛承认为库尔德语的语言标准，但是在实际操作中，许多作者依然使用其本地方言来进行写作。

1993年开始，库尔德自治区当局开始允许在小学和初中开设阿拉米语（Aramaic）课程。[③] 与之类似，土库曼语也被允许作为地方学校的授课语言。但是在当地广泛使用的哈夫拉米语和居兰语，以及一些其他的少数民族使用的语言，却没有得到同等的待遇。这些少数民族包括在基尔库克（Kirkuk）和哈拉卜贾（Halabja）一带居住的卡恺什人（Kakaîs）和在摩苏

[①] 关于近来的新发展，参见 Jaffer Sheykholislami, "Language Policy and Planning: Identity and Rights in Iraqi Kurdistan," in G. Kunsang, eds., *Minority Language in Today's Global Society*, Vol. 2, NY: Trace Foundation, 2012, pp. 106 - 128; 以及 Khalid Hewa Salam, *The Language and Politics of Iraqi Kurdistan: From the 1991 Uprising to the Consolidation of a Regional Government Today*, Lambert Academic Publishing, 2015。

[②] 关于复兴党政权时期的库尔德语言政策，参见 Amir Hassanpour, *Nationalism and Language in Kurdistan, 1918 - 1985*, San Francisco: Mellen Research University Press, 1992, pp. 119 - 125, 316 - 331。

[③] Interviews, local university teachers, Erbil, August 2015; Assyrian spokesmen, May 2017.

尔以东的尼尼微平原（Ninawa plain）一带居住的沙巴克人。

相比于少数群体的语言诉求，对自治区团结稳定最大的威胁还是党派政治。1998年，在库尔德民主党（KDP）和库尔德爱国同盟（KUP）的内斗之后，库民党政府批准了在代胡克（Dohuk）地区的小学教授巴迪尼语的提案。2009年，代胡克教育局行使其理论上拥有的权力，绕过库尔德学院，将高中前三年的语言课程改为了巴迪尼语。①

由此可以看出，党派政治的现状与库尔德民族主义"一个民族，一种语言"的梦想是背道而驰的。因此，阻挡语言统一最大的障碍仍然是政治，而非语言本身。结果，任何尝试以单一语言作为超区域库尔德语标准的提案都会被视为某一政党想要达成政治霸权的措施。

2008年，语言政治化更是达到了高潮。当时相当一批库尔德学者（主要是伊拉克人）发起请愿，要求自治区主席巴尔扎尼（Barzani）推动苏莱曼尼亚方言成为全库尔德人的共同语言标准。这一提案引起了激烈的辩论，对于该提案威权主义和语言霸权的指控更是满天飞。但重要的是，自治区理论上的最高语言权威，埃尔比勒（Erbil）的库尔德学院在这一辩论中却没有发挥任何主要的作用。②

2008年的请愿反映了当时语言的现状，特别是对方言广泛而持久的扩散的一种反应。因此，即使是伊拉克的库尔德斯坦自治区——这个自1991年以来唯一一个库尔德人建立了较强控制的地区，也在事实上形成了一种双重标准语言的状况。

（孙濛奇译，英国杜伦大学中东与伊斯兰研究中心博士研究生）

---

① Khalid Hewa Salam, *The Language and Politics of Iraqi Kurdistan: From the 1991 Uprising to the Consolidation of a Regional Government Today*, Lambert Academic Publishing, 2015, p. 29.

② 参见 Hassan Ghazi, "Language Standardisation and the Question of the Kurdish Varieties: the Language Debate in Iraqi Kurdistan," Paper delivered to the International Conference the Kurds and Kurdistan: Identity, Politics History, University of Exeter, UK, 2009; Khalid Hewa Saleh, *The Language and Politics of Iraqi Kurdistan: From the 1991 Uprising to the Consolidation of a Regional Government Today*, Lambert Academic Publishing, 2015。

·专题研究·

库尔德民族主义与民族主义理论

◎ 〔希腊〕穆瑞特·爱思

【内容提要】 本文旨在为库尔德民族主义的研究奠定一定的理论基础，但目的并非要创建一种新的民族主义理论来解释库尔德民族主义，而是要探索以现有的民族主义理论解释库尔德民族主义的可能性。如果现有理论不能实现此目的，那么需要找出这些理论存在的问题和缺陷。结果表明，本文的研究与其他关于库尔德民族主义的理论研究之间存在明显的差异。库尔德民族主义并不完全符合经典民族主义理论框架，除非首先研究承担民族运动重任的新库尔德人的身份的产生和演变。如果没有事先分析库尔德人身份的特殊性，或者没有分析现有库尔德民族主义的发展基础，那么，按照西方标准对库尔德民族主义进行分类的尝试将是徒劳的。

【关 键 词】 库尔德人身份 民族主义 库尔德斯坦 奥斯曼帝国 民族主义理论

【作者简介】 〔希腊〕穆瑞特·爱思（Murat Issi），希腊克里特大学历史与考古文学系博士后研究员，伊拉克库尔德地区科亚大学兼职讲师。

引言

由于中东地区的迅疾变化，学界对库尔德民族主义的研究层出不穷，产生了大量成果。关于这一领域研究的时间界限，一般集中在 20 世纪初土耳其共和国建立到现在。几乎所有关于库尔德民族主义的研究都是在这一时间框架内进行的,而这也并非偶然。

因此,本文将尝试分析影响早期库尔德民族主义发展的重要因素。这些因素一般与被普遍接受的民族主义理论相一致,但有时也会有所不同。本文将试图展示库尔德民族主义在坦齐马特改革(Tanzimat,1839~1876)之前走过的各种道路,这尽管不遵循事件的时间顺序,但遵循与本文主题相关的重要性的顺序。

值得注意的是,库尔德人居住的地理区域非常广泛,植物种类丰富多样,因而多种类型的生产活动在这一区域得到发展,库尔德人创造了各种各样的社会关系和政治组织。因此,对库尔德人进行人类学、政治学、历史学和社会学的研究差异繁多,甚至连旅行者对库尔德人的描述也大相径庭。[1] 由于地理区域造成的困难,大量与库尔德人社会关系有关或描述其社会关系的概念比较笼统和武断。因此,在解释这一现象时,学界提出了新的术语。例如,部落(Tayfa, tire, ta'ifa, aşiret, kabile)、胞族(Clan)、王朝(sülale)、血脉(soy)、邦联(konfederasyon)、公国(beylik, emirlik, prenslik)等。[2]

一 民族主义与库尔德人的一般理论研究

出于各种原因,政治家和社会科学家经常研究民族主义这一概念。其

---

[1] Indicatively, Evliya Çelebi Mehmed Zeli ibn Derviş, *Evliya Çelebi Seyahatnamesi*, İkdam matba'ası, pp. 1314 – 1315; John MacDonald Kinneir, *Journey through Asia Minor, Armenia, and Koordistan in the Years 1813 and 1814 with Remarks on the Marches of Alexander, and Retreat of the Ten Thousand*, Murray, 1818; James Brant and A. G. Glascott, "Notes of a Journey through a Part of Kurdistán, in the Summer of 1838," *The Geographical Journal*, Vol. 10, 1840; F. Barth, "Father's Brother's Daughter Marriage in Kurdistan," *Southwestern Journal of Anthropology*, Vol. 10, No. 2, 1954, pp. 164 – 171; P. Rondot, "Les tribus montagnardes de l'asie entêrieure, Quelques aspects sociaux des populations kurdes et assyriennes," *Bulletin d' Études Orientales de l' Institut Français de Damas*, No. VI, 2003, pp. 1 – 50. 关于库尔德人的社会关系更详细的解释,请参见 Martin van Bruinessen, *Ağa, Şeyh, Devlet: Kürdistan' ın sosyal ve siyasi yapısı*, İletişim yayınları, 2004。

[2] Martin van Bruinessen, *Ağa, Şeyh, Devlet: Kürdistan' ın sosyal ve siyasal yapısı*, Tükçe: İletişim Yayınevi, 2003, pp. 98 – 106.

中最重要的一点是，在历史上，民族观念是一个近代的概念，而民族概念本身却深深地扎根于过去。换言之，民族观念虽然是一种近代的现象，但民族作为一个概念出现得更早。简单地解释一下以下两个问题对于我们理解库尔德问题大有裨益：什么是民族主义？它为什么会出现在当下？

"民族"一词起源于拉丁语动词"nasci"，意思是"出生、出身"。起初，该词被用于指代某些拥有共同背景的人，例如，来自同一个国家的学生或某个行会或者其内部的成员。① 从16世纪开始，随着英国民主进程的推进，这个词获得了政治内涵。根据里亚·格林菲尔德（Liah Greenfeld）的说法，它开始被用作"人民"的同义词。②

在欧洲大陆政治史上，民族和其相关制度的概念是在资本主义或工业经济和社会变革的框架内确立的。民族观念在16世纪发展成为一个政治概念绝非巧合，印刷技术和媒体的发展使欧洲的"民族"语言压倒了教会垄断的拉丁语。蒙特塞拉特·吉伯瑙（Montserrat Guibernau）认为，当教育的控制权从天主教会转移到国家时，与民族观念和民族意识有关的历史迅速发生了变化。③ 教会、上层社会、知识分子与民众之间的交往随着时代的变迁而呈现不同的形式。可以说，根据国家的需要（国家的需求之一是重新定义新建立国家内部的统治权力）④，从16世纪开始到18世纪结束，基于共同语言和文化的社会力量之间的互动完成了第一个初始周期，在此周期后形成了第一批民族国家。这些力量（资产阶级的兴起重新界定了统治者的角色，也使知识分子的思想观念发生了根本性的变化）将旧帝国的"疆界"变成了新国家的"国界"，把自然领土整合进君主政

---

① Guido Zernatto and Alfonso G. Milstretta, "Nation: The History of a Word," *The Review of Politics*, Vol. 6, No. 3, 1994, pp. 351 – 352.
② Liah Greenfeld, *Nationalism: Five Roads to Modernity*, Cambridge: Harvard University Press, 1993, p. 7.
③ Montserrat Guibernau, *20. Yüzyılda Ulusal Devlet ve Milliyetçilikler* (*Nationalism: The Nation – State and Nationalism in the Twentieth Century*), Sarmal Yayınevi, 1997, pp. 120 – 126.
④ R. Miliband 与 P. Anderson 之间关于马克思主义的讨论，参见 Ralph Miliband, *Class Power and State Power*, Verso Books, 1983。（Turkish edition: *Kapitalist Devlet*, belge yayınları, 1989, pp. 66 – 82.）

体的官僚体制并加以统治,从而在他们国家的旗帜下"团结"了他们的"社会"。在这一过程中,知识分子发明了"人民主权"的概念。①

贾弗雷洛(Jaffrelot)认为,民族是一种精神,一种精神原则和共存的希望。② 然而,韦伯(Weber)并不认为语言、种族和文化的统一性可以定义民族的概念,但"民族通常是一个希望建立自己的国家并通过国家发展自身的社会"③。

在传统时代向现代化过渡的过程中,中央政治权力倡导的社会政治的现代化、宗教的政治化、资本主义生产和经济关系的引入,以及消费主义的产生等,都是奥斯曼帝国"内部凝聚"的重要动机。而且,这一系列变革意义非凡,社会科学工作者也将其作为研究民族主义的"工具"。

然而,当时的人们在一个濒临解体的"统一宗教"帝国中对民族意识缺乏认识,如何才能将每一个群体视为"不同的"或"区别于其他群体的"呢?如果存在这种差异,区分的标准是什么?以库尔德人为例,他们正处在民族认同的建构过程中,却出现了以下问题。什么是"库尔德民族"?什么是库尔德部落(a'şira)?④ 除"西方"研究之外,是否还有其他的理论来解释这个问题?当时的库尔德知识分子是只受"西方"思想家的影响,还是也受到了来自"东方"学者的奥斯曼现代化理论的影响?最重要的是,能否参阅库尔德人在没有自己的资产阶级时就认同的民族主义理论?库尔德民族主义是否仅仅可能作为精英知识分子的思想而

---

① Himmet Hülür, Gürsoy Akça, "İmparatorluktan Cumhuriyete Siyasal Bütünlük ve Ulusalcılık Söylemi (The Discourse of Political Unity Andnationalismfrom the Empire to the Republic)," *Selçuk ÜniversitesiTürkiyat Araştırmaları Dergisi*, No. 22, 2007, p. 316.

② C. Jaffrelot, *Uluslar ve Milliyetçilikler (Nations and Nationalisms)*, Metis Yayınları, 1998, p. 39.

③ M. Weber, "Millet (The Nation)," *Doğu – Batı dergisi*, No. 39, 2006, pp. 181 – 187.

④ 参见 Orhan Gökdemir, "Toplum, Ulus, Sınıf: Yeni Cemaatler (Society, Nation, Class: New Communities)," *Humanite*, No. 3, 2003, pp. 147 – 159。Especially about millet, Mümtaz'er Türköne, *Siyasi ideoloji olarak İslamcılığın Doğuşu (The Birth of Islamism as a Political Ideology)*, Lotus yayınevi, 2003, pp. 220 – 232.

存在，后来由于土耳其民族主义才发展成为一场运动？①

虽然很难研究帝国末期以"宗教分歧"为标志的民族主义，但本文可以在技术上区分两种不同的民族主义②：一是民族觉醒；二是民族构建。

在阐述之前，应该注意到，这种区分出现在不同领域的研究中，导致不同的概念并存。③ 无论是详细的描述还是解释，它们都强调民族主义理论中文化、语言和起源（亲属关系）等共同元素。④

第一，民族觉醒。民族觉醒是基于民族是一种古代社会就存在的自然现象这一观点。民族觉醒在历史上首次出现的时间无法确定。但民族觉醒是一直存在的，这就是为什么民族觉醒自带某种神圣的光环。这一理论的支持者认为，民族有"特殊性"，人们被不同的语言、历史、宗教、国家和文明的民族分开是很"自然"的。没有一个民族与另一个民族完全相同，每个民族都是独一无二的。这一理论的主要支持者是浪漫主义民族主义者，如约翰·戈特弗里德·冯·赫尔德（Johann Gottfried von Herder）、

---

① According to Celadet Bedirhan in his letter to Mustafa Kemal Atatürk, "You Did not Understand How the Türk Ocakları (Turkish Hearths) that Formed Turkish Nationalists Were also Bringing Forth the Kurdish Nationalists," C. A. Bedirhan, *Bir Kürt Aydınından Mustafa Kemal'e Mektup*, Doz, 1992.

② Hakan Özoğlu, *Osmanlı Devleti ve Kürt Milliyetçiliği* (*The Ottoman Empire and Kurdish Nationalism*), Kitap Yayınevi, 2005; Abbas Vali, ed., *Essays on the Origins of Kurdish Nationalism*, Mazda Publishers, 2003. (Turkish edition: *Kürt Milliyetçiliğinin Kökenleri Üzerine Çalışmalar*, avesta yayınları, 2005, pp. 83 – 133.)

③ Hans Kohn, *The Idea of Nationalism*, Macmillan, 1944; Hans Kohn, *The Age of Nationalism*, Harper, 1962; John Plamenatz, *Ideology*, Palgrave Macmillan, 1970; Arnason Johann, "Theory, Culture and Society," *Birikim*, No. 49, 1993, pp. 34 – 51; Haldun Çancı, "Kuramsal Yaklaşımlar Çerçevesinde Milliyetçiliğin Niteliksel Sabitelerine Genel Bir Bakış (A General Review of the Qualitative Evidence of Nationalism within the Framework of Theoretical Approaches)," *Review of Social, Economic & Business Studies*, Volume 9/10, pp. 233 – 246; Anthony D. Smith, *National İdentity*, University of Nevada Press, 1993. (Turkish edition: *Milli Kimlik*, İletişim Yayınları, 2009); Antoine Roger, *Milliyetçilik Kuramları* (*Terms of Nationalism*), Versus, 2008.

④ Ayhan Akman, *Modern Türkiye'de Siyasi Düşünce* (*MTSD*), Vol. 4, *Milliyetçilik* (*Political Thought in Contemporary Turkey*, Vol. 4, *Nationalism*), İletişim Yayınları, 2003, p. 81.

约翰·G. 费希特（Johann G. Fichte）、朱塞佩·马齐尼（Giuseppe Mazzini）等。① 但此理论最著名的支持者是安东尼·D. 史密斯（Anthony D. Smith）和约翰·A. 阿姆斯特朗（John A. Armstrong）。② 他们认为，虽然当代民族的概念并没有贯穿整个人类历史，但它的产生必然植根于历史。换言之，一个国家的本质可能不完全包含在它的历史中，但它最大的本质肯定存在于历史中。因此，民族主义者的责任就是在当代国家的历史中寻找和汇集这些"失落"的精华。③ 史密斯尽管并不否认现代性在民族主义兴起中的作用，但更强调运用"民族"的工具④，在历史中发现并确立民族的根源。这对本文的研究主题很重要。库尔德知识分子或者说是库尔德精英们，在书写一部新历史的同时⑤，也使用历史的"选择性工具化"在过去与现在之间（民族）建立起一座桥梁。

　　我想向库尔德青年提出以下建议：世界上所有伟大的作品（无论是书面的还是实际行动的）都是在最杰出和无畏的勇士帮助下创

---

① Haldun Çancı, "Kuramsal Yaklaşımlar Çerçevesinde Milliyetçiliğin Niteliksel Sabitelerine Genel Bir Bakış（A General Review of the Qualitative Evidence of Nationalism within the Framework of Theoretical Approaches），" *Review of Social, Economic & Business Studies*, Volume 9/10, pp. 233 – 246; Hakan Özoğlu, *Osmanlı Devleti ve Kürt Milliyetçiliği*（*The Ottoman Empire and Kurdish nationalism*）, Kitap Yayınevi, 2005, pp. 10 – 11.
② John A. Armstrong, *Nations Before Nationalism*, University of North Carolina Press, 1982.
③ 参见 Anthony D. Smith, *Nationality Identity*, University of Nevada Press, 1993。艾汉·阿克曼的立场与本文相反。根据阿克曼（MTSD, Milliyetçilik, p. 81）的观点，史密斯并不强调基于国粹的民族凝聚力，而是强调其基于共同的思想和信仰。本文认为，阿克曼没有注意到史密斯的这种区别，因为他自己说："民族主义可能以各种形式出现，例如政治意识形态、社会运动或文化表达。"
④ Hakan Özoğlu, *Osmanlı Devleti ve Kürt Milliyetçiliği*（*The Ottoman Empire and Kurdish Nationalism*）, Kitap Yayınevi, 2005, p. 12. 随后的讨论让他们达成共识，社会达尔文主义最终会导向纳粹主义，"因为每个民族都是独特的，其部分或者全部特性都会优于其他民族"。Anthony Smith, *İnsan, Yapısı ve Yaşamı*（*The Structure and Life of Man*）, Remzi Kitapevi, 1979, p. 335.
⑤ 关于库尔德人的历史记录参见 Hamit Bozarslan, "Türkiye'de（1919 – 1980）yazılı Kürt Tarih Söylemi Üzerine Bazı Hususlar," （Some Issues Regarding the Written Narrative of Kurdish History in Turkey 1919 – 1980）in Abbas Vali, ed., *Kürt Milliyetçiliğinin Kökenleri*, Avesta, 2005, pp. 35 – 63。

库尔德民族主义与民族主义理论

造出来的。我们生活在一个国家诞生的时代。……有没有库尔德人的历史？没有一个民族（米勒特）能像"埃雷夫汉"那样来保护它的历史荣誉。①

我们生活的世纪不是一个笑话，我们生活在20世纪。一个没有过去历史的民族是不可能有自知之明的。而那些没有自知之明的民族被别人奴役了。……让我们诚恳地承认，库尔德人没有一本当代的历史书。那么让我们看看库尔德人有没有什么"理想"。……我想问一下库尔德青年，让你们明白：你想成为什么样的人？或者你不想成为什么样的人？你只想成为奥斯曼帝国的一员吗？②

我怀着极大的悲痛声明，库尔德民族的觉醒已经很晚了，就像其他伊斯兰世界一样。它的启蒙也许是缓慢的，但会更加耀眼。

在我看来，那些试图启发库尔德民族的人不应该再带来任何分裂的想法，因为我们在安纳托利亚已经有很多问题了。当然，这些人会看场合，但库尔德问题应该是一个统一的因素，而不是一个新的分裂原因。在这种情况下，我要开始向库尔德人的觉醒致敬，并衷心祝愿它成功。③

毫无疑问，这种新的力量——民族主义将给伊斯兰世界带来巨大的变化。看看埃及的阿拉伯人或俄罗斯的鞑靼人，他们开始创建科学协会。我希望这能给落后的伊斯兰世界和库尔德人带来巨大的觉醒。④

---

① 这本书被认为是第一本由库尔德领导人写的关于1596~1597年库尔德人历史的书。在库尔德史学中，几乎所有的历史学家都提到埃雷夫汉，但埃雷夫汉本人从未解释过"库尔德人"的概念。关于 Şerefname 参见 V. Veliaminof – Zernof, ed. , *Scheref – Nameh ou Histoire Des Kourdes, par Scheref, Prince de Bıdlis*, Eggers, 1860。八年后，它被翻译成了法语。参见 François Bernard Charmoy, *Chêref – Nâmeh, ou Fastes de la Nation Kourde par Chêref – ou' ddîne, Prince de Bidlîs, dans l'liâlêt d'Arzeroûme*, Eggers, 1868。
② Dr Abdullah Cevdet, "Bir Hitab," *Roj – i Kurd*, No. 1, 1329/1913, pp. 3 – 4.
③ Lütfi Fikri, "Kürd Milleti," *Roj – i Kurd*, No. 4, 1329/1913, pp. 2 – 5.
④ Harputlu H. B. , "Garpla Şark, Milliyet Cereyanları," *Roj – i Kurd*, No. 1, 1329/1913, pp. 8 – 9.

直到今天，库尔德人没有为病人治病的医生，也没有供孩子们读书的学校。在中央政权看来，他们只是一群承担服兵役和税收职责的人。然而，寻找和阅读1897年希腊－奥斯曼战争的文件，从维也纳的城堡到克里特岛的大门，到处都洒满了库尔德人的鲜血。那些受压迫的英雄永远都是英勇的奥斯曼人。所以，现在轮到奥斯曼政府来满足库尔德人对人权和现代化需求的要求了。[1]

1695年，来自吉齐尔的艾哈迈德·坎尼写了一本诗集，并将其命名为《美穆和金》。[2] 这本于1695年编著的诗集被库尔德精英们奉为正在构建的库尔德民族的集体记忆。艾哈迈德·坎尼（1650～1706）被公认为库尔德人第一位"思想家"，而《美穆和金》被认为是第一个提到神圣统一大业、建立库尔德公国的书面文本。[3] 因此，第一批库尔德知识分子（精英）的最初思考点是现代化进程（即寻找不发达的原因），然后才是历史。他们试图表明库尔德人的存在不是在历史的深处，而是在不远的过去。这正是本文和部分民族主义理论家怀疑的观点。

第二，民族建构。有些理论家主张民族主义是现代的产物，出现在各民族诞生之前。[4] 他们又可以分为观点迥异的两个阵营。西方马克思主义认

---

[1] Süleyman Nazif, "Kürd ve Kürdistan (Kurds and Kurdistan)," *Kürd Teavün ve Terakki Gazetesi*, No. 2, 1324/1908, pp. 1 – 2. 参见土耳其语版本，M. Emîn Bozarslan, ed., *Kürd Teavün ve Terakki Gazetesi*, Weşanxana DENG, 1998, pp. 110 – 111。

[2] Bedirxan Paşa, "Mîqdad Mîdhet Begê," *Kurdistan*, No. 2, 1314/1898, p. 4. 参见土耳其语版本，M. Emîn Bozarslan, ed., *Kürdistan*, Weşanxana DENG, 1991, pp. 126 – 127。

[3] 艾哈迈德·坎尼是库尔德最著名的作家，他几乎所有的作品都是用库尔德库尔曼吉方言写的。1683年，他的 *Nubara Biçukân*（《儿童之春》）涉及儿童教育。值得注意的是，这意味着雅克·卢梭的 *Emile*（《爱弥儿》）比艾哈迈德的作品晚了一个世纪。1687年，他创作了涉及年轻人教育的 *Eqîda Imanè*（《信仰的约定》）。他的 *Mem û Zîn*（《美穆和金》）于1695年完成，他试图通过一个被禁的爱情故事来解释库尔德人和他们生活的土地，该作品相当于库尔德人版本的《罗密欧与朱丽叶》，也被认为是库尔德人的民族史诗。参见Martin van Bruinessen, "Ehmedê Xanî' nin Mem û Zîn'i ve Kürt Milli Uyanışının Ortaya Çıkışındaki Rolü," in *Kürt Milliyetçiliğinin Kökenleri*, Avesta yayınları, 2005, pp. 63 – 81。

[4] Ernest Gellner, *Encounters with Nationalism*, Ernest Gellner & Blackwell Publishers Ltd., 1995.（Turkish translation：*Milliyetçilige Bakmak*，İletişim Yayınları, 2009, p. 19.）

为民族主义是由于资本主义的迅速发展而由国家创造的,而文化建构主义则对此持反对态度。① 厄佐卢(Özoğlu)认为,在这一问题上,霍布斯鲍姆(Hobsbawm)属于西方马克思主义者,而欧内斯特·勒南(Ernest Renan)和本尼迪克特·安德森(Benedict Anderson)② 则属于文化建构主义者。

还有一些理论家既不认同民族觉醒,也不认同民族构建。正如凯杜里一样,在不排除西方马克思主义和文化建构主义影响的情况下,他们试图用思想史的观点来进行一般性的解释。对他们来说,民族主义是一种现象,是一种对占统治地位的政治权威和文化霸权的回应或教育力量。这一批人的代表是凯杜里(Kedourie)、汉斯·科恩(Hans Kohn)③ 和约翰·普拉门纳茨(John Plamenatz)④。

这一派别的理论非常实用,因为他们经常提到"西方世界"的"东方地区"⑤ 和在一些"非西方"地区发展起来的民族主义。他们经常提到"现代化""传统与传统社会""以枪炮为起点的技术转让""受压迫的精英""宗教政治化""世俗化""改革"等。可以说,在(无论是正常的还是强加的)现代化进程中,各个阶层的不满和愤恨可以通过民族主义

---

① Hakan Özoğlu, *Osmanlı Devleti ve Kürt Milliyetçiliği* (*The Ottoman Empire and Kurdish Nationalism*), Kitap Yayınevi, 2005, pp. 13 – 19.

② "安德森试图发展一个关于国家和民族主义的一般理论。他认为,这两个概念出现在现代性时代,经历了三个层面的革命:a 宗教语言(当时的拉丁语)促使人们获得神圣真理被边缘化;b 认为人民(和社会)在统治者的统治下变得更强的观念失去了根据;c 关于对历史和超越历史的时间的宿命论的理解被抛弃了。" Alain Dieckhoff and Christophe Jaffrelot, *Repenser le nationalisme. Théories et pratiques*, Center d'Etudes et de Recherches İnternationales, 2005. (Turkish translation: *Milliyetçiliği Yeniden Düşünmek. Kuramlar ve Uygulamalar.* İletişim Yayınları, 2010, p. 33.)

③ Alain Dieckhoff and Christophe Jaffrelot, *Repenser le nationalisme. Théories et pratiques*, Center d'Etudes et de Recherches İnternationales, 2005. (Turkish translation: *Milliyetçiliği Yeniden Düşünmek. Kuramlar ve Uygulamalar.* İletişim Yayınları, 2010, pp. 49 – 53.)

④ 普拉门纳茨认为:"东方的'民族主义'本质上是基于怀疑,因为它为了实现现代化被迫接受外国文明,但也试图捍卫自己的身份。因此,在模仿的同时,它对它模仿的东西产生了敌意。" Ayhan Akman, *Modern Türkiye' de Siyasi Düşünce* (*MTSD*), Vol. 4, *Milliyetçilik* (*Political Thought in Contemporary Turkey*, Vol. 4, *Nationalism*), İletişim Yayınları, 2003, p. 83.

⑤ Samir Amin, *Eurocentrism*, second edition, Monthly Review Press, 2010, pp. 175 – 177.

的观点被精英们加以国家化。每一位精英都试图寻求或创造自己的工具，以便根据他们所处时代的"工具理性"将这些不满和愤恨"工具化"。例如，正如凯杜里所提到的，在库尔德民族主义那里，这些"工具"可能是媒体；在犹太民族主义和亚美尼亚民族主义那里，这些"工具"可能就是宗教。在这一过程中，重要的不是神职人员是否将宗教政治化，而是要实现他们的目的。[1] 知识的转移不一定是知识的终结，这主要取决于知识的获取方式。"选择性历史"和语言的工具化，或者说语言的统一，在所有类型的民族主义中都有着特殊的意义。

二 库尔德民族主义

本文很难用上述理论来单独阐释库尔德民族主义。一方面，本文认同传统和现代之间的典型划分，但不认同西方马克思主义者从法国大革命开始制定的时间表。[2] 同时，本文认同民族是现代性的产物，但不认同民族理论及关于其在非城市化社会和国家中发展的观点。此外，本文认同西方马克思主义者，特别是霍布斯鲍姆所提到的对各种标准（语言、宗教、教育）作用的强调，但不认同大众民族主义的观点。特别是，霍布斯鲍姆同意盖尔纳关于民族主义诞生于现代性母体中的理论，声称出于政治合法性和统一性的考虑，民族国家发明了"自上而下"的具体参

---

[1] 19世纪下半叶和20世纪初，几乎所有的库尔德起义，无论是民族主义的还是其他的，都是在宗教精英的领导下进行的。
[2] 现代性并不仅仅出现在法国大革命时期。它可能通过传教士或战争入侵呈现出来。根据金奈的说法，库尔德人早在坦齐马特时代之前就已经接触到了现代性（承认"我们自己之外的另一个世界"）。例如，关于锡尔特的贝伊们，他认为："实际上，他们和我们的旧封建领主或公爵没有什么不同。"见 John Macdonald Kinneir, *Journey Through Asia Minor, Armenia, and Koordistan in the Years 1813 and 1814 with Remarks on the Marches of Alexander, and Retreat of the Ten Thousand*, Murray, 1818, p. 411。然而，在坦齐马特时代的早期，布兰特和格拉斯科特共同呈现了传统和现代的特征。见 James Brant and A. G. Glascott, "Notes of a Journey Through a Part of Kurdistán, in the Summer of 1838," *The Geographical Journal*, Vol. 10, 1840, pp. 341 – 434。

照系，如在教育和官僚制度框架内发展起来的语言、宗教和文化传统。而它们后来被认为是国家在竞争环境中生存下来的必要条件。在这一点上，本文有必要表明反对意见，并说明语言问题不是库尔德民族主义的民族标准。当然，一种"独特"的语言，也就是库尔德语言的存在，表明了这个群体的独特性。但库尔德人并没有像其他民族，比如犹太人或者亚美尼亚人那样，大力倡导其民族语言。他们通常强调的重点是"库尔德语方言的统一性"和"是否需要将字母表从阿拉伯语改为拉丁语"。库尔德人语言的发展通常与国家的普通教育计划或社会的整体无知有关。

霍布斯鲍姆认为，原始民族主义怀疑宗教，而现代民族主义发展的地区，对宗教和民族的认同施加了界限。本文也反对这种观点，因为库尔德民族主义者从一开始到冷战时期都不想或根本不可能与宗教保持距离。尽管如此，本文认同他们的目标是建立民族国家[①]，但对于库尔德问题的发展，本文有不同意见。就库尔德人而言，早期国家认同感的建立并没有与新国家的建立相一致。值得注意的是，没有一个理论家提到地理区域，这对库尔德民族主义来说非常重要。

不幸的是，最重要的民族主义理论家，即种族起源论的支持者，并没有研究过奥斯曼帝国内的库尔德斯坦等不发达的非城市地区，抑或他们对这些不感兴趣。[②] 他们的参考文献主要来自巴尔干半岛或欧洲。因此，他们的研究并不充分。

本文认为，当代库尔德民族主义运动的智力基础源于19世纪末的民族创始说，当然，这些民族运动理论也吸收了17世纪的前民族主义的内容和要素。

为了更好地解释和研究本文关于库尔德民族主义的观点，首先来看看

---

① E. J. Hobsbawm, *Nations and Nationalism since 1780: Programme, Myth, Reality*, Cambridge University Press, 1992. (Turkish translation: *Milletler ve Milliyetçilikler*, Ayrıntı yayınları, 1995, p.60.)

② 这是由于马克思主义对经济的关注。如前所述，凯杜里是一个例外。

奥斯曼-库尔德历史上的一些"关键时刻"。与本文主题相关的里程碑是1514年库尔德人和奥斯曼帝国之间签署的《阿玛西亚协议》（Amasya Agreement）。[①] 根据这一协议，统治者（帝国）将自治游牧民族社区确定为库尔德人所在的地区，其身份政治将包含以下内容。

苏丹塞利姆通过梅夫拉那·伊德利斯[②]向库尔德人的埃米尔们提出以下共识：

第一，埃米尔们的独立性将得到保护；

第二，埃米尔们的继承将会是父死子继；这一继承制度将会通过苏丹颁布的费尔曼（firman，即皇家法令）合法化；

第三，库尔德人将会在每一次的战争中站到土耳其人一边；

第四，土耳其人将在海外战争中帮助库尔德人；

第五，库尔德人将会向哈里发纳税一次。[③]

这项协议每15年由一位埃米尔批准，一直持续到了坦齐马特时代，即奥斯曼帝国将所有权力都集中在一个部门之前。换言之，中央政权想用一支灵活的部队来保护东部边界，这种力量要容易适应该地区难以逾越的高山和大河。一支正规军不可能一直有效地守卫东部边界。而且，由于奥斯曼帝国正在转向西方或欧洲，它也不可能再保留一支庞大的、永久性的军队来应对来自东方萨法维王朝（什叶派）的威胁。苏丹本人也认识到了库尔德斯坦地区险峻的地理环境，因此他选择了库尔德人中的

[①] 注意，不要将《阿玛西亚协议》与1555年的《阿玛西亚和平条约》混淆。见 Norman Itzkowitz, Οθωμανική Αυτοκρατορία και Ισλαμική Παράδοση (The Ottoman Empire and Islamic Tradition), Papazisi editions, 2008, p. 160。

[②] 参见 V. L. Ménage, "Bidlisi," Encyclopaedia of Islam, New Edition, Vol.1, 1960, pp. 1207 - 1208; Müfid Yüksel, "İdris-i Bitlisi ve Eyüp' teki Eserleri," in Tarihi Kültürü ve Sanatıyla Eyüp Sempozyumu VI., Eyüp Belediyesi yayınları, 2003。根据布鲁内森的说法，历史学家夸大了伊德利斯的角色，参见 Martin van Bruinessen and Hendrik Boeschoten, Evliya Çelebi Diyarbekir' de, İletişim Yayınları, 2009, p. 42。而奥斯曼帝国当局承认他是库尔德斯坦的征服者，参见 B. O. A. Y. EE. 36 - 67, 06/R /1327。

[③] Mihemed Emîn Zekî Beg, Dîroka Kurd û Kurdistanê, p. 124。

逊尼派部落[1]来帮助他守卫边境。在《阿玛西亚协议》签订之后，帝国东部领土的管理将具有与其他地区完全不同的性质。塞利姆一世创建了一个以迪亚巴克尔（Diyarbekir）为首府的埃亚莱（eyalet，省），之后苏丹苏莱曼一世创建了第二个埃亚莱，即凡省（Van）。塞利姆一世将该地区划分为三种不同的行政单位：

1. 典型的奥斯曼桑贾克区（Sanjak）。这类地区缺乏强有力的部落纽带，因此被整合到蒂玛尔体系之中（并带来了收入），其桑贾克贝伊（sanjakbey，地区行政长官）直接由中央任命。

2. 库尔德斯坦桑贾克或库尔德桑贾克。这些地区不同于典型的奥斯曼桑贾克。[2] 其管理权由当地的贝伊（行政长官）控制，实行终身制，除非他们自愿让位或死后由他们的儿子（或亲属）继承。唯一的例外是他们背叛奥斯曼中央政府。到那时库尔德桑贾克将继续实行，不过卡迪（kadi，即法官）由中央任命。以迪亚巴克尔为首府的埃亚莱的13个地区和凡省的9个地区属于库尔德桑贾克。

3. 被称为公国（Hükûmet）的桑贾克。[3] 它们的统治权完全掌握在当地的贝伊手中。根据《阿玛西亚协议》，奥斯曼政府不会干涉其内部事

---

[1] 根据材料，协议规定的公国数量应该在20~23个，而科莱曼（Kalman）提到了23个公国，参见 M. Kalman, *Osmanlı – Kürt İlişkileri ve Sömürgecilik* (*Ottoman – Kurdish Relations and Colonialism*), MED yayınları, 1994, p. 10。而亚美尼亚历史学家和政治家萨苏尼（Sasuni）提到了20个，参见 Garo Sasuni, *Kürt Ulusal Hareketleri ve 15. yy' dan günümüze Ermeni Kürt İlişkileri* (*Kurdish Nationalist Movements and Armenian – Kurdish Relations from the 15th Century to Our Time*), Med Yayınları, 1992, pp. 36 – 39。库特（Kunt）则提到了17个地方领袖的名字，参见 İbrahim Metin Kunt, *ΟιΥπηρέτεςτουΣουλτάνου* (*The Servants of the Sultan*), Papazisi editions, 2001, p. 243。

[2] 自16世纪80年代以来，"eyâlet"（埃亚莱）一词就被用来表示奥斯曼帝国治下的半自治地区。例如，库尔德地区的桑贾克被称为埃亚莱，享有特殊的地位。随着贝勒贝伊（beylerbey）权力的增加，他统治下的地区被视为埃亚莱。这样，各省政权的变化就显现出来了。

[3] 这个词来自阿拉伯语 al hûkm，意为决定、判决、法令和规定。Hükûmet 的概念与现代土耳其语中"政府"的含义无关，而是指一个由不同的行政管理和决策统治的地区，见 Şemseddin Sami, *Kâmûs – i Türkî*, İstanbul: Çağrı Yayınları, 2004, pp. 554 – 555。

务。在这些地区没有实施蒂玛尔制度。它们实行的是区域自治制度，在对外关系（政治和军事）上服从奥斯曼帝国。在以迪亚巴克尔为首府的埃亚莱（省），桑贾克分别是哈兹罗、锡兹雷、埃伊尔、泰尔、帕鲁、根赛。在凡省，桑贾克则是比特利、希赞、哈卡里、玛赫迪。①

事实上，1518年奥斯曼帝国的登记册并没有提到库尔德公国（beylik），而是提到了在库尔德斯坦各地由中央任命的总督统治的12个桑贾克。② 哈默（Hammer）大体上同意19世纪的观点：

> 历史学家伊德利斯，库尔德人，出生于比特利斯，是白羊统治者雅各布的前秘书，他对于国家和人民有充分的了解。后来塞利姆将他从阿玛西亚的冬宫派遣到土耳其的各个部落，并指示他通过书信邀请埃米尔服从苏丹，不再服从沙阿（波斯国王），并希望有一个积极的结果，将位于库尔德斯坦、阿梅德、比特利斯和霍斯基夫的所有城市让渡给亲奥斯曼运动。③

这项协议的政治意义如此之大，以至于连库尔德委员会主席塞里夫·帕萨也在巴黎和会（1919年）上说道："在自愿服从苏丹塞利姆一世之前，库尔德斯坦已形成了46个独立的公国，他们是迪亚巴克尔、迪纳尔（Dinver）、查里苏尔（Charry Soul）、勒（Ler）、阿迪尔（Airdial）、哈克里（Hakkri）、伊玛迪亚（Emadia）、库尔克尔（Kurkel）、芬吉克（Finck）、哈桑（Hassan）、基夫（Kef）、彻穆切（Tchemuche）、盖泽克（Guezek）、米尔达西（Mirdasi）、埃基勒（Ekil）、萨索尔（Sassour）、赫

---

① Ahmet Akgündüz and Said Öztürk, *Bilinmeyen Osmanlı* (*The Unknown Ottomans*), Osmanlı Araştırmaları Vakfı Yayınları (OSAV), 2000, pp. 141 – 142. Mihemed Emîn Zekî Beg 认为，在以迪亚巴克尔为首府的埃亚莱有19个桑贾克，其中8个是由库尔德贝伊统治的。参见 Mihemed Emîn Zekî Beg, *Dîroka Kurd û Kurdistanê* (*The History of Kurds and Kurdistan*), Avesta, 2002, p. 124。

② Martin van Bruinessen, *Evliya Çelebi Diyarbekir' de*, İletişim Yayınları, 1993, pp. 44 – 52.

③ I. Hammer, "Ιστορία της Οθωμανικής Αυτοκρατορίας (History of the Ottoman Empire)," *Typois X. N. Filadelfeos*, Vol. 3, 1872, pp. 190, 219 – 220.

赞（Hezan）、基利斯（Kilis）、切鲁安（Cherouan）、德尔齐尼（Derzini）、埃尔迪坎（Erdikan）、哈克（Hak）、泰尔奎尔（Terquel）、苏伊迪（Sueydi）、苏莱曼尼（Suleimanie）、萨赫兰（Sahran）、特尔库尔（Terkour）、卡莱（Kalai）、达乌德（Daoud）、佩林根（Pelinkan）、比特里斯（Bitlis）、加尔赞（Garzan）、布赫坦（Bouhtan）等。"①

必须指出的是，这种行政权已经让渡给库尔德人②，因为库尔德人贝伊虽然受制于萨法维王朝的霸权，但也自愿参加了塞利姆一世和奥斯曼人（逊尼派）的军事行动。当然，这种划分不仅基于宗教，也基于政治利益。甚至到后来，当库尔德人居住的地区被《席林堡条约》（1639年）分割时，什叶派库尔德人仍然站在萨法维王朝一边，而逊尼派库尔德人则与奥斯曼保持一致。实际上，直到1923年，库尔德斯坦第二次，也是最后一次被《洛桑条约》分割之前，这些边界并没有阻止游牧民族的迁徙。《席林堡条约》的签署意义重大，正如在库尔德史学研究中被提出的那样，不仅因为它代表了库尔德地理区域的第一次分裂，而且因为它包含了现代主义的表象。在对奥斯曼－伊朗关系的研究中，有一个突出的观点：两个帝国都在努力划定和维护自己的边界，就像在它们100～150年后建立的民族国家所做的那样。③ 虽然不能说铁丝网或边境站标志着新的"奥斯曼－伊朗边界"的确立，但有资料显示，双方已经采取了各种措施，例如拆除附近可能容纳大量士兵的大型堡垒，或设立石头边界标志和巡逻队。在之后的四五年里，共同委员会访问了条约中提到的所有地方，以便

---

① Général Chérif Pacha, *Memorandum sur Les Revendications du Peuple Kurde*, Imprimerie A. – G L'Hoir, 1919, pp. 3 – 4.
② 这种行政管理政策在几乎所有危险和遥远的领土上都得以实施，如波斯尼亚、克里米亚和库尔德地区。参见 B. G. Martin, "Mai İdris of Bornu and the Ottoman Turks, 1576 – 78," *International Journal of Middle East Studies*, Vol. 3, No. 4, 1972, pp. 470 – 490; I. Hammer, Ιστορία της Οθωμανικής Αυτοκρατορίας (History of the Ottoman Empire), Athens: Typois X. N. Filadelfeos, Vol. 3, 1872, p. 220. 通过伊德里斯（Idris）送到库尔德地区贝伊手中的苏丹诏书只有苏丹的印章，仅此而已。在征得贝伊的同意后，由伊德里斯自行撰写。
③ *Arşiv Belgelerinde Osmanlı – İran İlişkileri* (Ottoman – Iranian Relations in Archival Documents), Osmanlı Arşivi Daire Başkanlığı Yayın, 2010, pp. 76 – 82.

在条约签署之前以最准确的方式进行追踪和划定边界。①

结 论

本文旨在强调以下几点。

首先,实现民族认同不仅需要自我定义,而且需要外部定义。只有在一定程度上,一个群体拥有自我意志②或自我意识,知道其特殊性并认同其某个称谓才是重要的。如果此认同或称谓对该族群没有特殊含义,它则没有任何效果。③但是,当"选定名称"也被其他人使用时,就会产生一种新的社会政治局面,在这种情况下,第一个群体将被视为"他者"。④这就是史密斯指出的种族问题。这个被称为"库尔德人"的群体的第一个客观特征就是奥斯曼人对他们的不同对待。这不仅是由于现实的政治和地理上的困难,而且是由于奥斯曼人对该群体的主观认同。重要的是,库尔德斯坦作为一个地理区域一直存在。但是库尔德人呢?在民族主义理论的框架内,民族主义的最初标识(作为"库尔德人"的自我意志和官方权威的承认)确实存在。然而,再往前看,库尔德人作为一个群体将不可避免地面临外部干扰或威胁。

因此,本文很难同意霍布斯鲍姆或安德森的说法,他们声称民族是从零开始构建的。虽然民族国家作为社会政治实体出现在资本主义时代,但

---

① 必须指出的是,《卡斯尔-阿伊林条约》(《席林堡条约》)(1639年)的原始文本没有保存下来。1639年这一条约的几乎所有条款都是以1555年的协议为基础的,事实上仅仅是对该协议的修改。见 Özer Küpeli, *Osmanlı - Safevi Münasebetleri* (*1612 - 1639*), Ege Üniversitesi SBE, 2009, pp. 193 - 202 (尚未出版的博士论文)。

② 虽然本文不同意盖尔纳对国家"外表"的看法,但必须说,他提到了自愿主义的标准。根据盖尔纳的观点,国家回到了意志(自愿主义标准)和文明(文化标准)两个最初的定义。他说,民族主义的第一步是在"一个有自己表现力的高级文明"的基础上产生的。见 Gellner Ernest, *Millietçilite Bakmak*, p. 8。

③ Kemal Kirişçi and Gareth M. Winrow, *Kürt Sorunu - Kökeni ve Gelişimi* (*The Kurdish Problem, Its Roots and Development*), Tarih Vakfı Yurt Yayınları, 1997, pp. 6 - 7。

④ 参见 Bedirhan Paşazade Mikdad Midhat Bey, "Şevketlu Azametlu Sultan Abdülhamid-i Sani Hazretlerine Arzıhal-i Abidanemdir," *Kurdistan*, No. 4, 1314 (1898), p. 1。

工具箱中的各种"特点"为一个民族的创建奠定了基础。如前所述，将库尔德人定义为一个群体的重要特征早在16世纪就已经显现出来了，特别是通过艾哈迈德的文学作品"工具化"了。而且，这些特征还不包括当时的现代元素。

从长远来看，统治当局对库尔德人在管理上的差异，库尔德人对统治当局的看法和对待方式都将产生很多难以解决的社会问题。最严重的危险发生在19世纪和20世纪，库尔德人试图在当时支离破碎的民族认同之上，创建一个单一的库尔德民族身份认同。

为了强调论点，总结以上所有内容将是有益的。由于库尔德地区具有重大的地缘战略意义，奥斯曼当局与库尔德人建立了特殊的关系。与奥斯曼帝国统治下的其他穆斯林和非穆斯林群体的关系相比，这的确是一种全新的尝试。在几乎所有地区，奥斯曼当局将非穆斯林群体视为一个独立的宗教团体，并将他们的领导人作为对话者和对该群体进行管理的着力点。后来，这被正式称为米勒特制度，因为每个宗教团体都被命名为"米勒特"。例如，东正教民众对族长负责，而族长又对"高门"（Sublime Porte，指代奥斯曼帝国政府）负责。犹太人和亚美尼亚人也是如此。这种因其"特殊性"而将特定"地区"居民视为不同人口群体的制度有时适用于波斯尼亚、汉志圣地或库尔德斯坦等地的穆斯林。整个帝国的非穆斯林群体都适用米勒特制度，而穆斯林则服从国家的正式统一管理，但库尔德斯坦是唯一的例外。

作为奥斯曼帝国的一部分，库尔德人大部分是穆斯林，他们被纳入各种权力结构。从一开始，奥斯曼政府就承认每个团体的首领也是该团体的领导人，他们直接服从苏丹（哈里发）的管理。即便是最强大的库尔德社会团体的领导人（酋长或贝利克）也不能击败其他社团的领导人，更不能将其封建统治扩展到其他地区，因为他们的存在是由统治者苏丹本人直接保证的。每个地区的首领名义上的自由实际上却阻止了这些团体的统一，因此这个支离破碎的库尔德人"社会"很容易被奥斯曼当局利用和控制。然而，库尔德的各个团体没有充分理解这种概念上的自由，这对库尔德社会的未来起到了灾难性的作用。库尔德人接受《阿玛西亚协议》事实上奠定了一个支离破碎的"社会"的基础，而这个"社会"仍然在为巩固和统一其社会组成部分而苦苦挣扎着。[1]

多年来，奥斯曼政府在安纳托利亚地区设法逐步分化库尔德人的内部管理[2]，巩固他们在库尔德斯坦地区的权力。在无法控制的地方，奥斯曼政府则通过强迫移民，安置不同的土耳其部落来加强对该地区的控制。[3]

总之，19世纪初，在奥斯曼帝国的全面改革进程中，库尔德斯坦地区并不存在一个单独的权力机构。在近300年的时间里，整个地区被分割为埃亚莱（埃贾莱蒂）[4]、桑贾克[5]、公国，这些行政单位又被分为王国[6]、封建领地和部落（无论是否完全自由）。[7] 这些行政单位在形式上彼此独立，又各自直接服务于苏丹。库尔德地区不同的行政单位彼此"独立"，将可能成为未来统一道路上的一大障碍。库尔德人并不能团结在一起，因为作为一种成功的统治手段，奥斯曼帝国推行的马基雅维利式的政策已经摧毁了库尔德社会内部的所有基层组织。在民族主义时代的初期，也就是从19世纪初开始，这些基层组织无法相互识别。与库尔德研究者普遍接受的观点相反，本文认为，现代库尔德民族主义形成的最大障碍在于《阿玛西亚协议》。

第一批库尔德知识分子遇到的巨大的困难正是从这一里程碑式的事件开始的。在此之后，他们也遇到了许多其他困难，如政府征地、行政单位

---

[1] Hasan Yıldız, *XIX. Yüzyıl Başlarında Kürt Siyasası ve Modernizm* (*Kurdish Politics and Modernity in the Early 19th Century*), nûjen yayınları, 1996, p. 14.

[2] For an excellent analysis and detailed description of Kurdish "groups", 参见 Sir Mark Sykes, *The Caliphs' Last Heritage—A Short History of the Turkish Empire*, London: Macmillan, 1915, pp. 553 – 593。

[3] Hasan Yıldız, *XIX. Yüzyıl Başlarında Kürt Siyasası ve Modernizm*, p. 17.

[4] Ahmet Akgündüz and Said Öztürk, *Bilinmeyen Osmanlı* (*The Unknown Ottomans*), Osmanlı Araştırmaları Vakfı Yayınları (OSAV), 2000, pp. 141 – 142.

[5] Mihemed Emîn Zekî Beg, *Dîroka Kurd û Kurdistanê*, p. 125.

[6] Pierre - Amêdêe Jaubert, *Voyage en Armenie et en Perse*, E. Ducrocq, 1860, p. 79.

[7] Sir Mark Sykes, *The Caliphs' Last Heritage—A Short History of the Turkish Empire*, London: Macmillan, 1915, p. 554.

遭到削弱、未能实现"历史性"统一等。比如17~19世纪，这些行政单位很容易成为奥斯曼帝国政府攻击的目标。然而，它们仍然是"独立"的机构，这样很容易沦为社会宗教领袖的工具。换言之，在300年间（从16世纪初到19世纪初），由于《阿玛西亚协议》的签署，库尔德当局"历史的被迫静止"对库尔德民族认同的形成起了阻碍的作用。

（杨关锋译，陕西师范大学土耳其研究中心博士研究生）

·专题研究·

凯末尔主义及其对当前土耳其政治的影响

——凯末尔主义的两种面孔

◎〔土耳其〕凯雷姆·奥克特姆

【内容提要】 凯末尔主义是指导现代土耳其共和国建立的意识形态。凯末尔主义信条和其支持者塑造了早期土耳其共和国的政治格局,创立了至今运转依然良好的现代土耳其国家机器。自2002年正义与发展党掌权以来,凯末尔主义逐渐被伊斯兰主义和民族主义意识形态取代。然而,与之相对的是,凯末尔主义作为一种思想和行动的范畴,建立了一个坚决反对霸权主义、削弱正义与发展党及其支持者力量的框架。本文在更广阔的知识和历史背景下讨论了凯末尔主义和它的前身——奥斯曼帝国以欧洲为导向的现代化运动,以及由此产生的批判。最后,讨论了凯末尔主义传统在当前土耳其政治中的作用,并对"历史型凯末尔主义"和"承诺型凯末尔主义"形式进行了区分。

【关 键 词】 土耳其共和国 奥斯曼帝国 凯末尔主义 伊斯兰主义 民族主义

【作者简介】 〔土耳其〕凯雷姆·奥克特姆(Kerem Öktem),意大利威尼斯大学语言学与比较文化研究系副教授。

无论是支持者还是批评者,他们都一致认为,土耳其在20世纪20年代早期作为现代民族国家出现是一个重大的历史转折点。新共和国的创立者和支持者穆斯塔法·凯末尔认为,这是一个现代的、世俗的、准备追赶现代文明的土耳其民族国家崛起的标志。[1] 自由派和世俗派则哀叹奥斯曼帝国"世界主义"和"欢乐"的观念就此毁灭[2],在他们看来,这意味着世俗生活的终结和中央集权国家机器的建立。库尔德人预见到他们将会失去自治权,地位将被降低,成为受压迫的少数民族。最后,伊斯兰保守派则摒弃新共和国及其强调的世俗主义,认为这是不可原谅的与传统的决裂。这些典型的支持或批评的观点相互影响、相互争论,共同塑造了影响至今的土耳其政治格局。

本文在更广阔的历史和知识的背景下讨论了现代土耳其共和国核心的意识形态——凯末尔主义及其引发的批判和凯末尔主义在当今土耳其政治中所扮演的角色。这里的意识形态被理解为一个或多或少明确的、具有某种意向性的思想实践框架。[3] 在这个定义中,凯末尔主义是一种相当薄弱的意识形态,它不是一个连贯的理论框架,而是由其政治行动者的行动来定义的。这是19世纪奥斯曼帝国效仿欧洲进行现代化的结果——受到了欧洲列强的支持与破坏——这与19世纪末和20世纪初日本和中国改革者们进行的非革命性的现代化非常相似。虽然没有深厚的理论基础,但是作为一类行动和身份认同的参考,凯末尔主义塑造了早期土耳其共和国,创立了具有现代土耳其国家意识的机构,直至今天仍拥有相当大的动员力量,即使它支持的国家机构和政治制度在很大程度上被削弱了。

---

[1] Welat Zeydanlıoğlu, "The White Turkish Man's Burden: Orientalism, Kemalism and the Kurds in Turkey," in Guido Rings and Anne Ife, eds., *Neo-colonial Mentalities in Contemporary Europe? Language and Discourse in the Construction of Identities*, Cambridge Scholars Publishing, 2008, pp. 155 – 174.

[2] Ulrike Freitag, "'Cosmopolitanism' and 'Conviviality'? Some Conceptual Considerations Concerning the Late Ottoman Empire," *European Journal of Cultural Studies*, Vol. 17, No. 4, 2014, pp. 375 – 391.

[3] Michael Freeden, "Practising Ideology and Ideological Practices," *Political Studies*, Vol. 48, No. 2, 2000, pp. 302 – 322; John Gerring, "Ideology: A Definitional Analysis," *Political Research Quarterly*, Vol. 50, No. 4, 1997, pp. 957 – 994.

本文第一部分简要讨论了凯末尔主义出现的历史背景以及它回应的时代大挑战：欧洲帝国主义、国家落后和经济依赖；第二部分回应了对土耳其共和国的核心批判；在接下来的部分，讨论了凯末尔主义与当今土耳其及其政治危机的相关性。

一 早期土耳其共和国和凯末尔主义的出现

凯末尔主义者，即穆斯塔法·凯末尔的追随者以及直到20世纪40年代的所有国家机构[①]，我们可以将其中参与土耳其共和国建立、之前参与反对欧洲列强和希腊独立战争的两类人统一归类为反对西方统治和落后于时代的旧制度的民族革命的人。无论是土耳其，还是欧洲和西方世界，都把早期土耳其共和国视为与奥斯曼帝国的决裂。对于许多欧洲人来说，这是一个意想不到的案例，一个被认为落后和过时的国家，理应是殖民征服的对象，却在战场和英法殖民势力的夹缝中击败了强国。土耳其共和国是在逆境中建立起来的：当时，奥斯曼帝国在民族主义"三帕夏"，即内政部长塔拉特（Talat）、参谋总长恩维尔（Enver）和海军部长杰马尔（Cemal）的领导下，作为同盟国成员参加了第一次世界大战，与德国、奥地利和保加利亚一起战败，军队遭到重创和遣散，主权受到严重威胁。德国和奥地利在第一次世界大战后遭受了主权和领土的丧失，这被认为是国耻。然而在当今土耳其人的眼中，从第一次世界大战一直持续到20世纪20年代初的、被看成是土耳其独立战争的土希战争，最终以《洛桑条约》的签订和土耳其宣布成为独立民族国家而告终。[②] 这是非同寻常的，

[①] 土耳其在第二次世界大战后加入西方集团，引进多党政治体制。1950年，土耳其举行第一次自由公正的选举，执政的共和人民党（Cumhuriyet Halk Partisi，CHP）失去权力，被一些中右翼党派取代。此后，共和人民党很少赢得全国选举。

[②] 土耳其是第一次世界大战中唯一达成了有利于自己的和平解决方案的战败方，这是包括希特勒和国家社会主义运动在内的德国民族主义势力和极右翼势力，对新建立的土耳其共和国和凯末尔的个性表现出浓厚兴趣和支持的原因。请参见 Stefan Ihrig, *Atatürk in the Nazi Imagination*, Belknap Press, 2014。

因为从当时的英国和法国视角看来，作为在欧洲东部边界制衡俄国野心的力量，奥斯曼帝国早已失去作用。这个帝国，或者说在《色佛尔条约》和《赛克斯－皮科协定》签署之后帝国剩下的领土，是被指定要进行分治的，当今土耳其的大部分地区是要被欧洲托管的。[1] 考虑到奥斯曼帝国阿拉伯领土的命运——被委任统治以及后来成立了伊拉克、叙利亚、黎巴嫩和巴勒斯坦，当今土耳其大部分地区被殖民接管是真正可能的。尽管军队被遣散，领土被英国、法国、意大利和希腊军队部分占领，但土耳其民族主义力量使该国避免了被殖民的命运。

虽然凯末尔主义者将这次胜利视为共和国革命的开始，但在早期安卡拉大国民会议（Büyük Millet Meclisi）[2] 上，军官代表寥寥无几，甚至民族主义派军队中的基层士兵很少报名支持革命或共和国，更不用说支持一个对伊斯兰教毫无同情心的政治政权。土耳其民族主义派军队强烈支持重建哈里发的君主立宪制，并把这场战争看作反对外国占领、捍卫苏丹和伊斯兰教的"圣战"。穆斯塔法·凯末尔之所以能够笼络一些批评者，让他们噤声，并除掉其他人，很大程度上因为他是抗击盟军的达达尼尔海峡战役的核心领导人和独立战争的指挥官。他和他的亲信们进行了一系列制度改革和法律改革，这在英语中通常被称为"凯末尔主义"，在土耳其语中被称为"阿塔图尔克主义"（Atatürkçülük）。

（一）凯末尔主义的前身：奥斯曼帝国改革和团结与进步委员会

凯末尔主义是一种"单薄的意识形态"，其一系列思想和行动植根于19世纪上半叶的奥斯曼帝国现代化进程，并对20世纪20年代和30年代的地缘政治和军事挑战作出了回应。奥斯曼帝国的现代化历史进程是漫长而复杂的，但限于本文讨论的主题，将此简化为在欧洲以外的帝国实现现

---

[1] 参见 Eugene L. Rogan, *The Fall of the Ottomans: The Great War in the Middle East*, Basic Books, 2015。

[2] 事实上，安卡拉大国民会议先于土耳其共和国成立。它产生于伊斯坦布尔的最后一届奥斯曼议会，该议会因该市被占领变得多余，而成为协调战争的地方权利保护委员会。

代化面临的困境：17世纪，奥斯曼帝国在与欧洲国家进行的经济和军事的竞争中开始落后。随着欧洲强国的崛起，尤其是法国和英国，它们综合利用资本主义、工业革命、启蒙运动、基督教传教活动、种族殖民主义的力量，进行领土扩张和经济渗透，从而扩大了权力基础，而像奥斯曼这样的传统帝国则面临着军事撤退、经济衰退和政治失败。19世纪上半叶，奥斯曼帝国的苏丹们和政治家们开始按照现代欧洲制度进行改革，希望能够重建军事和政治力量，保卫帝国的政体和领土。[1] 与赫迪夫（Khedives，即穆罕默德·阿里）统治下的埃及和突尼斯等例子一样，[2] 建设欧式的军队、学校和基础设施需要大量的国家支出。由于没有强大的中央政府和税收基础，这些支出只能通过向特定的国家和公司举债筹集，而这些国家正是奥斯曼帝国准备防御的国家。最终，改革产生的成效与主张推进现代化的国家精英们的期望背道而驰：奥斯曼帝国非但没有达到与欧洲国家同等的实力水平，反而在财政上变得更加具有依赖性，领土主权继续受到损害。

与此同时，欧洲的观念在帝国新式的学校和军事机构，以及文官和军官群体中生根发芽。

改革的核心目标是帝国的救赎，因此要求民主和公共主权——当时在欧洲大陆大部分地区也存在争议——的呼声很微弱，但有关宪政、君主立宪制和公民权利的思想却越来越多地在穆斯林和非穆斯林社区的辩论俱乐部和秘密社团中传播开来。一些帝国法令（firmans）把欧洲化的政治价值观纳入奥斯曼法律体系，引入了脱离宗教的平权概念，从而有效废除了穆斯林臣民相对于基督教和犹太教臣民的法律优势，建立了世俗的法律和行政结构。对于奥斯曼帝国的改革是在国内要求下还是在欧洲要求下推动

---

[1] 奥斯曼帝国遭到欧洲反对的欧洲化（this Europeanisation despite Europe）本身就是一个两难的问题，而且还被另一种事实进一步混淆：欧洲的专家们一方面支持帝国收回主权、增强军事实力，另一方面又通过帝国在中东的野心破坏了帝国的主权。

[2] 参见 Timothy Mitchell, *Colonising Egypt*, Cambridge University Press, 1988; L. Carl Brown, *The Tunisia of Ahmad Bey, 1837–1855*, Princeton University Press, 1974。

进行的问题存在大量并富有争议的文献，但是现在越来越清晰地呈现的总体情况是，内部和外部动力共同确保了改革进程的连续性。然而，学界对改革的效果的争议很少：虽然奥斯曼帝国试图继续控制附属于帝国的巴尔干半岛和小亚细亚地区的非穆斯林社区，维护帝国的领土主权，但是19世纪后半期和20世纪初，民族主义、独立运动、基督教主导的民族国家的崛起使帝国改革后试图建立多元文化政体的希望破灭。在第一次世界大战、亚美尼亚大屠杀和希土战争等一系列剧烈变化的背景下，这个政体的基础被彻底摧毁。

到20世纪初，这一改革进程创设了一个国家的结构，尽管它存在巨大的地区差异且是一个传统和现代并行的结构，但经过调整，它的职能越来越像一个中央集权的欧洲国家[1]，思维方式也越来越像一个欧洲国家，这激起了阿拉伯和库尔德上层人士的反对并最终导致了他们的民族主义运动。关于宗教和科学作用的论战本来是头等重要的事情，可在帝国首都，这个却不那么复杂。舒克吕·汉尼奥卢（Şükrü Hanioğlu）认为是知识分子把这次论战过度简单化了，他批评当时盛行的"庸俗唯物主义"和"科学主义"往往伴随着对宗教和传统的普遍厌恶，即使一些公开的对伊斯兰教和苏丹制的口头支持也只是表面文章。[2] 尤其有影响力的是"政治达尔文主义"，加上各种各样的种族主义历史理论在19世纪后期的欧洲盛行，这都为亚美尼亚大屠杀[3]创造了理论背景，而且有助于将"土耳其人"归为欧洲白人一类，而不是亚洲黄种人[4]。

这场政治运动，将奥斯曼帝国的现代化改革者，以及越来越多在欧洲被称为"青年土耳其人"（Young Turks）的土耳其民族主义者聚合在一

---

[1] 总的来说，奥斯曼帝国西部在总体发展水平和国家基础设施方面最强大。越往东部和东南部，国家的力量越弱。
[2] 参见 M. Şükrü Hanioğlu, *Atatürk: An Intellectual Biography*, Princeton University Press, 2018。
[3] Donald Bloxham, "The Armenian Genocide of 1915–1916: Cumulative Radicalization and the Development of a Destruction Policy," *Past & Present*, Vol. 181, No. 1, 2003, pp. 141–191.
[4] 当时的欧洲种族主义历史学家把一切既非白人也非黑人的人和棕色人都定义为黄种人。他们认为，黑人和棕色人种没有能力管理自己，而黄种人虽然不如白人，但属于中等类别。

起。他们在帝国成立了团结与进步委员会（Ittihat ve Terakki Cemiyeti, CUP）。从1908年第二次宪政革命到1918年帝国投降，帝国的领土被欧洲帝国的军队占领，团结与进步委员会的部分活动作为公开政党活动进行，部分活动以秘密委员会的形式开展。① 虽然团结与进步委员会的支持者和联合党人（Unionist）由于帝国在一战中的投降而受挫，许多领导人被战胜国驱逐或监禁，但正是这些统一派为民族独立战争奠定了基础。他们还建立了领导战争的国民议会，从而为现代土耳其共和国的建立奠定了基础。② 穆斯塔法·凯末尔是联合党人中的一员，他也在这一思想和意识形态的框架内行事，回应了同样历史条件下的半依赖状态和欧洲全球霸权。从这个意义上说，凯末尔主义在很大程度上是奥斯曼帝国现代化进程和联合党人政治的延续，但又有显著的不同，它存在于一个独立的民族国家中，其发展没有受到欧洲大规模的干预。

（二）凯末尔主义时代的改革

随着1923年7月24日③《洛桑条约》的签订，一个新的土耳其国家的领土主权在国际上得到了承认。同年10月，穆斯塔法·凯末尔领导下的国民议会宣布成立土耳其共和国。随着国家边界和主权基本得到承认，凯末尔和他的支持者试图使用新的时间、历史、地理和语言，以及新的服饰和宪法安排来确定土耳其共和国的地位。从时间上看，新共和国不是从过去和伊斯兰传统中寻求合法性，而是面向未来，总目标是达到"现代

---

① 参见 M. Şükrü Hanioğlu, *Preparation for a Revolution: The Young Turks, 1902 – 1908*, Oxford University Press, 2001.
② Erik Jan. Zürcher, *The Young Turk Legacy and Nation Building: From the Ottoman Empire to Atatürk's Turkey*, I. B. Tauris, 2010.
③ 土耳其通常不纪念这个日子。但值得注意的是，2020年7月24日，埃尔多安总统签署法令将圣索菲亚大教堂改成清真寺，该教堂自1935年世俗化改革以来一直作为博物馆使用。可以说，使用这一日期是对其主权基础的公开挑战。《洛桑条约》是一项关于欧洲列强承认土耳其主权的国际法案，但2020年7月24日的法令象征着一项新的主权确认法案的诞生，它表明国家的主权不是由外国行为者的恩惠确立的，而是由土耳其国家领导人自己的行为确认的。

文明"（muassır medeniyet 或 Çağdaşuygarlık）[①]的水平，即与现代欧洲同等的发展水平。[②] 就历史而言，共和国与奥斯曼帝国决裂，用民族国家的民族和文化统一原则取代了帝国的"世界主义"。从地理来看，新土耳其国家的人们在演讲、地图中和在地理学会议上都把自己的国家塑造成一个欧亚国家，弱化了与具有强烈的阿拉伯和伊斯兰色彩的中东地区的联系。从语言上说，现代土耳其语是在欧亚参照体系中诞生的，它切断了奥斯曼土耳其语与波斯语和阿拉伯语的紧密联系，取而代之的是，引进源自欧洲的新词以及中亚突厥语的词汇。

本文在下文论述的这些改革很少是全新的。它们早先大多被青年联合党人考虑过，其中一些创新，比如简化复杂的奥斯曼土耳其书面语，在共和国成立前就已开始。然而，在民主尝试失败后，穆斯塔法·凯末尔进行了一场没有事先构思却要求全部实现的改革，而且此改革不考虑公众的关切和批评。这种强制的独裁情况也导致了改革范围的局限性，因为这些改革主要局限在受西方影响较大的城市和城镇，尤其是土耳其西部、地中海部分地区和新首都安卡拉等，没有渗透到其他地方。[③]

（1）新的时间观和历史观。早期共和国的政治家不得不在不利的条件下建立新国家。在经历了巴尔干战争后持续十多年的战争、亚美尼亚大屠杀、希腊土耳其人口交换以及几次饥荒和强制迁徙后，土耳其人口大量减少，而且其组成也发生了重大变化。除伊斯坦布尔和爱琴海北部的一个

[①] 这里的表述有两种版本，说明了改革的速度过快和不稳定性。muassır medeniyet 两个词都源自阿拉伯语，它是穆斯塔法·凯末尔最初用来表示现代文明的专门术语。Çağdaş uygarlık 是土耳其语新词，是在"语言改革"开始后几年内使用的。改革速度过快和缺乏连贯性是杰弗里·刘易斯将土耳其语言改革描述为"灾难性的成功"的原因。
[②] 建筑是迅速达到现代文明水平并有利于向公众宣传的一个重要途径，参见 Sibel Bozdoğan, *Modernism and Nation Building: Turkish Architectural Culture in the Early Republic*, University of Washington Press, 2001。安卡拉作为新共和国首都，其建设展示了这种通过建筑实现现代化的方法，参见 Zeynep Kezer, "The Making of Early Republican Ankara," *Architectural Design*, Vol. 80, No. 1, 2010, pp. 40–45。
[③] 参见 Erik Jan. Zürcher, *The Young Turk Legacy and Nation Building: From the Ottoman Empire to Atatürk's Turkey*, I. B. Tauris, 2010。

岛屿外,这个国家绝大多数的基督教社区被摧毁,奥斯曼帝国资产阶级很大一部分被迫离开。1922年改革废除了苏丹制,1924年进一步废除了哈里发制,切断了帝国与其合法性来源——伊斯兰教的联系。与此同时,世俗时代被提出,它设想把现代土耳其建成一个男女共同为实现"现代文明"——相当于欧洲邻国的现代性和福利状态——而不断奋斗的国家。

因此,历史应该着眼于前瞻性的奋斗,这带有明显的欧洲目的论的色彩。在这种新的历史观下,奥斯曼帝国涵盖了所有土耳其共和国反对的元素:宗教蒙昧主义、徒有其表的盛况、空洞烦琐的仪式、衰微的行政能力、落后的社会、僵化的政治体制、无法改革。更为讽刺的是,凯末尔主义与希腊、保加利亚、叙利亚和黎巴嫩这些邻国的历史学都提到了这个滑稽的帝国形象。与帝国决裂就意味着让那个时代的历史学家不得不到中亚去寻找其他历史的源头,由此发现了一个被称为"土耳其历史命题"(Türk Tarih Tezi)的起源神话。[1] 这一理论由穆斯塔法·凯末尔本人提出,由他的养女阿菲特·伊南(Afet İnan)详细阐述,并得到土耳其历史研究机构的响应。这一理论阐明,土耳其人的祖先不仅从中亚向西迁移,而且建立了世界上重要的文明。

(2)地理和种族理论。这一解释并没有解决种族的问题,即欧洲种族主义历史学家所说的土耳其人不是白种人(唯一有权自治的种族),而是黄种人(受某种形式帝国统治的支配)的问题。无论如何,"土耳其历史命题"都很好地说明了土耳其人的亚洲起源,但土耳其历史发展的"西化"特点,使它具有的是欧洲而非亚洲身份。

(3)改革土耳其语。最重要的是,土耳其语也被归为一种欧亚语言,其中波斯语、阿拉伯语词汇和奥斯曼-阿拉伯语字母代表的是对曾经的奥斯曼帝国一种不必要的回忆,因此必须清理出去,用真正的土耳其语替代。统一派改革者在1928年废除了"旧字母表",为现代土耳其语引入

---

[1] 参见 Etienne Copeaux, *Espaces et temps de la nation turque: Analyse d'une historiographie nationaliste 1931 - 1993*, CNRS - Editions, 1997。

了改良的拉丁字母，之所以废止阿拉伯文字就是因为它是伊斯兰教的语言象征。文字改革确实斩断了公众与历史的联系，公共建筑和清真寺上的铭文、国家文件甚至文学作品都不允许使用阿拉伯文字。但后期语言改革本身失去了控制，成了语言学家杰弗里·刘易斯所说的"灾难性的成功"[①]。在这个国家，政府主导的语言"净化"变得如此有效，以至于20世纪60年代的读者已经无法理解20世纪30年代的文本。

（4）改革传统服饰使两性地位趋于平等。从想象中的"东方"奥斯曼帝国的过去到走向欧洲的未来，现代土耳其的象征性被重新定位，尤为明显地体现在新土耳其人特别是妇女如何着装的政策上，这引发了土耳其人关于"服饰现代化"的辩论。[②] 1925年颁布的"帽子法"规定，戴与宗教身份相关的头饰是非法的，对男性来说，佩戴欧洲风格的帽子成为法律强制的事。不过与巴列维国王（Shah）统治下的伊朗不同，面纱从未被正式宣布为非法，但肯定是不被鼓励的。毫无疑问的是，"现代土耳其女性"想要成为现代的、在穿衣戴帽方面受过教育的女性，充满爱的妻子和母亲，以及为国家利益做出贡献的人，就必须学会着装和举止得体。[③]

（5）宪法安排。除了上述在人们日常生活中具有强烈象征效果的改革，为了使共和国的视觉范围更少在"东方"而更多在"欧洲"，某些宪法安排确实创造了一个不同的公共生活基础。世俗原则已经被概括为废除哈里发、推翻奥斯曼帝国，以及1928年废除伊斯兰教作为国教的宪法规定。1937年，世俗原则成为共和国的宪法原则和基本原则。宗教学校、兄弟会和伊斯兰法庭的关闭摧毁了宗教权力的基石。1935年，圣索菲亚大教堂被改建为一座博物馆，这是伊斯兰教在新土耳其共和国被逐出公共

---

① 参见 Geoffrey Lewis, *The Turkish Language Reform: A Catastrophic Success*, Oxford University Press, 1999。
② Serap Kavas, "'Wardrobe Modernity': Western Attire as a Tool of Modernization in Turkey," *Middle Eastern Studies*, Vol. 51, No. 4, 2015, pp. 515 – 539.
③ Deniz Kandiyoti, "Women and the Turkish State: Political Actors or Symbolic Pawns," in N. Yuval – Davis and F. Anthias, eds., *Woman – Nation – State*, Palgrave Macmillan, 1989, pp. 126 – 149.

领域的又一象征性举动。

由上文简要的论述可见，凯末尔主义改革是奥斯曼帝国长达一个世纪的改革的延续，旨在缩小土耳其与欧洲大国在权力、财富和影响力方面的差距。不过，正是在国际友好（凯末尔主义共和国得到大多数欧洲政府的同情）、领土主权获国际社会的承认以及凯末尔统治的条件下，改革的思想才得以充分实现，并创建了一个比其前身奥斯曼帝国明显不那么伊斯兰化的国家。简而言之，凯末尔主义是由所有在实现"现代文明"的总体框架下实施的不同改革所定义的，包括通过宗教改革和将自己从想象中的"东方"重新定位为同样是想象中的和历史上固定的"西方"以实现现代化和西化。

当土耳其人认同凯末尔主义或引用历史上穆斯塔法·凯末尔早期共和国的例子时，他们可能会支持其中一些或全部改革。从这个意义上说，凯末尔主义及其作为土耳其政治背景下的一种意识形态，既非常宽泛，又非常狭隘。它可以涵盖以现代化、欧洲化，对伊斯兰奥斯曼帝国的批判为标记的整个思想和行动领域。在土耳其目前两极化的形势下，这个词在支持者的眼中被用来概括一个面向欧洲的土耳其，它拥有健全的民主制度、强有力的法治和人权制度。

二　对凯末尔主义的批评

凯末尔主义共和国及联合党人先驱曾受过严厉批评。然而，一旦穆斯塔法·凯末尔控制了国民议会，这些声音就被湮没了。随着议会宣布共和国成立，这种控制近乎独裁，因此对凯末尔主义不可能进行公开辩论。独立战争期间土耳其首次成立"独立法庭"（İstiklal Mahkemeleri），意味着对共和国改革的批评会成为受惩罚的犯罪。组织抵抗的反对党成员或库尔德部落领导人都曾被处以死刑。这种对批评意见进行压制的现象一直持续到20世纪40年代土耳其共和国多党制的建立，但大多数政治和宗教反对派仍选择低调行事，他们或者在口头上支持凯末尔主义政权，或者在能有效施加影响的地方阻挠它。[①] 然而，对凯末尔主义的批评并没有消失。应当指出的是，凯末尔主义共和国虽然确实是一个独裁国家，特别是在权力巩固的最初几年，对若干叛乱分子处以死刑，但实行的并不是恐怖统治。相比当时欧洲的法西斯政权，如意大利墨索里尼政权和西班牙佛朗哥政权，早期凯末尔主义共和国是一种相对良性的独裁统治：它既不寻求毁灭一个特定群体，也不牺牲邻国来扩张领土，而只是迫使所有的公众都以某种"凯末尔主义"的方式行事。

（一）自由派的批评

统一派和后来的对凯末尔主义持批评态度的自由派都反对关于建立一个强大统一的中央国家的立宪计划，他们认为这样做不可能使这个国家容纳众多的宗教、文化和语言群体。在以萨巴哈廷王子（Prince Sabahattin）为代表的奥斯曼帝国公民共和自由主义（civic - republican liberalism）的传统中，未来的任何政治架构都是一个分权的国家结构，需要拥有强大的地方政府，鼓励私营企业发展，确立公民在国家中的地位。[②] 任何以身份为基础并致力于培养"新世俗公民"的计划都违背这些核心信条，更不用说要努力从帝国众多信仰伊斯兰教的族群中创造出土耳其人了。当凯末尔主义者完全掌握国家权力时，大多数不信仰伊斯兰教的少数民族已经被消灭，而最大的信仰伊斯兰教的少数民族——库尔德人的反抗运动在其部落领导人谢赫·赛义德（Sheikh Said）于1925年受到审判后被平定。然而，自由派对凯末尔主义者控制政权、其雅各宾派的性质，以及对军事力量的依赖的批评一直持续到近10年，并在20世纪90年代末和21世纪初

---

① 参见 Marc Aymes, Benjamin Gourisse and Élise Massicard, eds., *Order and Compromise: Government Practices in Turkey from the Late Ottoman Empire to the Early 21st Century*, Leiden: Brill, 2015.

② Ayşe Kadıoğlu, "An Oxymoron: The Origins of Civic - republican Liberalism in Turkey," *Critique: Critical Middle Eastern Studies*, Vol. 16, No. 2, 2007, pp. 171 - 190.

土耳其的欧洲改革时期被重新激起。[1]

(二) 保守派的批评

当时，保守派对凯末尔主义的批评与自由派有很多共同点，尤其是在欧洲化国家的建立和社会身份认同的问题上。保守派虽然意识到君主立宪制的宪制设计存在许多问题，但更期望建立一个现代化的哈里发政权，而不是一个世俗的共和国。他们曾经支持穆斯塔法·凯末尔和民族主义运动，尤其是该运动阻止了欧洲军队全面占领帝国并试图最终瓜分帝国。共和国早期的反宗教改革对于他们来说是一次重大的打击。更令他们不能理解的是，凯末尔主义者甚至没有假装去按照伊斯兰习惯行事，而是积极地攻击伊斯兰教本身和其文化象征。凯末尔主义者确实大胆打破了奥斯曼改革时代的既定惯例，即当时广泛的法律行政变革以及世俗化改革都是用伊斯兰和帝国的语言和符号精心表达的。[2]

正是这种屈辱感使保守派对凯末尔主义治下的共和国的批判变得更加尖锐，并演变成今天土耳其伊斯兰主义者对凯末尔主义共和国的全盘否定。然而，与当时的保守派不同，土耳其伊斯兰主义者未能理解，凯末尔主义者之所以能让保守派噤声，不仅是靠独裁统治的压迫手段，还因为是民族主义运动赢得了反对欧洲帝国主义者的战争，如果没有独立战争，欧洲帝国主义者肯定会根据《色佛尔条约》瓜分剩下的奥斯曼帝国的领土，只在安纳托利亚中部留下一个规模大大缩小的土耳其。当代伊斯兰主义者认为，土耳其共和国只是奥斯曼帝国漫长历史长河中一个短暂而不受欢迎的中断，而这是早期共和国保守派很难理解的。

---

[1] Paul Kubicek, "The European Union and Grassroots Democratization in Turkey," *Turkish Studies*, Vol. 6, No. 3, 2005, pp. 361–377.

[2] 参见 Benjamin C. Fortna, *Imperial Classroom: Islam, the State, and Education in the Late Ottoman Empire*, Oxford University Press, 2002。

（三）库尔德人的反对

库尔德人对凯末尔主义治下的共和国的反对最为明显。库尔德人聚居区的一系列部落反抗运动明确表明了这一点，而且随着谢赫·赛义德发起反抗运动，这些部落反抗运动又进一步升级。库尔德人参加独立战争的目的是保卫伊斯兰哈里发，避免其领土被欧洲列强占领，不过由于凯末尔主义者对库尔德人身份的否定，他们感到被背叛和沮丧，由此激发的反抗行为鼓动了很大一部分库尔德人。[1] 以民族-宗教认同强行构建的"土耳其人"和随之对库尔德人身份的否定不仅在土耳其共和国早期，而且在其整个发展历程中的确是共和国的支柱之一。因此，无论是早期共和国的库尔德领导人，还是当今库尔德领导人都加入自由派的行列，批判凯末尔主义治下的国家是极端的中央集权制的国家，无视民族和宗教的多样性——尽管实行了近一个世纪的同化和土耳其化政策，但这种多样性却依然存在。[2]

这些范围广泛的凯末尔主义治下的共和国的反对力量对凯末尔主义的批评，在一定程度上可以解释他们为何要努力联合起来，致力于瓦解凯末尔主义对社会和国家的控制。20世纪40年代末，保守派的声音在民主党——1950年第一次赢得选举的反对党——找到了聚集的空间，开始削弱凯末尔主义改革的成果，尤其是在宗教问题上。20世纪70年代，政治伊斯兰运动形成对凯末尔主义治下的国家和社会原则的内部挑战。20世纪90年代末至21世纪初，正是由中右翼、伊斯兰主义者、亲欧洲的自由派和库尔德民族主义者组成的联盟，促使正义与发展党政府废除了当时

---

[1] 参见 Robert W. Olson, *The Emergence of Kurdish Nationalism and the Sheikh Said Rebellion, 1880–1925*, University of Texas Press, 1989。

[2] Güneş Murat Tezcür and Mehmet Gurses, "Ethnic Exclusion and Mobilization: The Kurdish Conflict in Turkey," *Comparative Politics*, Vol. 49, No. 2, 2017, pp. 213–230; Ayşe Kadıoğlu, "Necessity and the State of Exception: The Turkish State's Permanent War with Its Kurdish Citizens," in Riva Kastoryano, ed., *Turkey between Nationalism and Globalization*, Routledge, 2013, pp. 142–162.

许多与凯末尔主义的制度和原则相关的东西。①

三 当前土耳其政治格局中的凯末尔主义

凯末尔主义无论是作为狭义的历史定义，还是作为对民主、法治和面向欧洲的国家的简写，在当今土耳其都不是占统治地位的意识形态。之前的中右翼政府以及2002年以来的正义与发展党政府极大改变了土耳其共和国的意识形态和制度架构。2016年7月15日未遂军事政变发生以来②，凯末尔主义治下的共和国呈现不同程度的解体，早期共和国的特定象征成为被攻击的目标。圣索菲亚大教堂被重新改成清真寺可能是在所有对凯末尔主义传统象征的攻击中最具打破传统、最能引起国际社会关注的事件。但自土耳其民主制度退却③，埃尔多安总统在超总统制下的权力加强以来，诸如对凯末尔主义残余进行报复性清算的现象已经变得非常普遍。正义与发展党政府于2016年实施了一项公开反对凯末尔主义的计划，重新定义土耳其在伊斯兰世界空间和时间中的地位，否定了奥斯曼帝国晚期和早期共和国的改革和成就。

然而，这并不意味着凯末尔主义作为一种松散的意识形态框架——融合了早期共和国建设的历史经验、凯末尔的魅力型权威，以及对民主的、面向欧洲的未来的希望——在土耳其的政治格局中变得无关紧要。作为土

---

① 许多制度安排本身并不是凯末尔主义的，也就是说，它们并不起源于早期土耳其共和国。例如，军事监护制度根植于1960年军事政变和1961年宪法。对库尔德人权利的完全压制，包括禁止说库尔德语，是1980年军事政变和随后3年军事统治的产物。然而所有这些在当时被认为是与凯末尔主义治下的国家机器相一致的。

② Berk Esen and Sebnem Gumuscu,"Turkey: How the Coup Failed," *Journal of Democracy*, Vol. 28, No. 1, 2017, pp. 59 – 73. 2016年发生的未遂军事政变仍未完全解决，但人们普遍认为，这是正义与发展党与宗教人士费特胡拉·居伦（Fethullah Gulen）的追随者组建的非正式执政联盟内部精英之间冲突的结果。有关政变及其后果的详细讨论，参见 Nikos Christofis, ed., *Erdoğan's New' Turkey: Attempted Coup D'état and the Acceleration of Political Crisis*, Routledge, 2020。

③ 参见 Kerem Öktem and Karabekir Akkoyunlu, eds., *Exit from Democracy: Illiberal Governance in Turkey and Beyond*, Routledge, 2018。

耳其共和国的"国父",凯末尔的影响力仍然不容忽视。从阿塔图尔克纪念碑到他的陵墓,再到他在学校教材和土耳其货币上的形象,都说明凯末尔主义国家地位的象征无处不在。在象征政治的空间里,土耳其总统塔伊普·埃尔多安越来越多地把自己打造成"新土耳其"的"新国父",为此在他的政治集会上,其背景是两张大小相同的巨型海报:一张是他自己;另一张是穆斯塔法·凯末尔。更重要的是,许多与凯末尔主义普遍联系在一起的想法和观念,无论对错,似乎都具有令人惊讶的持久力。对民主、法治、某种形式的世俗主义和效仿欧洲的期待仍然深深扎根于土耳其社会。[1] 土耳其主要反对党——共和人民党(CHP)是穆斯塔法·凯末尔创立的政党的延续,它认为自己是早期共和国遗产及凯末尔政治理想的捍卫者。考虑到在近期的地方选举中,共和人民党在土耳其最重要的城市和工业中心——伊斯坦布尔、安卡拉、伊兹密尔、安塔利亚、阿达纳赢得了选举,凯末尔主义实际上可以被认为重新走上了掌权之路。[2] 尽管凯末尔主义在土耳其并不是反对以正义与发展党为代表的伊斯兰政治的唯一政治术语,但它肯定是一个最高级和最相关且可以依靠全国性基层组织的术语。[3]

结 论

本文追溯了作为意识形态和一类行动的凯末尔主义的出现,并对现代土耳其共和国建国意识形态的主要批评进行了讨论,随后又讨论

---

[1] 由知名的民意调查公司,比如康大(Konda)和麦德普尔(Metropoll)进行的民意调查认为,总的来说,土耳其社会已经慢慢世俗化,年轻的土耳其人正接受更自由的价值观,而支持加入欧盟或与欧盟保持密切关系的人仍超过50%,尽管加入欧盟的谈判几乎已全部暂停,政府与欧盟的关系也极具争议。
[2] Berk Esen and Sebnem Gumuscu, "Killing Competitive Authoritarianism Softly: The 2019 Local Elections in Turkey," *South European Society and Politics*, Vol. 24, No. 3, 2019, pp. 317 – 342.
[3] 当将土耳其与俄罗斯等其他威权政权进行比较时,反对党高水平的组织和草根渗透是主要的区分因素。

了凯末尔主义在当今土耳其政治格局中扮演重要角色的方式,尽管在近20年的政治伊斯兰主义的统治下,它在国家中的统治地位在很大程度上被取代了。

凯末尔主义意识形态是很难定义的,因为它至少有两种主要的形式。第一种是历史的,试图在历史的背景下理解凯末尔主义实践的出现,为了简单起见,我们可以称之为"历史型凯末尔主义"(Historical Kemalism)。第二种是一个更宽泛的定义,在本文中,我们可以称之为"承诺型凯末尔主义"(Kemalism as Promise)。凯末尔主义的两种形式在许多重要领域是重叠的,只是为了更清晰地分析有关概念,才将它们区分开来。

"历史型凯末尔主义"产生于奥斯曼帝国改革和团结与进步委员会的政治运动中,该运动发生在第一次世界大战、帝国解体和独立战争期间。这是一场由军官和政治精英发起的现代化运动,他们聚集在富有魅力的独立战争领导者、共和国创始人穆斯塔法·凯末尔·阿塔图尔克的周围。"历史型凯末尔主义"在很大程度上是一种非西方现代化的文化和政治工程,它主要受当时欧洲大陆现代性话语和实践的启发。最重要的是,它是非民主的、威权的,建立在精英自上而下的国家建构模式之上。它试图建立一个同质的、统一的、世俗的国家,然而在经历了十年的战争、国家机构解体、人口流动和种族大屠杀后,这个国家仍然是一个多民族的国家。通过否定其身份和采取同化政策,最大的少数民族群体库尔德人被纳入土耳其政治体系。而非穆斯林的亚美尼亚人、希腊人、犹太人和亚述人等没有被纳入凯末尔主义定义的土耳其人的政治体中,受歧视政策、大规模暴力和反少数民族情绪的影响,他们的人口数量逐渐减少。[1]"历史型凯末尔主义"做出了特定的世俗安排并对公开表现虔诚表示反感,但这并没有导致政教分离,而是发展出一个为国家服务、受国家控制的伊斯兰教。在"历史型凯末尔主义"那里,科学、教育和妇女解放是重要的,然而

---

[1] 参见 Kerem Öktem, "Ruling Ideologies in Modern Turkey," in Güneş Murat Tezcür, ed., *Oxford Handbook of Turkish Politics*, Oxford University Press, 2020。

把土耳其描绘成欧洲国家并否认奥斯曼帝国复杂的历史及其改革进程是有问题的，这也使得涉及三者的问题变得很复杂。

"承诺型凯末尔主义"融合了更加宽泛和动态的信念、观点和追求美好未来的希望，这在很大的程度上归功于"历史型凯末尔主义"的事业，即将土耳其认同锚定为承担"实现当代文明"的使命。从这个意义上说，"承诺型凯末尔主义"是对更加美好未来的可能性的表达，即建立一个具有运行良好的法制机构、政治不太受伊斯兰教干预、男女平等以及与欧洲有更紧密关系的民主国家。这其中也包含了对土耳其民族"不朽之父"穆斯塔法·凯末尔魅力型权威的崇敬，以及土耳其民族特性激发的自豪感和优越感。作为当今日常的话语和意识形态，"承诺型凯末尔主义"并不要求历史的准确性和对凯末尔主义有争议的内容进行批判性的反思。在当今土耳其，两种形式的凯末尔主义及其影响范围更小的子类[1]相互影响，形成了对抗霸权主义最坚实的阵营，削弱了由正义与发展党、伊斯兰主义者和极右翼的民族行动党支持者组成的权力集团的影响力。

（邓翙译，中国出版集团现代出版社编辑）

---

[1] 凯末尔主义存在不同的子类，但对它们进行详细讨论将远远超出本文的范围。在共和人民党内部，我们至少可以看到三个主要派别：一是主张更加自由和亲欧的派别；二是主张更倾向社会主义的派别；三是强调国家利益以及主张改善与俄罗斯和中国关系的派别。

·专题研究·

凯末尔时代和埃尔多安时代土耳其经济政策比较研究[*]

◎严天钦　杨应策

【内容提要】 土耳其共和国的建国之父穆斯塔法·凯末尔·阿塔图尔克和土耳其现任总统雷杰普·塔伊普·埃尔多安都是政治强人，两人都为土耳其的发展，特别是经济发展作出了重要贡献。由于历史和现实的原因，两人在执政期间采用了不同的经济政策。在凯末尔时代，土耳其主要采用了国家主义经济发展模式；而在埃尔多安时代，土耳其主要采用了新自由主义经济发展模式。两种模式对应的政策方针分别是"进口替代"和"出口导向"，其背后的逻辑是资源配置方式即计划经济和市场经济的抉择，实行每一种经济发展模式都是特定资源约束条件下的理性选择，这种选择既有优势也引发了特定的困境。比较分析这两个时代的经济政策之间的差异并分析各自的困境可以为其他发展中国家提供有益的经验。

【关 键 词】 土耳其　凯末尔　埃尔多安　经济政策

【作者简介】 严天钦，四川大学外国语学院、欧盟研究中心（教育部国别与区域研究基地）、欧洲问题研究中心副教授，研究方向为土耳其研究、欧洲社会文化研究。杨应策，贵州商学院经济与金融学院副教授，研究方向为宏观经济、数字经济研究。

---

[*] 本文系国家社会科学基金项目"土耳其模式的困境研究"（项目批准号：19BGJ065）及四川大学创新火花项目"'土耳其模式'研究"（项目编号：2018hhf-56）阶段性成果。

《土耳其研究》第3辑，第128～152页。

引 言

从1923年建立共和国至今，土耳其的经济发展取得了非同凡响的成就，使得土耳其比中国更早成为中等收入国家。尽管土耳其在20世纪80年代和21世纪初经济发展成就斐然，但是从历史的角度来看，土耳其的经济发展充满曲折，土耳其在经历经济发展模式转变的同时，也在不断经历着经济危机。

从土耳其共和国的建国之父穆斯塔法·凯末尔·阿塔图尔克执政到雷杰普·塔伊普·埃尔多安执政，土耳其的经济发展经历了多个不同的阶段，保民生、促经济是每一个阶段政府都要优先考虑的问题。在不同时期，政府采取的发展经济的政策既有一定的延续性，也有很大的差异性。这是因为，土耳其在不同的时期面临的外部和内部环境都不一样，政府只能根据具体的情形作出适当的选择，在一定时期计划经济的成分会多一些，在另一时期市场经济的比重会更大。到底应该让政府还是市场在经济活动中发挥主导作用，是政府在制定经济政策时应该重点考虑的问题。大致来说，在凯末尔时期，土耳其政府在经济发展中发挥了主导作用；在埃尔多安时期，市场在经济发展中发挥了主要的资源配置作用。但具体情况实际上更加复杂，两个时期经济政策的差异很难用一句话来概括。本文将在比较分析凯末尔时代的经济政策和经济发展状况与埃尔多安时代的经济政策和经济发展状况的基础上，深入探讨土耳其经济在这两个阶段面临的困境，以期对其他发展中国家提供有益的借鉴。

一 土耳其经济政策研究综述

现代土耳其的经济发展可以分为不同的时期。李志强认为土耳其现代意义上的经济增长始于19世纪，因此他把土耳其的经济发展分为了三个阶段："开放"经济发展时期（1800～1912年）、国家主义经济发展时期（1912～

1950年）和战后的混合制经济发展时期（1950～1980年）。① 李志强对土耳其在这三个阶段的经济政策作了简要分析，但没有涉及1980年以后土耳其的情况。

阿力·巴亚尔（Ali H. Bbayar）分析了从土耳其共和国建国到正义与发展党上台之前土耳其在各个阶段的经济政策。巴亚尔认为土耳其各个时期的政府都把经济增长当成首要目标，但是多党联合执掌的政府往往政局不稳，致使一些经济政策缺乏连贯性，经济危机频发，而经济危机反过来又会催生新的经济政策的出台。②李艳枝在简要梳理土耳其共和国的经济模式变革历程之后，提出土耳其伊斯兰复兴运动的产生、高涨和转变与经济模式变革呈呼应的态势，两者具有互动性，伊斯兰复兴运动与市场经济并不一定相互排斥。③居利兹·帕姆克格鲁（Güliz Pamukoglu）重点对土耳其在1950年至1980年实施的进口替代经济政策做了研究，他认为进口替代政策使土耳其的经济增长长期依赖原材料和中间产品的进口，这往往会推高土耳其的外债，从而引发债务危机。因此，这种经济政策缺乏可持续性。到了20世纪80年代，土耳其被迫采取以出口为导向的经济政策。④

在正义与发展党（下文简称"正发党"）于2002年成为土耳其的执政党之后，国内外学者对正发党执政期间土耳其的经济政策给予了很大关注。耶尔丹（A. Erinç Yeldan）和郁吕瓦尔（Burcu Ünüvar）认为正发党的经济政策主要以吸引外资为目标，这一方面推高了土耳其的外债，另一方面致使经济投机行为在土耳其非常猖獗，再加上政府并没有着手去解决经济结构问题，因此，土耳其的经济增长模式缺乏可持续性，并经常陷入

---

① 李志强：《土耳其经济发展综述（1800—1980）》，《中国市场》2016年第50期。
② Ali H. Bayar, "The Developmental State and Economic Policy in Turkey," *Third World Quarterly*, Vol. 17, No. 4, 2010, pp. 773–786.
③ 李艳枝：《土耳其经济模式变革与伊斯兰复兴运动》，《国际资料信息》2012年第7期。
④ Güliz Pamukoglu, "Import-Substitution Industrialization in Turkey," Ph. D. diss., Massachusetts Institute of Technology, 1990.

危机。①阿依登（Zülküf Aydın）也对土耳其的经济危机给予了高度重视，他认为正发党执掌的政府在2008年经济危机后采取的经济干预政策与以往的危机干预政策具有一定的相似性，其对经济危机的回应受多方因素的影响，如土耳其融入全球经济的程度、政治经济中心与边缘之间的关系以及劳资关系等。②邹志强认为，埃尔多安时期土耳其的经济治理危机使土耳其成为陷入失速的"经济大国"，也在一定程度上代表了绝对化的新自由主义理念及治理实践在土耳其的失败。③在邹志强看来，土耳其的经济持续疲弱并陷入增长危机，主要原因包括内部增长动力的削弱、对外资的过度依赖、改革动力的下降以及内外多重危机的冲击等。④朱传忠认为正发党政府的经济政策分为宏观经济政策、部门经济政策、私有化政策三个部分，全球化、自由化、私有化、市场化是正发党政府经济政策的指导思想，土耳其经济之所以经常陷入增长和停滞交替的怪圈，一个主要的原因就在于其经济存在难以解决的结构性问题。⑤在魏敏看来，尽管从经济规模上看，土耳其是中东地区重要的新兴经济体，但是随着总统权力的加强，中央银行丧失了一定的独立性，货币政策和利率更容易受政府掣肘，这使得人们对土耳其经济长期增长的不确定性预期加剧。⑥埃尔万·阿克塔斯（Elvan Aktas）认为在正发党执政期间，土耳其的经济表现与其政治气候具有密切的关系，只有宽松和包容的政治氛围才会带来经济的繁荣。面对当前土耳其萎靡的经济，阿克塔斯认为，只有在重建法治精神、坚持融入欧盟的前提下进行改革，在放弃容易引起对立和仇恨的政治修辞、放

---

① A. Erinç Yeldan and Burcu Ünüvar, "An Assessment of the Turkish Economy in the AKP Era," *Research and Policy on Turkey*, Vol. 1, No. 1, 2016, pp. 11–28.
② Zülküf Aydın, "Global Crisis, Turkey and the Regulation of Economic Crisis," *Capital & Class*, Vol. 37, No. 1, 2013, pp. 95–109.
③ 邹志强：《土耳其经济治理的危机与转型》，《阿拉伯世界研究》2018年第1期。
④ 邹志强：《经济失速背景下的"土耳其模式"危机与土欧关系》，《欧洲研究》2017年第2期。
⑤ 朱传忠：《土耳其正义与发展党政府的经济政策探析》，《中东问题研究》2015年第2期。
⑥ 魏敏：《"埃尔多安经济学"和总统制下土耳其经济政策走向——从中央银行独立性的视角》，《土耳其研究》2018年第1期。

弃孤立外交政策的情况下,土耳其才能重振经济。[1]不同学者对土耳其经济政策的研究为本文的研究提供了很好的基础和启示,但这些学者很少系统地比较土耳其历史上两个非常重要的时期,即凯末尔时期和埃尔多安时期的经济政策。

二 凯末尔时代土耳其共和国的经济政策

在土耳其共和国建立之初,其建国之父凯末尔非常重视土耳其的经济发展,凯末尔及其他政治精英意识到只有当政治、军事和经济等综合实力提升之后,土耳其才有可能建成独立、富强的现代文明国家。为实现该目标,凯末尔在执政期间一直都致力于在政治和文化领域推进西方化改革。在共和国早期,即1923年到1929年,土耳其在经济领域也像大多数西方国家一样采用了自由主义经济发展模式,这种模式虽然使得土耳其在农业和基础设施建设方面取得了一定成就,但因为种种原因在试验一段时间后还是宣告失败。在经历1929年世界经济大萧条之后,土耳其被迫调整经济发展策略,转而采用国家主义发展模式,直到1946年土耳其实行多党选举制后,这一发展模式才得以改变。两种经济发展模式都在特定的历史时期发挥了特定的作用,但各自都具有一定的局限性。

(一)建国初期(1923~1929年)的经济恢复政策

1923年10月29日,土耳其共和国正式成立。经过巴尔干战争(1912~1913年)和独立战争(1920~1922年),土耳其人口锐减,生产设备严重损毁,诸多经济部门处在崩溃的边缘,据统计,1923年全年GDP只有1914年的40%左右。面对国困民贫、百废待兴的国情,凯末尔及其领导的大国民议会审时度势,在取消外国人控制的公债管理委员会、

---

[1] Elvan Aktas, "The Rise and the Fall of the Turkish Economic Success Story under AKP (JDP)," *Contemporary Islam*, Vol. 11, No. 2, 2017, pp. 171–183.

收回财政自主权的同时，适时提出了"国内和平，世界和平"的主张，以便为土耳其经济发展创造稳定的内外环境。[①]在这段时期，土耳其政府的工作重点就是恢复民生和休养生息。虽然土耳其共和国的独立主权得到了国际社会的承认，但根据《洛桑条约》，旧的关税税率必须延续至1928年底，这在很大程度上损害了土耳其经济政策的独立性。面对严峻的现实，土耳其政治领导人在伊兹密尔召开了具有重要意义的经济会议。该会通过了《经济宣言》，确立了土耳其在未来相当长的一段时间内以内向型经济为主的发展方向。该宣言的核心思想是：实施进口替代战略，建立现代化的工业体系。这份纲领性文件为土耳其以后的经济发展战略和政策的制定提供了重要依据。

土耳其原本是一个农业大国，农业是国民经济的支柱产业，农业人口约占全国总人口的80%。由于多年的战争，劳动力损失严重，农业产出骤减，国民生存状态堪忧。面对严峻的形势，土耳其新政府采取了一系列的惠农政策和举措，如新政府下发专项拨款300万里拉帮助农民播种和添补农具。[②]此外，政府大幅降低了农产品运费，对农民购买进口农机提供补贴，采取措施保障农产品收购价格控制在合理范围内等，政府对农民预先提供的补贴高达450万土镑。[③]

在工业方面，土耳其政府采纳了自由放任的经济政策。虽然《经济宣言》强调要发展现代工业，但由于当时的工业基础差、底子薄，再加上人力、物力、财力都相当欠缺，土耳其的工业水平依然停留在手工业时代。面对这一客观现实，土耳其政府一方面通过加强立法为经济发展提供法律依据和宏观引导，比如政府在1927年颁布了《鼓励工业发展法》以鼓励私人兴办企业；另一方面，政府也大力投资民生工程，如兴建国家银行、大型国营糖厂等。此外，土耳其政府还对在土的外资企业实行赎买政策以增加政府的收入。这些经济举措为土耳其日后实施国家主义经济模式奠定了坚实的基础。

[①] 姜明新：《土耳其经济政策从自由主义到国家主义的演变》，《阿拉伯世界研究》2014年第6期。
[②] 柳克述编《新土耳其》，商务印书馆，1927，第345页。
[③] 何凤山：《土耳其农村经济的发展》，商务印书馆，1937，第24页。

综合来看，这一时期的经济政策是土耳其政府立足当时国情而制定的，政策的制定既着眼当下，又放眼未来，把短期目标与长期目标、政治目标和经济目标有机结合起来。

（二）土耳其国家主义经济政策（1929～1938年）

所谓国家主义，在土耳其指的是一种权力模式，在这种模式下政府在多个领域对社会进行广泛干预。就经济领域而言，国家主义意味着经济能把具有共同利益和意识形态的民众团结在一起，意味着建立起整体的经济有机体。为建立起这样一个经济有机体，国家通常都会实行计划经济，政府在经济发展过程中享有绝对的权威和资源分配的权力。[1]

土耳其政府在当时之所以选择国家主义经济发展模式，一方面是土耳其根据国内外现实环境而进行的理性抉择，另一方面与苏联的支持分不开。比如在1933年，苏联就向土耳其提供了1800万美元的无息贷款，而土耳其只需要用一定量的产品偿还债务。[2] 此外，苏联还承诺在土耳其实施第一个五年计划时提供技术援助。为保护刚恢复元气的农业和稚嫩的工业，土耳其在1929年1月收回了关税自主权，并将进口关税从原来的5%～12%提高到40%。关税自主权的收回，为日后进口替代政策的实施扫清了障碍。在世界经济危机全面爆发的情况下，为稳定土耳其经济和金融体系，土耳其政府强化了国家对国际贸易的管控，对外汇、商品进口和外国直接投资也进行了严格管控。政府还采取了多项干预措施以防止土耳其货币里拉贬值。除了加强对贸易的管控，这一时期的国家主义经济政策在农业和工业方面得到了充分的体现。

从农业方面来看，经过休养生息阶段的诸多惠农政策，土耳其的农业

---

[1] Nadir Ateşoğlu and Öztürk Akcaoğlu, "The Barrier to Social Dynamics in Turkey: Authoritarian Mentality and Statism," *International Journal of Social Sciences and Humanity Studies*, Vol. 3, No. 2, 2011, pp. 341 – 353.

[2] Özay Mehmet, "Turkey in Crisis: Some Contradictions in the Kemalist Development Strategy," *International Journal of Middle East Studies*, Vol. 15, No. 1, 1983, pp. 47 – 66.

产出得到了很大提高,但在全球经济大萧条的冲击下,土耳其的农产品价格急转直下,出现了"谷贱伤农"的现象。为保障农民的基本利益,土耳其政府开始实施关税壁垒,限制外国农产品进口,对国内主要农产品小麦实施价格保护,还对农产品的收购、出口提供补贴。政府还专门成立了农产品管理局以保护价收购农产品。①

在工业方面,根据第一个五年计划的要求,为摆脱对国外市场的依赖,土耳其开始实施进口替代的工业政策,重点投资日常消费品的生产,以满足民众的生活所需。虽然借鉴了苏联的计划经济模式,但土耳其政府并未完全照搬苏联实施的重工业优先的发展战略,而是根据本国国情,开创了一条适合自身发展需要的工业发展道路。具体来说,从国家主义实施的领域来看,苏联强调的是重工业,而土耳其将工业发展重心放在了轻工业上,政府新建了许多化纤厂、棉纺厂、毛纺厂以生产民众日常消费品。土耳其重视这些产业的发展,与土耳其在奥斯曼帝国晚期是纺织品进口大国有关,土耳其的这些行业在国际分工中处于明显的劣势,政府为摆脱对外依赖,在这方面投入了大量的人力和财力。从国家主义实施的主体来看,苏联由政府主导,土耳其则由银行主导,这种政府计划、企业运作的模式也是土耳其的一大创举,即工业发展计划由土耳其工业与矿业银行实施和运营管理,其中苏麦尔银行主管工业,埃提银行主管矿业。

另外,国家主义在金融、公共产品提供部门也有体现,如政府以内发国债、外借贷款的方式,集中人力和财力建设铁路、航运、电力、供水等设施。

事实上,土耳其的经济发展模式在凯末尔时代既不同于纯粹的资本主义模式,也不同于苏联的集体经济发展模式。有人认为土耳其的国家主义是"现代版的重商主义",有人认为它是"高级社会主义",也有人说它是"资本主义与社会主义之间的第三条道路",还有人认为它是土耳其政治精英迫于土耳其共和国建立初期的经济现实困境,为建构现代民族国家而作出的实用

---

① 姜明新:《土耳其经济政策从自由主义到国家主义的演变》,《阿拉伯世界研究》2014年第6期。

主义选择，而并不是一种教条式的或具有普适性的意识形态。①实际上，国家主义经济模式是一种混合经济发展模式，它是土耳其根据自身的发展需求而选择的一种独特的发展模式，在这种发展模式下，私有企业具有一定的发展空间，但政府掌控了私有企业无法涉猎的一些关系国计民生的经济领域。

（三）国家主义经济政策引发的困境

国家主义的经济政策并不意味着政府要把所有的生产资料都收归国有，而排斥私有企业。实际上，只要私有企业不损害国家利益，私有财产权依然能得到很好的保护，政府甚至还鼓励外国企业到土耳其来投资。经过十多年的发展，土耳其的工业有了很大发展，工业生产能力已经远远超过了世界平均水平，土耳其走上了一条独立自主发展经济的道路。然而，国家主义经济政策也存在一定的局限性。

在实施国家主义经济政策期间，土耳其政府不仅负责制定国家财政、金融和货币政策，同时也干预基础设施建设、国防生产和工业生产。政府对经济活动的大包大揽引发了不少问题，比如国有企业的生产效率比较低下，政府官僚机构臃肿。1938年土耳其的公职人员（不包括士兵）就达到12.7万人，到1945年，这一数字已经攀升到18.4万人，这些公职人员的工资薪水就占到政府财政预算的35%。②

在凯末尔执政期间，土耳其的政治精英为了确保土耳其自上而下实现现代化，在国家治理方式上奉行威权主义（authoritarianism），而国家主义实际上就是威权主义在经济领域的体现。政治精英认为只有国有企业才能帮助国家振兴经济，只有政府掌控了国家资源才能更好地管理民众。③

---

① Özay Mehmet, "Turkey in Crisis: Some Contradictions in the Kemalist Development Strategy," *International Journal of Middle East Studies*, Vol. 15, No. 1, 1983, pp. 47 – 66.
② AliH Bayar, "The Developmental State and Economic Policy in Turkey," *Third World Quarterly*, Vol. 17, No. 4, 2010, pp. 773 – 786.
③ Nadir Ateşoğlu and Öztürk Akcaoğlu, "The Barrier to Social Dynamics in Turkey: Authoritarian Mentality and Statism," *International Journal of Social Sciences and Humanity Studies*, Vol. 3, No. 2, 2011, pp. 341 – 353.

受威权主义的影响，政治领导人的行政命令和决策决定了土耳其现代化的进程和形式。而国家主义则赋予了政府对各领域，特别是经济领域进行干预的权力，并赋予了政府进行资源和财富分配的权力。1938年凯末尔去世后，土耳其国家主义经济政策变得更加僵化和教条，国有企业逐渐垄断了许多经济领域的活动，而私有企业的发展空间却不断被挤压。一方面，一些国有企业能得到政府的大量补贴，致使产品价格往往并不能真实反映商品的价值；另一方面，国有企业经营管理不善也造成了国有资产的损失和资源的巨大浪费。

在凯末尔时代，土耳其政府并不鼓励对外贸易和外国投资。这是因为国家领导人认为正是在19世纪奥斯曼帝国采取了自由开放的经济政策，才使得帝国的经济命脉后来完全被外国资本家控制，并最终导致帝国经济的崩溃。为了不重蹈覆辙，在凯末尔时代，土耳其通过采取国家主义经济政策走独立自主的经济发展道路。然而受行政命令的影响，一些国有企业生产的产品并不一定能满足普通百姓的日常需求，因此"地下经济"或黑市交易非常普遍，行贿受贿的行为也屡见不鲜。

由于控制国计民生的垄断国有企业的管理人员和政治精英在经济活动中享有特权，他们的收入水平远远高出其他普通民众，造成了严重的贫富差距和社会不平等。也就是说，在实施国家主义经济模式的过程中，绝大多数人的利益成了少数享有特权的人的牺牲品。在工业化过程中，农业人口被不断边缘化，城乡差距不断被拉大，越来越多的农业人口被迫涌入城市，由于缺乏稳定的生活来源，他们中的绝大多数被迫生活在城市的贫民窟中。在采用国家主义经济政策10多年后，土耳其工业取得了巨大发展，但国家总收入并没有增加，而人均收入不增反降，农业生产力也根本没有提高。城市精英阶层与被边缘化的农业人口之间的收入和地位的不平等不断加剧，双方对立情绪也变得越来越严重。居住在城市贫民窟中的和农村地区被边缘化的底层民众对政府和凯末尔主义越来越不满，伊斯兰复兴正是在这种背景下发生的，这也是马克思主义得到一部分土耳其人拥护的重要原因。拥护伊斯兰复兴和马克思主义的底层民众的经济利益和政治诉求并没有在土耳其实施国家主义经济模式的情况下得到满足。

在凯末尔去世之后，土耳其政治体制发生了转变，共和人民党长期一党执政的局面被打破。在民主党执政期间，土耳其通过采取自由主义经济政策试图使市场在资源配置中发挥更大作用，但效果并不明显。从本质上来看，从20世纪40年代到80年代，土耳其的经济发展主要依靠国家主义经济模式。1983年，图尔古特·厄扎尔（Turgut Özal）当选为总理，开启了著名的"厄扎尔时代"（1983~1993年）。在厄扎尔的领导下，土耳其通过自由化改革，开始融入全球经济体系，土耳其工业变得具有竞争力。但是，土耳其经济发展既缺乏稳妥的宏观经济政策和体制改革的支撑，又缺乏严格的财政纪律，这使得土耳其长期存在通货膨胀的问题。在正义与发展党上台执政之前，土耳其每隔几年就会爆发一次经济危机，比如在1991年、1994年、1998年和1999年，土耳其都曾发生过经济危机。

三 埃尔多安时代土耳其的经济政策

在2000年和2001年，土耳其先后经历了两次经济危机。在2002年的大选中，温和的伊斯兰政党正发党强势崛起，一举拿下议会中的多数议席，成为可以单独组阁的执政党，结束了土耳其长期以来动荡不安的政局。正发党上台后，土耳其经济和社会领域都发生了变化。借加入欧盟谈判的契机，土耳其加快了经济自由化改革的步伐，稳步推进经济发展，使土耳其经济发展模式发生了巨大转变，新自由主义开始成为支配土耳其经济改革的意识形态。历经近20年的改革，土耳其经济完成了从"进口替代"到"出口导向"的过渡，形成了以市场经济为核心的外向型经济发展模式。与国家主义经济模式不同，以市场经济为主导的外向型经济，削弱了政府对经济的干预，强调市场在资源配置中的地位，重视外来资本投资，支持私有化改革，这在很大程度上激发了私人资本的活力。一系列改革举措既顺应了经济全球化发展的大趋势，又推动了土耳其经济的高速发展，使土耳其成功跻身二十国集团，成为世界新兴经济体中一颗耀眼的新星。当然，所有经济改革举措在很大程度上受到了新自由主义思潮的影响。

（一）新自由主义思潮的兴起与"华盛顿共识"

在经历了 1929 年全球经济大萧条之后，西方世界开始认识到全球经济危机在很大程度上与在资本主义国家中备受青睐的自由主义具有密切关联性，因为自由主义反对政府干预经济活动，在经济危机中政府一味地放任自流，采取不干涉的政策，致使危机变得越来越严重。在经历了全球经济大萧条之后，各国开始探索应对自由资本主义弊端的方法，有些国家政府开始对经济活动进行适当调控，有些国家开始实施计划经济，还有些国家甚至开始实施社会主义改革。在这种历史背景下，以奥地利裔英国经济学家弗里德里希·奥古斯特·冯·哈耶克（Friedrich August von Hayek）为代表的欧洲自由主义者在 20 世纪 30 年代提出了一种新的自由主义思想，即"新自由主义"。新自由主义在经济领域强调政府应该把权力让渡给市场，反对政治权力过多地干预经济行为，应该让私有公司和市场在经济运行中发挥主导作用。新自由主义一方面主张继续保留自由的市场，另一方面支持小政府在经济活动中发挥适度调节的作用。新自由主义并不完全反对政府对经济活动的干预和调控，它支持政府对私有企业和穷人提供合适的保护，同时维持社会和经济秩序。[1] 20 世纪 80 年代，受新自由主义思想的影响，许多国家纷纷开始进行私有化改革，变卖国有资产，并削减社会福利。

1989 年，美国国际经济研究所主办了一场关于专门探讨如何为陷入经济危机的拉美国家提供经济改革方案和对策的会议，包括国际货币基金组织和世界银行在内的国际组织、美洲开发银行和美国财政部的研究人员参加了本次会议。与会人员最后对拉美国家的经济改革提出了 10 条政策措施，这些政策措施都是以新自由主义学说为理论依据，后来被学界统称为"华盛顿共识"。20 世纪 90 年代，"华盛顿共识"在全球范围内产生了广泛影响，在土耳其也不例外。

---

[1] Johanna Bockman, "Neoliberalism," *Contexts*, Vol. 12, No. 3, 2013, pp. 14 – 15.

事实上，在厄扎尔时代，受美国、英国的影响，土耳其便进行了新自由主义经济改革，经济出现了短暂繁荣。但到了20世纪90年代，由于政局不稳，再加上新自由主义经济政策也存在一定的弊端，土耳其经常发生经济危机。自2002年正发党成为执政党之后，土耳其开启了更加彻底的新自由主义经济改革。

（二）埃尔多安时代的经济政策

正发党强势崛起的一个重要的原因是土耳其民众对于前一任执政党在2001年经济危机中的表现非常失望。正发党上台之后的第一要务就是采取必要措施解决通货膨胀、高失业率等棘手问题。实际上，在执政之初，正发党在很大程度上沿袭了2001年土耳其在国际货币基金组织的敦促下执行的一系列改革计划。为建立成熟的市场经济体系，正发党采取了新自由主义经济政策，进行了一系列结构性改革，主要措施包括：一是对国有企业进行私有化改革，推动私有经济的发展，帮助土耳其的企业提高国际竞争力；二是对金融业进行结构重组，通过颁布新的法规增强土耳其中央银行的独立性，并建立金融监管机构；三是整顿财政纪律，加强对公共债务的管理，实施紧缩性的货币政策以控制通货膨胀；四是通过改革增强政府在招投标过程中的透明度，并大力改善投资环境以吸引外资。在所有经济自由化改革举措中，最核心的三项是：依靠独立的中央银行实施紧缩性货币政策、劳动力市场自由化和国有企业私有化。在土耳其政府实施严格的财政紧缩政策的背景下，土耳其的公共债务赤字占GDP的比重由2001年的76.1%下降到2017年的28.2%。[1]

正发党在执政初期进行的一系列新自由主义经济改革既维护了土耳其的金融稳定，也为土耳其创造了良好的营商环境，释放了经济活力，促进了经济的高速发展，加快了工业化和城镇化的步伐，并缩小了城乡差距。

---

[1] Ümit Akcay, "Neoliberal Populism in Turkey and Its Crisis," Ipe Working Paper, No. 100, 2018, pp. 1–28.

同时，教育改革也为劳动力市场培养了大量高素质人才。总之，一系列改革使土耳其更好地融入全球经济体系，提升了土耳其的综合国力和地区影响力。

私有化改革是正发党经济改革中的一个重要方面。事实上，土耳其早在20世纪八九十年代就在尝试进行私有化改革，但改革措施遭到工人的反对，实施改革措施也缺乏相应的法律依据，再加上受经济危机的影响，资本家购买国有企业的意愿并不强烈，因此，私有化改革并未取得明显成效。在经历了1994年的经济危机后，土耳其专门出台了《私有化法》，为私有化改革提供了重要的法律依据。在2001年经济危机发生后，土耳其在接受国际货币基金组织的资金援助时被迫承诺进行私有化改革。正发党上台后在土耳其开展了史无前例的大规模私有化改革。在私有化改革的过程中，大批国有企业被政府卖掉，这为政府增加了不少财政收入，缓解了政府的财政赤字；另外，私有化改革也为土耳其打开了新的市场。

伴随着私有化改革的不断推进，正发党对劳动力市场也进行了自由化改革。政府于2003年颁布了第4857号《新劳动法案》，为劳动力市场改革提供了法律依据。新法案出台后，兼职工作和劳动合同转包被合法化。虽然企业将因此变得更加有竞争力，但工会组织的力量被大大削弱，工人的权益不像以往那样有保障。再加上为控制通货膨胀，工人的工资很难被提高。另外，在一大批国有企业经历了私有化改革之后，原本由国有企业提供的低廉的公共产品和公共服务变得昂贵，这无形中加大了工人阶级家庭的负担。[1]

得益于正发党的多项卓有成效的经济和政治改革措施，再加上土耳其得天独厚的地理位置和不断增加的劳动力，土耳其的经济自2002年至2007年取得了非常可喜的成就，国民生产总值增加了约7%[2]，增速仅次

---

[1] Ümit Akcay, "Neoliberal populism in Turkey and Its Crisis," Ipe Working Paper, No. 100, 2018, pp. 1–28.
[2] "GDP Growth," The World Bank（data.worldbank.org）Inflation, Interest Rates, Exports to Imports, External Debt：TUIK Statistical Indicators（2012）.

于中国和印度。2004年，土耳其的国民生产总值的增速甚至高达9.4%，人均国民生产总值从2662美元增加到了9333美元，出口增速由15.1%增加到了25.4%，出口额由361亿美元增加到1073亿美元，通胀率则由29.7%下降到8.4%，公共债务由占国民生产总值的73.3%下降到了41.3%。[1]经过几年的快速发展，土耳其的人均收入超过了1万美元。土耳其的国际地位得到很大提高，并成功跻身二十国集团。

以往，土耳其经济的发展几乎都仰仗西部工业城市如伊斯坦布尔、伊兹密尔和布尔萨的大型联合企业，但是在正义与发展党上台执政之后，这一情况发生了变化。由于政府在内陆地区提供的公共服务质量大幅提升，并加大了对内陆地区的投资，内陆地区特别是土耳其中部安纳托尼亚地区（如孔亚、开塞利和加济安泰普）崛起了一大批中小企业，这些企业成为把土耳其产品出口到中东和北非地区的"引擎"。随着经济实力的不断增长，它们越来越可以和土耳其的经济中心——伊斯坦布尔的企业相媲美，随着它们在土耳其的影响与日俱增，它们逐渐获得了"安纳托尼亚之虎"的美誉。值得一提的是，这些"安纳托尼亚之虎"都是正义与发展党的坚定支持者。

这些新崛起的企业界和商界的新贵们后来还成立了一个可以与土耳其工商企业家协会（TÜSİAD）分庭抗礼的新的组织，即独立的工商企业家协会（MÜSİAD），新协会对亲西方的旧的工商企业家协会持怀疑的态度。随着土耳其经济实力的增强，正义与发展党的执政基础变得更加稳固，开始重新调整内外政策。2008年是一个转折点，土耳其政府拒绝了国际货币基金组织提出的经济政策建议，开始强调制定更加独立自主的经济政策。但2008年的全球金融危机给土耳其的经济带来了重创。在2008年第四季度结束时，土耳其的经济缩水7%，而到了2009年，土耳其的经济首次在8年内下降至4.7%的水平，人均国内生产总值回落至8590美元，

---

[1] Taptuk Emre Erkoc, "Islam and Economics in the Political Sphere: A Critical Evaluation of the AKP Era in Turkey," *Southeast European and Black Sea Studies*, Vol. 19, No. 1, 2019, pp. 139 – 154.

与前一年相比下降了 1850 美元。①土耳其货币里拉相对于美元贬值了 30%，相对于欧元贬值了 20%。②除此以外，土耳其的外国直接投资也锐减，失业率则急剧上升，民众的工资水平也大幅下降。

为应对危机，土耳其政府开始实施紧缩性的货币政策，试图增强货币的流动性，中央银行开始通过增加交易限制和延长贷款期限来管控外汇交易市场。同时，中央银行也开始调低隔夜政策利率。但这些临时性的措施并没有达到预期的效果。在 2009 年，土耳其政府又不得不推出更多刺激经济的改革举措和振兴经济的一揽子计划，比如减税、放松财政纪律以增加公共投资和刺激消费，为中小企业提供无息贷款，政府为雇主购买社会保险，为投资者提供投资和利息补贴，甚至分配土地。政府希望能通过这些举措来帮助土耳其的企业提高竞争力。

在 2011 年的政治大选中，正发党再次获胜，至此已获得三连胜。随着政治根基变得越来越稳固，正义与发展党主导的政府的权力越来越集中，对经济活动的干预又开始增强。三权分立的格局开始受到挑战，司法体系和媒体的独立性开始受到影响，市民社会的声音开始被压制。当然，即使在这种情况下，新自由主义思想也依然在发挥影响，即使面临政府越来越大的压力，一些金融监管机构也依然在发挥作用。为继续获得广大选民的政治支持，政府依然继续实施社会援助计划，继续推进私有化改革，继续采取措施以稳定财政和货币机制。总体来说，土耳其的经济依然具有一定的韧性。

然而，土耳其在 2013 年发生盖齐公园民主抗议事件之后，又被曝出了政府贪腐的丑闻。由于对持不同政见者和对政府持批评态度的媒体不断进行打压，土耳其政府在民众的眼里变得愈加专制。在被曝出贪腐事件之后，土耳其政府与居伦运动的支持者之间的矛盾越来越深。2015 年政治

---

① *2009 Economic Report*，Türkiye Odalar ve Borsalar Birliği，2010，https：//www.tobb.org.tr/SiteAssets/Sayfalar/Eng/BasinKosesi/economicreport2009.pdf.

② W. Hale and E. Özbudun，*Islamism，Democracyand Liberalism in Turkey：The Case of the AKP*，Routledge，2010，p.116.

大选之后，正义与发展党进一步巩固了自己的执政基础，随后政府对经济政策又做了些调整。土耳其从国际金融市场获得了大量低利率的贷款，从而为房地产业和基础设施建设提供了大量资金。同时，大量资金的流入也极大地提振了土耳其国内的消费，这是选民愿意支持正发党的一个重要原因。

但自2015年以来，土耳其的通货膨胀问题越来越严重，土耳其市场对国际资本的吸引力开始下降。由于土耳其与美国关系的恶化，再加上民众担心土耳其中央银行失去独立性，土耳其在2018年爆发了货币危机，致使土耳其的经济严重缩水3/4，土耳其货币里拉币值暴跌50%。2019年土耳其的经济增幅只有微弱的0.9%。根据路透社2020年5月在土耳其进行的一项调查，在过去的几个月里，土耳其的通货膨胀率徘徊在12%左右，到年底有望下降到8.3%。[1]

在2016年未遂军事政变发生之后，土耳其政府与居伦运动的支持者完全反目，土耳其总统埃尔多安指责居伦运动的领袖费特胡拉·居伦（Fethullah Gülen）为此次未遂军事政变的幕后指使者，并在政府、军队、警察和教育多个系统开展了大规模清洗活动，一大批被指责与居伦运动和政变有关联的人被问责或处理。同时，政府收紧了对媒体的控制。为了进一步扩大自己的权力，在埃尔多安的推动下，土耳其在2018年成功由议会制变为总统制。这削弱了议会的权力，大大加强了总统的权力，立法、行政和司法机关之间的权力平衡完全被打破。实行总统制以后，多个涉及经济活动的部门被合并，新成立的经济机构主要对总统负责，这使得经济政策很容易受总统签署的临时行政命令的影响，议会在制定政府预算和其他经济决策方面的作用也被削弱。实行总统制之后，金融机构的独立性也被削弱。

---

[1] Ezgi Ekoyun, "Turkish Economy to Shrink for First Time in a Decade This Year: Reuters Poll," https://www.reuters.com/article/us-turkey-economy-poll/turkish-economy-to-shrink-for-first-time-in-a-decade-this-year-reuters-poll-idUSKCN2231GV, accessed: 2020-07-04.

由于金融机构的独立性受到影响，土耳其中央银行的信誉也开始受到损害，因此，通货膨胀成为土耳其的新常态。受"唯发展论"的影响，土耳其的政客还敦促金融机构长期维持较低的利率水平以刺激建筑行业和实体经济的发展，但这恰恰弄巧成拙，低利率不仅没有刺激实体经济的发展，反倒使资金外流加剧，使土耳其的货币里拉大幅贬值，这为土耳其下一轮的经济危机埋下了隐患。可见，在埃尔多安时代，土耳其的经济发展依然面临严重的困境。

（三）埃尔多安时代土耳其经济发展的困境

虽然土耳其的经济在正义与发展党的第一个任期内保持了较快的增长，但这在很大程度上依赖于土耳其政府庞大的经常往来账户赤字。造成政府经常往来账户赤字长期居高不下的原因有以下五个方面：（1）土耳其长期依靠国际资本市场的热钱发展经济；（2）土耳其严重缺乏能源，需要长期向周边国家进口能源；（3）土耳其的出口依赖从国外大量进口中间产品；（4）土耳其国内民众具有高消费的习惯；（5）土耳其民众的储蓄率低，银行长期需要在国外资本市场融资。[1]在上述五个因素中，推高土耳其政府经常往来账户赤字的最主要因素还是国外的有价证券投资。比如，在2012年85%的往来账户赤字，即485亿美元是由外国有价证券投资和流入土耳其的其他没有登记的国外资本提供的。[2]

土耳其经济增长长期依赖外国资本，会导致土耳其的企业和金融机构收支失衡，而货币敞口与错配会使土耳其的经济增长很容易受汇率波动和利率的影响。为吸引国际资本流入和抑制通货膨胀，土耳其必须采取高利率政策，但这一政策反过来又会增加企业的运营成本，这一问题与高债务和货币贬值等问题叠加就会遏制居民消费，制约增长的潜力与政策回旋的

---

[1] Aleksandra Jarosiewicz, "Turkey's Economy: A Story of Success with an Uncertain Future," *OSW Commentary*, No. 120, 2013, pp. 1 - 6.

[2] A. Erinç Yeldan and Burcu Ünüvar, "An Assessment of the Turkish Economy in the AKP Era," *Research and Policy on Turkey*, Vol. 1, No. 1, 2016, pp. 11 - 28.

余地。近年来，受通货膨胀、科技水平不高和不断上升的劳动力成本的限制，以及税收体系和金融环境等因素的影响，以外向型经济为主的土耳其经济因缺乏内在驱动力而开始显得疲软。①

长期以来国外投资和较高的经常往来账户赤字可以使土耳其的经济保持较快的增长，国内较低的储蓄率和不断增加的国内投资又往往把土耳其的外债水平推高到一个非常危险的境地，一旦国外投资者丧失了对土耳其市场的信心，从土耳其撤走资金，土耳其的经济就会陷入危机。而在经济下行之际，土耳其政府往往会采取宽松的货币政策和财政政策来提振经济，这一方面会使土耳其经济过热，另一方面又会使土耳其的货币严重贬值。比如，在2018年8月，土耳其的货币供应量达到了1.88859万亿里拉，创下历史新高，使土耳其成为继墨西哥、委内瑞拉之后的世界第三大M2（广义货币供应量）货币供应量大国。为了维持经济增长，土耳其政府无节制地发行货币，扩大财政支出，这不仅引起了严重的通货膨胀，还增加了土耳其经济的脆弱性和经济增长的波动性。②

虽然正发党的经济改革曾取得过骄人的成就，但是由于改革缺乏系统性，土耳其依然很难跻身发达国家的行列。跟欧盟成员国相比，土耳其经济的竞争力还有待提高，劳动生产率仍然比较低下。在出口的产品中，具有高附加值的产品的比例依然很低。造成这些问题的原因是多方面的。比如，土耳其劳动力的素质还有待提高，女性进入劳动市场的比例依然偏低，这与土耳其的教育问题有着密切的关系。直到2012年，土耳其才把义务教育的年限从8年增加到12年。同时，土耳其把伊斯兰教育提高到与世俗教育同等重要的地位，这在一定程度上加速了土耳其社会的伊斯兰化趋势。此外，土耳其的税务体系和司法体系还需要进一步改革以铲除滋生腐败的土壤，在土耳其，商业和政治之间依然存在着千丝万缕的联系，

---

① 邹志强：《经济失速背景下的"土耳其模式"危机与土欧关系》，《欧洲研究》2017年第2期，第38~52页。

② 魏敏：《"埃尔多安经济学"和总统制下土耳其经济政策走向——从中央银行独立性的视角》，《土耳其研究》2018年第1期，第21~41页。

权力寻租的现象依然非常普遍。

特别是在正发党的第二个任期内,由于土耳其不再倚重国际货币基金组织和欧盟,政府在制定经济政策的过程中具有更大的任意性,致使腐败问题变得越来越严重。为了巩固自己的政治根基,正义与发展党在进行基础设施建设的招投标的过程中,会经常把政府的钱转给支持自己的私有建筑公司以增加自己在政治大选中的胜算,这就是正义与发展党一直非常重视基础设施建设的一个重要原因。据统计,土耳其政府20%的资金都投给了道路建设。从2002年到2015年,土耳其用公共资金修建的新的道路里程翻了4倍。①

事实表明,那些支持正发党的伊斯兰企业在私有化改革的过程中获得了巨大的好处,这些企业在政府项目公开招投标的过程中更容易中标,更容易获得贷款,办理相关手续花费的时间更短,它们在能源、矿业、旅游、教育、药业和建筑行业更容易从政府手中获得利润丰厚的合同。比如,在2004年至2011年的49355份公共采购合同中,有40%被正发党党内成员或他们的亲属建立的公司获得,还有45%的采购合同则由一些与正发党掌控的市政当局有密切关系的地方公司获得。此外,一些亲正发党的传媒公司也在税收减免、兼并其他企业等方面获得了政府的政策照顾,而那些敢于批评政府的传媒公司则会丧失很多利益,因此,很多媒体都无法发挥对政府进行监督质询的作用。②

20世纪80年代以来,通过执行新自由主义经济政策,土耳其经济已经高度融入全球经济体系。在这种背景下,土耳其政府对经济活动的过度干预必然会产生许多新的矛盾和冲突,甚至导致危机的发生。此外,高外债和高通胀等结构性问题也是土耳其在2018年发生货币危机的重要原因。

---

① Taptuk Emre Erkoc, "Islam and Economics in the Political Sphere: A Critical Evaluation of the AKP Era in Turkey," *Southeast European and Black Sea Studies*, Vol. 19, No. 1, 2019, pp. 139 – 154.

② Fırat Kimya, "Political Economy of Corruption in Turkey: Declining Petty Corruption, Rise of Cronyism?" *Turkish Studies*, Vol. 20, No. 3, 2019, pp. 351 – 376.

土耳其制造业国际竞争力不足，超发的货币无法用实体经济的产出来回笼，经济增长更多依靠非制造业部门拉动，因此，土耳其高通胀的情况长期得不到纠正。在货币危机发生后，土耳其政府向有需要的银行提供了流动性支持，限制对里拉的做空交易，恢复了外汇存款市场的中介功能，采取了下调里拉债务工具准备金率等措施。此外，土耳其还对国内信用卡购物的分期付款业务进行了严格管控。通过采取一系列应急措施，货币危机最终被控制下来。但是如果土耳其不能采取有效措施，如鼓励创新，提高土耳其制造业在国际市场的竞争力，而只是依靠房地产业、建筑业和借债拉动经济增长的话，土耳其的经济就很难摆脱危机而走上真正可持续的发展道路。

四 凯末尔时代与埃尔多安时代经济政策比较

凯末尔时代和埃尔多安时代是土耳其经济发展史上两个重要的时代，两个时代的经济政策都是在政治强人的主导下，政府结合特殊的时代背景，立足现实、谋求发展而作出的理性抉择，其背后的经济逻辑是资源配置方式的选择问题。虽然两个时代的时间跨度大、历史背景不同，但通过相关文献梳理，我们可以从较为宏观的角度对两个时代的经济政策予以概括：在凯末尔时代，在以"进口替代"为基调的大背景下，政府多以一系列涉及税收和公共支出的财政政策主导宏观经济调控；而在埃尔多安时代，政府则以配合"出口导向"为目标的货币政策来实现宏观经济调控的目标。尤其在2008年金融危机以后，为应对金融危机的冲击，货币政策的调控力度前所未有。

在凯末尔时期，从农业公共支出方面来看，新政府采取了一系列的惠农政策，诸如对农民种子及农具的专项拨款、对进口农用机械提供补贴、农产品最低保留价格的实施、农民预先补贴等；在工业公共支出方面，政府投入大量的人力、财力新建了化纤厂、棉纺厂、毛纺厂以生产民众日常消费品；在公共物品方面，政府以财政赤字的方式，投入大量资金开展银行、铁路、航运、电力、供水等公共设施的建设；在税收方面，收回了关税自主权，提高进口关税税率（从5%~12%提高到40%）。这一时期的经济政策立足于"国家主义"，付诸"进口替代"战略，在国家监督之下，建立、发展和保护民族工商业，坚持独立自主地发展经济。实施国家主义经济政策的根本目的是解决当时民众生存之需，并提高全社会的福利水平。但是，这种排斥和限制市场机制的做法导致经济运行效率和资源配置的效率都很低下。在国家主义经济运行模式下，政府主要负责制定经济计划，其本身并不是国家主义经济政策实施的主体，国家主义经济政策实施的真正主体是企业，这就使得有些经济计划并没有落实到位，所以就会出现百姓需要的日用品供应不足，"地下经济"和黑市交易盛行的问题。此外，由于政府对重工业重视不足，这使得土耳其的工业门类并不齐全。国家主导的内循环经济运行模式，一方面使得政府官僚机构臃肿，另一方面在一定种程度上扼杀了土耳其经济发展的活力。低复杂度的产品和单一的产业结构，让其经济在全球经济危机面前显得十分脆弱。

埃尔多安时期其实延续了厄扎尔主政时期的自由经济政策，也采用了"出口导向"取代"进口替代"的战略方针，其目标是通过市场的作用进行资源配置，提升国家经济运行的效率，从而改变第一产业和第三产业服务工业的整体局面，达到产业布局尽量符合一二三产业结构变化模式。这一时期，在"出口导向"的战略方针下，政府以货币政策主导经济宏观调控，并辅以一定的财政政策。2008年金融危机后，为应对危机，土耳其政府利用货币政策对经济进行宏观调控，具体而言，中央银行通过增加交易限制和延长贷款期限来对外汇市场进行管控，调低隔夜政策利率，以增强货币的流动性。就财政政策而言，土耳其政府首先面临的就是财政赤字的问题，为此，政府通过大规模的国有企业私有化来降低财政赤字，据统计土耳其的公共债务赤字占GDP的比重由2001年的76.1%下降到2017年的28.2%；这一私有化改革，既增加了政府的收入，又为土耳其打开了新的国际市场，从而激发了经济的活力。这一系列举措在一定程度上加速推动土耳其融入全球经济体系，但全球化要求资本市场、货币市场、外汇制度等都由市场本身进行调节。土耳其国内宏观经济的失衡状况未能与之匹配，金融改革滞后，经济与金融监管制度不完善，加之国内安全状况恶化，使得土耳其在面对国际金融危机时的政策工具的选择受到限制，对外生冲击的平滑能力非常有限。

在过去的十多年中，土耳其的经济增长主要依靠民粹主义的宏观经济政策，国内投资和消费主要靠短期借债维持。为了维持较高的民意支持率，正义与发展党主导的政府往往会采取非理性措施鼓励投资和消费，这使得土耳其的经济非常脆弱，非常容易受国际金融市场波动的影响，当国际资本流动性变差时，土耳其的经济就会面临危机。另外，由于过度强调"出口导向"，这使得土耳其经济发展高度外向，过高的对外依存度导致了国内储蓄率较低而投资能力不足、创新动力不足和金融监管滞后等问题，这样又进一步加剧了经济结构的不平衡，这使得土耳其的经济发展在全球化的今天面临严峻的挑战。

结 语

综观土耳其经济史上的两个重要时代，财政政策和货币政策在不同的历史背景下发挥了重要的宏观调控作用。从凯末尔时代到埃尔多安时代，土耳其的经济既取得了辉煌成就，也经历了很多波折和危机。土耳其的经济发展模式也在不断演进，不断在国家主义经济发展模式和自由主义经济发展模式之间摇摆。在共和国早期，土耳其就曾经采用过自由主义经济发展模式，并在农业和基础设施建设方面取得了一定的成就，但绝大多数土耳其人对经营企业既没有兴趣也缺乏相关经验和资本，再加上私有企业往往缺乏长远的眼光，只注重追求短期的利益，无法担当起推动土耳其经济进行结构性改革的重任，因此，自由主义经济发展模式在经过一段时间的实验后就宣告失败。在经历了1929年的世界经济大萧条之后，土耳其政府开始积极干预经济活动，实行计划经济，开始采用国家主义的经济发展模式。在之后的几十年中，土耳其虽然也尝试了几次自由主义经济改革，但国家主义经济政策依然长期发挥着作用。

在2002年的政治大选中，正发党强势崛起，这开启了另一个强人政治时代即"埃尔多安时代"。在正发党执政初期，政府延续了20世纪80年代厄扎尔开启的新自由主义经济发展模式，并在国际货币基金组织和欧盟的监督下使土耳其在经济领域取得了骄人成就，也使"土耳其模式"一度成为西方国家在伊斯兰国家中倍加推崇的榜样。然而，2008年的全球金融危机使以新自由主义学说为理论依据的"华盛顿共识"遭到了越来越多的质疑，国家权力在经济活动中的作用再次得到强调，新自由主义政策的弊端开始显现出来。土耳其的经济发展也面临着类似的问题，与此同时，正发党的政治根基更加稳固，政府的权威开始得到加强，政府对经济活动的干预增多，这使得土耳其经济的结构性改革步伐放缓，同时也使得土耳其的经济变得更加脆弱。由此可见，在土耳其不管是一党执政还是多党联合执政，受威权主义传统的影响，在执政党的政治根基得到巩固之后，政府在经济发展过程中扮演的角色都会越来越重要，特别是在新自由主义经济政策的弊端显现出来之后，政府在经济活动中的作用就会加强。然而，当市场在经济运行中的地位被严重削弱或出现违背经济规律的政府干预之后，经济危机就在所难免。

通过对凯末尔时代和埃尔多安时代的经济政策的分析，可以清楚地看到：国家主义计划经济和完全市场经济都与土耳其的国情不相适应，土耳其的发展需要在两条道路中间找到一条既能提升国力，又能培育适合全球化的国内市场体系的道路。这将是土耳其未来发展的重大经济课题。

当前，土耳其经济依然存在不少问题。民众较低的储蓄率、政府居高不下的财政赤字、较低的生产率、较高的失业率和劳工成本等因素都阻碍了土耳其经济的发展。要解决这些问题，土耳其必须进行实质性的结构改革，改善经济体制框架，通过加强金融监管来提高金融市场的效率并加强金融市场的稳定性，改善投资环境，通过实施合理的货币政策和财政政策重建国际社会对土耳其市场和货币的信心。此外，土耳其政府还需要协调财政部和中央银行等各机构，制定合理的政策控制外债的限度和国际资本流，确保土耳其的货币里拉的升值幅度在安全合理的范围内，确保里拉对美元和欧元的汇率维持在合理的水平上。土耳其应该根据经济的表现合理协调财政政策和货币政策，防止通货膨胀的水平超过安全警戒线。

土耳其的地理位置极其特殊，经济发展很容易受地缘政治的影响。作为欧洲关税同盟成员国和欧盟候选国以及北约成员国，土耳其在制定外交政策的过程中必须相当谨慎。由于土耳其经济的发展在很大程度上依赖外资，政府又长期欠有高额外债，经济很容易受国际资本市场的影响。2018年的货币危机就给土耳其敲响了警钟，这说明土耳其不仅要致力于改善与欧美的关系，同时也要加强与包括中国在内的"一带一路"共建国家之间的经贸往来，尽量在东西方之间找到较好的平衡点，这样才有利于为土耳其经济的发展创造有利的国际环境。2020年是一个多事之秋，新冠疫情无疑也给土耳其的经济带来重创，在全球经济形势都比较惨淡的情况下，土耳其的经济复苏还面临着很多不确定性的因素。

·研究生论坛·

一战后初期英国关于南库尔德斯坦地位安排的争论

◎李时雨

【内容提要】 一战结束之初英国迫于缩减财政支出和裁撤军队的压力，有意在南库尔德斯坦扶植一个亲英的库尔德人自治政府，作为美索不达米亚北部的英土战略缓冲带。但后来由于英国与库尔德人关系恶化，1919年苏莱曼尼亚地区爆发了库尔德人反英大起义，英国被迫调整其早先的南库尔德斯坦政策。但在南库尔德斯坦是否应该自治这个问题上，英国各部门之间分歧严重，多方争执持续数年。最终，由于土耳其威胁的上升以及维护伊拉克安全的需要，英国决定放弃自治方案，将南库尔德斯坦并入伊拉克，由此形成了现代伊拉克的版图。

【关 键 词】 南库尔德斯坦　库尔德人　英国　国家边界　族群

【作者简介】 李时雨，中国人民大学历史学院博士研究生，研究方向：中东国际关系史。

库尔德人主要居住在伊拉克、土耳其、叙利亚和伊朗等国交界地带，总数在3000万人左右，是世界上人口众多、居住地集中却没有自己国家的一个民族。① 当代库尔德人自治运动涉及民族矛盾、边界纠纷、地缘政治、大国博弈等问题，历来是中东国际关系研究的焦点。尤其是2003年伊拉克战争之后，伊拉克库尔德人地位大幅度跃升，成为伊拉克政治主角并左右伊拉克政治发展及未来命运，并在2017年9月25日举行了库尔德地区独立公投，库尔德问题由此不断升温。从历史上看，库尔德人自治问题根源于一战后大国争夺奥斯曼帝国遗产的博弈，其中南库尔德斯坦自治又与英国在中东地区的殖民统治密切相关。② 国内目前对于一战后英国与南库尔德斯坦自治关系的研究尚处于初步阶段③，许多问题似还有进一步讨论的空间。英国政府内部如何定位南库尔德斯坦？其对南库尔德斯坦的政策经历了怎样的嬗变？南库尔德斯坦为何最终并入伊拉克？这又对现代伊拉克的国界产生了怎样的影响？本文试图依据剑桥档案出版社汇编的《库尔德人档案：领土、抗争和民族主义1914—1920》《伊拉克档案1920—1926》《伊拉克防卫情报1920—1925》等原始材料回答这些关键问题。

---

① 关于库尔德人是民族还是族群，学界目前尚有争议。
② "库尔德斯坦"（Kurdistan）既可作为地理概念，也可作为政治概念。地理意义上的库尔德斯坦指位于扎格罗斯山脉西北部和托罗斯山脉东部的"库尔德人家园"，包括今天土耳其南部的北库尔德斯坦、伊拉克北部的南库尔德斯坦、伊朗西北部的东库尔德斯坦以及叙利亚东北部的西库尔德斯坦。
③ 国内目前对一战后英国与库尔德人自治关系的研究主要包括李秉忠：《土耳其民族国家建设和库尔德问题的演进》，社会科学文献出版社，2017；肖文超：《一战后初期大英帝国对伊拉克库尔德人政策的衍变》，《史学集刊》2018年第4期；郭长刚、杜东辉：《英国的库尔德斯坦政策探析（1915-1922）》，《上海大学学报》（社会科学版）2018年第5期。但上述著作都缺乏对大英帝国内部有关库尔德问题的分歧及土耳其威胁因素的讨论，这也启发了本文的写作。国外学者对该问题的代表性论述有：Saad Eskander, "Britain's Policy in Southern Kurdistan: The Formation and the Termination of the First Kurdish Government, 1918 - 1919," British Journal of Middle Eastern Studies, Vol. 27, No. 2, 2000, pp. 139 - 163; Saad Eskander, "Southern Kurdistan under Britain's Mesopotamian Mandate: From Separation to Incorporation, 1920 - 23," Middle Eastern Studies, Vol. 37, No. 2, 2001, pp. 153 - 180; Guiditta Fontana, "Creating Nations, Establishing States: Ethno - Religious Heterogeneity and the British Creation of Iraq in 1919 - 23," Middle Eastern Studies, Vol. 46, No. 1, 2010, pp. 1 - 16; Robert Olson, The Emergence of Kurdish Nationalism and the Sheikh Said Rebellion, 1880 - 1925, University of Texas Press, 1989.

一 一战后初期南库尔德斯坦自治的尝试与英国的反应

南库尔德斯坦（Southern Kurdistan）大致包括今天伊拉克的摩苏尔（Mosul）、埃尔比勒（Erbil）、苏莱曼尼亚（Sulaymaniya）、基尔库克（Kirkuk）等地，总面积约6.5万平方公里，在一战结束前是奥斯曼帝国的亚洲属地。至20世纪初，南库尔德斯坦地区有库尔德人部落100多个，居民主要居住在山区，总人口为35万~40万人。[1] 英国对南库尔德斯坦的关注始于19世纪初，包括罗伯特·波特（Robert Porter）、马克·赛克斯（Mark Sykes）、伯特伦·迪克森（Bertram Dickson）等在内的多位旅行家和中东专家曾游历此地，带回了有关南库尔德斯坦风土人情的第一手报告。[2] 此外，英国印度事务部备忘录也提及了南库尔德斯坦的重要性：该地位于底格里斯河东部，控制着美索不达米亚的河流水源供给，对于美索不达米亚北部的安全至关重要。南库尔德斯坦有着丰富的石油资源和其他矿产资源，其中摩苏尔盛产石油，苏莱曼尼亚盛产煤炭和烟草。[3]

19世纪末20世纪初，随着奥斯曼帝国的衰落，库尔德人的民族主义开始萌芽。1908年，伊斯坦布尔奥斯曼上层中的一些库尔德人开始建立库尔德人组织（如库尔德斯坦进步协会），并在伊斯坦布尔、开罗、日内瓦等地出版库尔德语报纸、杂志，促进民族觉醒。土耳其青年革命党执政后，这些组织被取缔，库尔德民族主义的"火星"被扑灭。[4] 第一次世界

---

[1] Anita L. P. Burdett, ed., *Records of the Kurds: Territory, Revolt and Nationalism, 1831–1979, British Documentary Sources*, Vol. 5, Cambridge Archive Editions, 2016, p. 674.

[2] Kenneth Mason, "Central Kurdistan," *The Geographical Journal*, Vol. 54, No. 6, 1919, p. 329; Cecil John Edmonds, *Kurds, Turks, and Arabs: Politics, Travel, and Research in North–Eastern Iraq, 1919–1925*, Oxford University Press, 1957, pp. 22–27.

[3] Anita L. P. Burdett, ed., *Records of the Kurds: Territory, Revolt and Nationalism, 1831–1979, British Documentary Sources*, Vol. 5, p. 219.

[4] 陈天社：《试论一战后初期的库尔德民族主义运动》，《世界民族》2003年第3期，第21页。

大战的爆发以及奥斯曼帝国的战败深刻地影响了中东的地缘政治格局，也给库尔德民族主义快速发展提供了机遇。并且，库尔德人的独立梦想也受到了大国的鼓舞：美国总统威尔逊曾于1918年1月8日提出"十四点原则"，宣称"应该确保奥斯曼帝国境内非土耳其民族有绝对的、不受干扰的自主发展机会"[1]。此外，英军在奥斯曼战场的胜利以及英军实际占领基尔库克、埃尔比勒、摩苏尔也给了当地库尔德人无限的幻想，英、法两国在1918年11月7日发表了关于支持叙利亚和美索不达米亚自治的宣言[2]，库尔德人把此视为建立自治政府的黄金机会。

但此时英国政府对待库尔德人及南库尔德斯坦自治的态度却并不明确。英国虽然在1918年11月初占领了该地，但迫于初期军事力量和管理人员的相对不足，对该地只能处于一种"占而不管"的状态。这种政策不仅可以缓解英国的军事和财政压力，还能赢得库尔德人的好感，进而巩固英国在该地的影响力。[3] 此外，此时的英国并不十分明确他们究竟想从摩苏尔及南库尔德斯坦得到什么，因为英国政府关于南库尔德斯坦未来的构想涉及两个核心问题：其一，英法1916年签署的《赛克斯-皮科协定》规定摩苏尔属于法国[4]，因此英国对是否能说服法国放弃摩苏尔的控制权存有疑虑；其二，英国对包括摩苏尔在内的南库尔德斯坦是否应该并入美索不达米亚存有疑虑。[5] 此时的英国，正在等待巴黎和会的召开与最终成果，从而可以进一步明确未来南库尔德斯坦的政治地

---

[1] Edgar O'Ballance, *The Kurdish Struggle*, 1920-94, Palgrave Macmillan, 1996, p. 12.
[2] Stephen Hemsley Longrigg, *Iraq, 1900 to 1950: A Political, Social, and Economic History*, Oxford University Press, 1953, pp. 114-115.
[3] Saad Eskander, "Britain's Policy in Southern Kurdistan: The Formation and the Termination of the First Kurdish Government, 1918-1919," *British Journal of Middle Eastern Studies*, Vol. 27, No. 2, 2000, p. 141.
[4] 英法两国于1916年5月秘密签署了《赛克斯-皮科协定》，划分了两国一战后在奥斯曼帝国的势力边界。其中英国直接控制美索不达米亚的巴格达和巴士拉，法国直接控制叙利亚沿线地区并一直向东延伸到摩苏尔北部。
[5] Anita L. P. Burdett, ed., *Records of the Kurds: Territory, Revolt and Nationalism, 1831-1979, British Documentary Sources*, Vol. 5, p. 220.

位。鉴于此,伦敦方面授权英国驻美索不达米亚的高级专员阿诺德·威尔逊(Arnold Wilson)上校,代为管理该地区的政治事务。① 关于库尔德人的未来,威尔逊曾致信伦敦有关方面,建议可以在南库尔德斯坦建立一个或者若干个在英国控制之下对美索不达米亚无害的库尔德人自治省,这个观点得到了印度事务部的支持。② 可见,英国此时对南库尔德斯坦的政策仅仅出于维持该地局势稳定的需要,并未有其他过多想法。

谢赫·马哈茂德·巴尔赞吉(Shaikh Mahmoud Barzanji)改变了英国与库尔德人之间的关系。马哈茂德是库尔德赛义德家族(Sayid Family)的后人,曾经领导库尔德人对抗青年土耳其革命运动,在南库尔德斯坦特别是苏莱曼尼亚一带很有势力。一战时,马哈茂德便开始通过"英国-俄国边界联合委员会"(Mixed British - Russian Boundary Commission)同欧洲建立了联系。他期望可以借一战契机解决奥斯曼帝国与波斯帝国之间的边界矛盾,并在欧洲人的援助之下把土耳其人赶出南库尔德斯坦。但马哈茂德的这一设想并未得到多少回应,仅仅俄国对他的计划表示了一些兴趣。美国总统威尔逊提出的"十四点原则"和俄国十月革命的爆发让马哈茂德看到了实现库尔德人自治的转机,当苏维埃政权从这一地带撤退后,马哈茂德立刻与英国在巴格达的高级专员取得了联系。马哈茂德期望能够借助英国的力量,在南库尔德斯坦建立一个自己领导下的库尔德人自治政权,为此他曾托人向英方转交了自己的亲笔信。在信中他恳请英国"不要把库尔德人从被解放的人民名单中剔除出去"。而在英国对此做出回应之前,马哈茂德便召集当地的名门在苏莱曼尼亚召开会议,规划了"后土耳其人时代"南库尔德斯坦的未来。会议不仅宣布建立库尔德人自

---

① Saad Eskander, "Britain's Policy in Southern Kurdistan: The Formation and the Termination of the First Kurdish Government, 1918 – 1919," *British Journal of Middle Eastern Studies*, Vol. 27, No. 2, 2000, p. 140.

② Habibollah Atarodi, *Great Powers, Oil and the Kurds in Mosul, 1910 – 1925*, University of America Press, 2003, p. 149.

治政府，同时马哈茂德也被选为领袖。① 库尔德人强烈的自治意愿，对于后来英国在该地的政策影响深远。

出于关心库尔德事务的需要，威尔逊上校于1918年12月1日访问苏莱曼尼亚，并同马哈茂德举行会谈。虽然威尔逊上校此行仅有两天时间，但他仍然体会到了当地库尔德人强烈的民族主义，自称"感受到库尔德人无比强烈的自治愿望"。在这样一个气氛下，威尔逊上校同马哈茂德签署协议，宣布英国政府承认库尔德自治政府的成立，并对其予以协助。"英国政府宣布，我们这次战争的意义在于把东方民族从土耳其人的压迫中解放出来，帮助他们独立"，"在此地的库尔德人代表请求英国政府，让库尔德人处于英国的保护之下。库尔德人与伊拉克联合，由此使之可以受益于双方的联合。库尔德人也请求英国驻美索不达米亚的高级行政专员派遣代表，协助库尔德人在英国政府的监管之下和平地实现文明崛起"②。此外，威尔逊上校还构想出了未来南库尔德斯坦自治的边界和范围，大致为：北部边界到大扎巴（Greater Zab），南边到迪阿拉（Diala），东部的边界为奥斯曼帝国和波斯帝国的边界线，西部的边界线是一条不规则的从大扎巴到迪阿拉的连接线，但排除埃尔比勒、基夫里（Kifri）等地区。③

为了帮助马哈茂德，威尔逊上校委派爱德华多·诺尔（Edward Noel）少校前往苏莱曼尼亚，协助库尔德人创建自治政府。爱德华多·诺尔少校是英国一名情报人员，一战期间曾在俄国高加索地区活动，后来前往波斯北部活动。他曾在1918年11月16日和12月8日两次来到苏莱曼尼亚，负责考察此地的风土人情与社会结构。马哈茂德十分欢迎诺尔少

---

① Saad Eskander, "Britain's Policy in Southern Kurdistan: The Formation and the Termination of the First Kurdish Government, 1918 – 1919," *British Journal of Middle Eastern Studies*, Vol. 27, No. 2, 2000, pp. 141 – 142.
② Anita L. P. Burdett, ed., *Records of the Kurds: Territory, Revolt and Nationalism, 1831 – 1979, British Documentary Sources*, Vol. 5, p. 220.
③ Anita L. P. Burdett, ed., *Records of the Kurds: Territory, Revolt and Nationalism, 1831 – 1979, British Documentary Sources*, Vol. 5, p. 221.

校的到来，并向他表达了库尔德人期望自治以及寻求英国保护的强烈意愿。[①] 诺尔少校在考察后认为，英国应该承认马哈茂德在该地的势力与权威，扶持他建立库尔德人自治政府，包括巴格扎达家族（Begzadah Family）和加夫家族（Jaf Family）在内的许多库尔德名门都支持他的统治。不仅如此，诺尔少校还希望在该地建立与库尔德人相适应的政治体制，让库尔德人享受真正意义上的自治，他指出："库尔德地区应该由库尔德人自己管理，库尔德人自己的母语将成为这个地区的官方语言，新颁布的法律将会适合当地的风土人情，官僚体系和赋税制度将会满足当地人民的需要。"[②] 由于诺尔少校亲近库尔德人，他也被誉为"库尔德人的劳伦斯"。[③]

诺尔少校在巩固英国在南库尔德斯坦地区的利益，以及后来英国对南库尔德斯坦的政策转向方面发挥了重要作用。诺尔少校对于库尔德人独立意愿的理解以及马哈茂德期待同英国合作的立场，形成了一战后初期英国对南库尔德斯坦政策的基础。英国方面出于对凯末尔势力可能南下的担心，试图拉拢库尔德人站在自己一边，尤其是在英国整体需要削减军费的背景下，联合马哈茂德似乎成了唯一的选择，对此诺尔少校曾解释道："如果英国不与马哈茂德合作，我们需要向此地派驻更多的军队，而这是有违英国政府意愿的。与马哈茂德合作的意义在于可以不使用英国自己的军队来维持该地的稳定。"[④] 因此，诺尔少校在南库尔德斯坦鼓吹建立自治政府的实质在于"争取库尔德民族主义者的支持，从而应对'泛突厥主义'的威胁"。在英国看来，联合库尔德人对抗土耳其势力有着天然的优势：马哈茂德曾向英国人控诉土耳其人在苏莱曼尼亚犯下的罪行，超过

[①] Anita L. P. Burdett, ed., *Records of the Kurds: Territory, Revolt and Nationalism, 1831–1979, British Documentary Sources*, Vol. 5, p. 173.

[②] Anita L. P. Burdett, ed., *Records of the Kurds: Territory, Revolt and Nationalism, 1831–1979, British Documentary Sources*, Vol. 5, pp. 191–192.

[③] "库尔德人的劳伦斯"指对库尔德人自治运动有着突出贡献的英国人，类比"阿拉伯人的劳伦斯"。Robert Olson, *The Emergence of Kurdish Nationalism and the Sheikh Said Rebellion, 1880–1925*, University of Texas Press, 1989, p. 52.

[④] Anita L. P. Burdett, ed., *Records of the Kurds: Territory, Revolt and Nationalism, 1831–1979, British Documentary Sources*, Vol. 5, p. 189.

80%的库尔德人被屠杀,绝大多数城镇毁于一旦,库尔德人对土耳其人的仇恨可谓咬牙切齿。[1] 此外,建立一个自治的南库尔德斯坦还是阻止苏俄布尔什维克主义西扩,以及阻止阿拉伯人(尤其是谢里夫·侯赛因国王)北扩的有效手段。此时英国的南库尔德斯坦政策,已经开始围绕维护英国在美索不达米亚的整体利益来制定。美索不达米亚的地理位置决定了它对于英国海上运输通道和印度殖民地的安全都是至关重要的。因此,一个局势稳定、受英国控制的南库尔德斯坦,对英国来说就显得尤为关键。[2] 同时,马哈茂德势力的存在也可以成为平衡阿拉伯人、土耳其人的重要力量。由此,英国的南库尔德斯坦政策已经由最初的"占而不管",逐渐向"利用自治设置缓冲带"的思路过渡。

虽然英国协助库尔德人建立了自治政府,但诺尔少校想要实现自己关于南库尔德斯坦的设想依然面临很大的困难。首先,英国对南库尔德斯坦的定位仍然十分模糊,英国此时在该地的政策多有行政官主观构想与实验的意味。威尔逊上校坦言自己还是不清楚南库尔德斯坦和美索不达米亚之间究竟是什么关系,双方之间的边界线该如何划分。[3] 英国人之所以会如此困惑,是因为库尔德人只想与英国控制下的伊拉克联合,却不想与阿拉伯人控制下的伊拉克合并。不过,因为1915年英国与侯赛因国王之间建立了联系并形成了《麦克马洪-侯赛因通信》,南库尔德斯坦地区已经被许诺给阿拉伯人,如此看来库尔德人与阿拉伯人之间的矛盾在所难免。[4]

---

[1] Anita L. P. Burdett, ed., *Records of the Kurds: Territory, Revolt and Nationalism, 1831–1979, British Documentary Sources*, Vol. 5, p. 173.

[2] Saad Eskander, "Britain's Policy in Southern Kurdistan: The Formation and the Termination of the First Kurdish Government, 1918–1919," *British Journal of Middle Eastern Studies*, Vol. 27, No. 2, 2000, pp. 143–144.

[3] Anita L. P. Burdett, ed., *Records of the Kurds: Territory, Revolt and Nationalism, 1831–1979, British Documentary Sources*, Vol. 5, p. 221.

[4] 1915年7月到1916年3月,英国驻埃及的行政专员亨利·麦克马洪与哈西姆家族的谢里夫·侯赛因之间一共交换了10封密信,双方讨论了阿拉伯人对奥斯曼作战的条件以及战后阿拉伯人的国家疆域等问题,史称《麦克马洪-侯赛因通信》。"The Mcmahon Correspondence of 1915–16," *Bulletin of International News*, Vol. 16, No. 5, 1939.

其次，英国内部对是否建立库尔德自治政府存有分歧。诺尔少校无疑是最支持库尔德人自治的，但其他英国官员包括诺尔少校后来的继任者索恩（E. B. Soane）少校、英国在摩苏尔地区的行政长官利奇曼（G. E. Leachman）上校，都不赞成库尔德人自治的主张[①]，英国内部意见的不统一使得诺尔少校的南库尔德斯坦政策无法得到很好的贯彻。最后，马哈茂德作为库尔德自治政府的领袖似乎也存在问题。对于马哈茂德来说，英国民主自治模式并不是他想要的，因为这无法满足他的权力欲与私心。马哈茂德所期望建立的是一个由他自己完全掌控的库尔德独立王国。此外，马哈茂德的统治也并非得到了所有人的支持，即便是在库尔德人占多数的摩苏尔和埃尔比勒，也有人不承认他的领袖地位。[②] 如此情况使得英国政府对于马哈茂德自治政府的权威与稳定存有疑心。

可见，虽然一战后库尔德人在英国的支持下建立了自治政府，但受制于美索不达米亚形势和马哈茂德等因素，自治政府的前景并不明朗，再加上英国此时的南库尔德斯坦政策也多有不确定性和暂时性，因此在这样一种背景下，英国人与库尔德人的关系就显得十分脆弱，双方之间的矛盾随时有可能被触发。

二 1919年5月库尔德人第一次起义

从1918年12月底开始，英国人和马哈茂德的关系变得微妙起来。1918年12月，协约国在伦敦举行巴黎和会协约国高级筹备会议，英国首相劳合·乔治（Lloyd George）与法国总理乔治·克里孟梭（Georges Clemenceau）在私下就摩苏尔问题达成一致，法国原则上同意将摩苏尔置

[①] Saad Eskander, "Britain's Policy in Southern Kurdistan: The Formation and the Termination of the First Kurdish Government, 1918 – 1919," *British Journal of Middle Eastern Studies*, Vol. 27, No. 2, 2000, pp. 146 – 147.

[②] Habibollah Atarodi, *Great Powers, Oil and the Kurds in Mosul, 1910 – 1925*, pp. 151 – 153; Peter Sluglett, *Britain in Iraq: Contriving King and Country, 1914 – 1932*, Ithaca Press for the Middle East Centre, 1976, p. 117.

于英国的势力范围之下。① 受此影响，威尔逊上校改变了起初支持库尔德人自治的想法，他认为随着摩苏尔命运的逐渐明朗，英国势必会长期经营此地。因此，他建议把南库尔德斯坦分割为马哈茂德自治政府的部分与英国直接管控的美索不达米亚两个区域，同时遏制马哈茂德自治政府的影响，以防止其势力向北部的摩苏尔地区延伸。在威尔逊上校看来，库尔德人占多数的摩苏尔与阿拉伯人占多数的巴格达和巴士拉尽管缺乏族群上的统一，但依然可以合并为一个国度，而新成立的这个国度将在英国的监管之下。②

为了达到他的目的，威尔逊上校开始重组摩苏尔地区的行政机构，并将这个任务委托给了利奇曼上校。受此影响，从1918年12月到1919年5月这6个月的时间里，南库尔德斯坦同时存在两套治理系统：一是马哈茂德治下的库尔德自治政府，范围从大扎巴到奥斯曼帝国—波斯边界这一区域；剩下的是英国直接管理的地区，包括西边的辛贾尔山和东部的大扎巴河。而在这个设想得到初步落实的基础上，威尔逊上校的下一步计划是将英国直接控制的地区延伸到南库尔德斯坦全境。为了打压马哈茂德自治政府，英国有意扶持加夫家族，并挑起加夫家族对于马哈茂德统治的不满。在行政人员安排方面，威尔逊上校特地委任了支持英国直接统治南库尔德斯坦政策的官员，比如在苏莱曼尼亚的索恩少校，以及在埃尔比勒的海（W. R. Hay）少校，目的就在于使自己的设想得到更好的贯彻。受这一系列措施的影响，1919年2月，基尔库克和基夫里从苏莱曼尼亚分离出去，不再受马哈茂德自治政府的管辖。由此马哈茂德管辖的范围同之前相比大大缩小，几乎局限于苏莱曼尼亚和周围的几个部落。③ 到1919年5月，库

---

① 关于英法两国在一战结束前后争夺摩苏尔的史实可以参见李时雨《第一次世界大战与英法对摩苏尔的争夺》，《边界与海洋研究》2020年第3期。
② Stephen Hemsley Longrigg, *Iraq, 1900 to 1950: A Political, Social, and Economic History*, p. 117.
③ Saad Eskander, "Britain's Policy in Southern Kurdistan: The Formation and the Termination of the First Kurdish Government, 1918 – 1919," *British Journal of Middle Eastern Studies*, Vol. 27, No. 2, 2000, pp. 148 – 149.

尔德人自治政府的权力再次被削弱：库尔德人失去了本属于自己的征税系统，征税官员人数从36人减少到9人，英国人基本掌控了赋税大权。[1] 此外，为了便于英国控制苏莱曼尼亚，威尔逊上校还计划修建一条从摩苏尔经过基尔库克再到基夫里的铁路。威尔逊上校的这一系列行为使马哈茂德个人权力受到了极大限制，造成了马哈茂德的极大恐慌，马哈茂德认为继续寻求英国的保护已经不可能，这也是马哈茂德与英国人关系破裂的首要原因。

而英国人转变统治政策，采取直接控制摩苏尔的行为也导致了当地库尔德人的不满，同时受宗教的影响，库尔德人与基督教徒的冲突时有发生。1919年4月7日，摩苏尔北部地区的库尔德人部落就已经出现了反抗英国统治以及屠杀基督教徒的骚乱。库尔德人的反抗得到了北部土耳其人的支持，造成1名英国官员丧生，且有向南库尔德斯坦东部和南部蔓延的迹象。[2] 更令英国人头疼的是，由于威尔逊上校的政策不断触及马哈茂德的底线，苏莱曼尼亚也爆发了一场由他领导的反英大起义。1919年5月22日，马哈茂德在苏莱曼尼亚开始起兵反抗英国人的统治。他控制了当地的税务部门，逮捕了苏莱曼尼亚的英国官员，并将所有的英国官员送进了监狱。马哈茂德在掌控苏莱曼尼亚全境后随即宣布库尔德斯坦独立，并且制作了一面属于自己的旗帜。巴格达英军总部的情报显示，马哈茂德领导的这次起义得到了波斯境内库尔德人的大力支持，超过1500名库尔德人从波斯入境苏莱曼尼亚参与了这场暴乱。针对这次突发的暴乱，威尔逊上校认为，虽然其他地区的库尔德部落暂时对这次暴乱持观望态度，但为了维护英国在该地的统治权威，必须立即出兵平息这次骚乱，否则马哈茂德的势力将会向摩苏尔和美索不达米

---

[1] Saad Eskander, "Britain's Policy in Southern Kurdistan: The Formation and the Termination of the First Kurdish Government, 1918–1919," *British Journal of Middle Eastern Studies*, Vol. 27, No. 2, 2000, p. 157.

[2] Anita L. P. Burdett, ed., *Records of the Kurds: Territory, Revolt and Nationalism, 1831–1979, British Documentary Sources*, Vol. 5, pp. 297, 299.

亚地区蔓延。①

马哈茂德的这次起义还点燃了周边库尔德人的反抗火焰,埃尔比勒和基尔库克的库尔德人也要求实现自治。但英国人没有改变他们坚持直接控制该地的政策,这促使起义继续向北蔓延到了摩苏尔地区,并且英国官员试图在摩苏尔地区扶持占人口少数的基督徒,造成库尔德人的不满。导致这次库尔德人大起义的原因有多种,包括英国政策的转变导致英国与库尔德人关系的恶化,凯末尔主义支持者和布尔什维克的影响,以及来自印度的库尔德人囚犯讲述的关于英国人在印度作威作福压迫当地人的事件,这使库尔德人开始怀疑英国人支持其建立库尔德自治政府的动机。②

起义发生后,英国立即电令驻守在基尔库克的英军派遣一支小分队进驻恰姆恰马勒平原(Chamchamal Plain),并原地等待与从南部调派的英军大部队会合。但基尔库克的英军似乎低估了库尔德人的战斗力,小分队并没有遵守原地待命的指令,而是孤军北上一直深入苏莱曼尼亚。在苏莱曼尼亚附近的小镇,英国的先遣军队被库尔德人围困,损失惨重并被迫撤退。库尔德人最初的这次胜利,极大地鼓舞了库尔德人的士气与信心。受此役影响,一些原本对马哈茂德起义持观望态度的部落首领也召集人马,纷纷加入马哈茂德的队伍中。面对此危机局面,英国又迅速组建了一支名叫"南部库尔德斯坦武装力量"(South Kurdistan Force)的部队。它包括两个全副武装的骑兵旅,准备在基尔库克附近与马哈茂德决一死战。1919年6月18日,双方在恰姆恰马勒平原以东12英里处短兵相接。鏖战一整日后,因为双方力量对比悬殊,马哈茂德受伤并被俘入狱。6月19日,苏莱曼尼亚被英军掌控。马哈茂德则被带到了巴格达的英国驻美索不达米亚司令部,并于7月25日被军事法庭判处死刑。但由于巴格达行政公署

---

① Anita L. P. Burdett, ed., *Records of the Kurds: Territory, Revolt and Nationalism, 1831–1979, British Documentary Sources*, Vol. 5, p. 353.
② Saad Eskander, "Britain's Policy in Southern Kurdistan: The Formation and the Termination of the First Kurdish Government, 1918–1919," *British Journal of Middle Eastern Studies*, Vol. 27, No. 2, 2000, pp. 153–154.

坚决反对该判决，死刑并未执行，马哈茂德改判为长期监禁。到 1921 年时，马哈茂德的刑罚被取消了，后被放逐到印度。①

英军的强大固然是马哈茂德起义失败的重要原因，但马哈茂德本人在苏莱曼尼亚的统治也并未深得人心。英国在巴格达的情报专员就认为马哈茂德的势力十分有限，仅仅局限于苏莱曼尼亚一带。并且，马哈茂德是一个十足的野心家，他的权力来源于制造恐惧而非对库尔德人真正的爱，他寻求自治的最终目的也是为了一己之欲，他的家族并没有获得当地库尔德人的拥戴。②

虽然马哈茂德的第一次起义最终失败了，但库尔德人的反抗并未停止。1919 年 7 月 20 日，南库尔德斯坦再次爆发了反抗英国统治的小规模骚乱，摩苏尔北部也发生了英国的官员及随从被库尔德人杀害的惨案。③马哈茂德以及库尔德人的反抗运动震动了英国政府，英国高层认为必须反思英国早先的南库尔德斯坦政策，所以包括外交大臣乔治·寇松（George Curzon）在内的部分官员倾向于从南库尔德斯坦撤军。但威尔逊上校依然坚持英国需要继续在南库尔德斯坦驻军并维持英国在该地的影响力，这无疑与当下南库尔德斯坦强烈的反英情绪存在矛盾。而高层意见的不统一也预示了下一阶段英国内部围绕南库尔德斯坦问题必有一场纷争。

三 "自治"还是"合并"：英国内部之争

1919 年 5 月马哈茂德起义发生之前，伦敦的英国官员一直认为美索不达米亚和库尔德斯坦的人民是支持并欢迎英国管理的。但是，马哈茂德的起义粉碎了伦敦的这个幻觉。受此役影响，伦敦的官员开始反思英国是

---

① Habibollah Atarodi, *Great Powers, Oil and the Kurds in Mosul, 1910 – 1925*, pp. 158 – 160.
② Anita L. P. Burdett, ed., *Records of the Kurds: Territory, Revolt and Nationalism, 1831 – 1979, British Documentary Sources*, Vol. 5, p. 398.
③ Anita L. P. Burdett, ed., *Records of the Kurds: Territory, Revolt and Nationalism, 1831 – 1979, British Documentary Sources*, Vol. 5, p. 428.

否依然有必要耗费如此多的资源去控制南库尔德斯坦。因此，对于威尔逊上校坚持继续在南库尔德斯坦驻军，以及修建基夫里到基尔库克的铁路的计划，伦敦官员充满了质疑。1919年8月22日，印度事务部致信威尔逊上校，表达了这一态度："因为苏莱曼尼亚发生的起义，政府对于你修建基尔库克铁路的计划存有疑虑。除了资金层面的原因，还有战略上的考虑。陛下政府之前都支持我们在南库尔德斯坦实行扩张影响的政策，因为我们确信当地的居民是欢迎的。在此基础上，陛下政府认可了你（威尔逊上校）关于建立一个在英国监督之下，由库尔德首领领导的库尔德自治政府的设想。但现在的形势表明这个观点是错误的，当地的居民并不欢迎英国的影响与控制，对于英国建设铁路的计划也充满敌意。在这样的形势之下，我们难道不应该从南库尔德斯坦撤出我们的士兵和官员，让库尔德人自己决定自己的命运吗？"①

针对印度事务部考虑英国从南库尔德斯坦撤军的建议，威尔逊上校于1919年8月29日复信印度事务部，驳斥了伦敦方面对南库尔德斯坦的态度与定位。威尔逊指出："英国在南库尔德斯坦的军事威望已经在最近一个月内恢复了，而正常的民生管理也在马哈茂德起义后的三个月内被重新确立。目前英国的政权为大多数库尔德人所欢迎。英国对于南库尔德斯坦的统治虽然不是武力统治，但没有政府可以不依靠强有力的武力来实现运转。现在苏莱曼尼亚的局势已经发生了彻底的转变，当下英国的任务是迅速组织一批英国监管之下的库尔德官员，因为当地的人民渴望得到英国政府更多的监管与保护。"对于马哈茂德在苏莱曼尼亚的起义，威尔逊上校声称这只是检测了英国在南库尔德斯坦这一区域的实力。他认为考虑到苏莱曼尼亚特殊的地理和战略位置，以及其未来有成为烟草工业基地的潜能，英国应该继续对该地进行监管。如果英军放弃苏莱曼尼亚并从南库尔德斯坦撤退，则会使该地区与波斯产生新的边界问题，到时必然会增派比

---

① Anita L. P. Burdett, ed., *Records of the Kurds: Territory, Revolt and Nationalism, 1831 – 1979, British Documentary Sources*, Vol. 5, p. 503.

现在更多的部队。威尔逊最后强调,他的铁路计划不仅能展现英国治下库尔德人的文明化,而且会连通石油产区和小麦产区,为美索不达米亚提供必要的经济支撑。①

虽然威尔逊上校极力陈情自己的方案,但他关于南库尔德斯坦的观点并没有被伦敦采纳。此时的英国,正面临着巨额的军费开支的压力,因此急需大幅缩减其在中东的军力部署。1919年9月,首相劳合·乔治提醒陆军部大臣温斯顿·丘吉尔(Winston Churchill),英国全年的军费应该控制在7500万英镑之内,但丘吉尔回信指出实际的花费已经远远超出预期,仅英军在美索不达米亚的费用就高达2500万英镑。② 并且,虽然马哈茂德的起义被剿灭,但库尔德人试图自治的意愿并未完全消除,他们在北部摩苏尔山区地带继续发动袭击,造成包括多名英军官员在内的人员伤亡③,这使得英国试图控制南库尔德斯坦的努力频繁受挫,并促使伦敦方面就从南库尔德斯坦撤军一事达成初步共识。

1919年11月17日,英国外交部在伦敦召开了有关南库尔德斯坦事务的跨部门会议,外交大臣寇松亲自参与并主持会议。针对持续不断的库尔德民族起义,诺尔少校指出为了实现该地区持久的和平,英国应该从南库尔德斯坦撤军,并按照族群的不同将阿拉伯人和库尔德人分隔,同时设置阿拉伯人地区和库尔德人地区的边界线。其中美索不达米亚应该包括基夫里和基尔库克,而埃尔比勒和苏莱曼尼亚应该属于南库尔德斯坦。针对部分官员建议在南库尔德斯坦驻军,诺尔少校指出与其将南库尔德斯坦分割为英国直接统治和库尔德人自治的两个部分,还不如英政府从该地完全撤出。与之相对,印度事务部的亚历山大·戈布(Alexander Gobbe)将军认为,苏莱曼尼亚应该在美索不达米亚境内,因为该地现在隶属于巴格

---

① Anita L. P. Burdett, ed., *Records of the Kurds: Territory, Revolt and Nationalism, 1831 – 1979, British Documentary Sources*, Vol. 5, pp. 514 – 515.
② M. L. Dockrill, *The Mirage of Power Vol. 2: British Foreign Policy 1914 – 22*, Routledge, 1972, p. 362.
③ Anita L. P. Burdett, ed., *Records of the Kurds: Territory, Revolt and Nationalism, 1831 – 1979, British Documentary Sources*, Vol. 5, p. 680.

达管理，从经济层面讲也很依赖巴格达。戈布将军指出，苏莱曼尼亚的起义仅仅是马哈茂德的个人行为，其他库尔德人领袖并未加入，英国没有必要因此害怕失去库尔德人的支持。戈布将军强调即便按照诺尔少校的想法，英国应该放弃南库尔德斯坦并从该地撤军，英军也有必要出于军事考虑修建一条从基夫里到基尔库克的铁路，以便在基尔库克的英军有能力监视库尔德部落的一举一动。印度事务部大臣埃德温·蒙塔古（Edwin Montagu）也赞成戈布将军对苏莱曼尼亚的定位。他指出英国不仅不应该将南库尔德斯坦最富饶的一片地区拱手让与他人，反而修建从基夫里到基尔库克的铁路有利于英国管理库尔德人部落。①

　　针对戈布将军和蒙塔古大臣的考虑，外交大臣寇松认为，如果英国最终决定从南库尔德斯坦撤军，那么修建从基夫里到基尔库克的铁路计划就需要暂停。因为如果库尔德人变得不友好，那么英国不管修不修铁路都需要派兵进驻基尔库克。如果以后在南库尔德斯坦其他地区发现石油，那么修建一条涉及石油产区的铁路无疑是必须的，但他认为现在还不是时候。寇松强调整个美索不达米亚正在成为英国政府的烦恼，而实行南库尔德斯坦自治有助于英国腾出手来解决其他问题。会议最后决定，英国应从南库尔德斯坦完全撤军，并且暂停从基夫里到基尔库克的铁路修建计划。②

　　显然，对英国来说此时的南库尔德斯坦只是一个"烫手的山芋"，及时撤出显得再好不过。1919年11月22日，印度事务部致信威尔逊上校，再次表明当下英国政府对于南库尔德斯坦的态度：第一，英国政府无意在南库尔德斯坦实行委任统治；第二，出于军事和政治因素的考虑，美索不达米亚和南库尔德斯坦之间的边界线应该尽可能的短；第三，英国不应越过这条边界线进行军事行动；第四，英国不承认土耳其对南库尔德斯坦的

---

① Anita L. P. Burdett, ed., *Records of the Kurds: Territory, Revolt and Nationalism, 1831–1979, British Documentary Sources*, Vol. 5, pp. 682–684.
② Anita L. P. Burdett, ed., *Records of the Kurds: Territory, Revolt and Nationalism, 1831–1979, British Documentary Sources*, Vol. 5, p. 685.

主权要求，南库尔德斯坦将实行自治；第五，未来阿拉伯人和库尔德人之间的边界，应该根据族群划分，而非经济或地理因素。伦敦方面认为，将库尔德人的南库尔德斯坦并入阿拉伯人的美索不达米亚将会导致库尔德人反英情绪高涨，这将有可能给土耳其人提供可乘之机，进而威胁美索不达米亚的边界安全。相对于威尔逊上校的设想，伦敦方面更为支持诺尔少校的建议。诺尔少校期望南库尔德斯坦独立，并将埃尔比勒划归南库尔德斯坦，基尔库克保留在美索不达米亚。伦敦方面再次否定了威尔逊上校的铁路修建计划，声称如果按照诺尔少校划分南库尔德斯坦与美索不达米亚边界的意见，修建这条铁路便显得无关紧要。①

但是，威尔逊上校依然坚持他的观点，始终无法把南库尔德斯坦视作一个独立的政治实体。他认为南库尔德斯坦虽然存在土耳其人的势力，但这并不是影响美索不达米亚边界安全的重要因素。在他看来，南库尔德斯坦作为一个整体从未真正独立过，苏莱曼尼亚和埃尔比勒的库尔德人对其他库尔德斯坦地区认同感很低，强行组建一个独立的南库尔德斯坦并不利于该地未来的发展。针对伦敦方面对马哈茂德起义的余悸，威尔逊上校指出这次起义仅仅是马哈茂德的个人行为，并不代表整个库尔德人群体的态度。此外，威尔逊上校不赞同依据族群划分边界的方法，他更倾向于从经济和地理因素角度出发，将南库尔德斯坦与美索不达米亚视作一个整体。他仅仅推荐在美索不达米亚北部边界建立一个有限度的、边缘意义上的库尔德人"自治"国度。②

1920年2月12日，为了讨论对奥斯曼的和约和解决一战后中东地区势力划分等问题，英、法、意三国在伦敦召开了和平会议。会上英国向法国表达了自己关于南库尔德斯坦问题的观点，并征询法国关于南库尔德斯坦事务的态度。但法国似乎对英国在南库尔德斯坦面临的难题不感兴趣，只是建

---

① Anita L. P. Burdett, ed., *Records of the Kurds: Territory, Revolt and Nationalism, 1831 – 1979, British Documentary Sources*, Vol. 5, p. 550.
② Anita L. P. Burdett, ed., *Records of the Kurds: Territory, Revolt and Nationalism, 1831 – 1979, British Documentary Sources*, Vol. 5, pp. 551 – 552.

议可以将库尔德斯坦分割为英法控制的两个势力地带,并接受英法的监督。[①] 英国政府觉得法国的考虑并无太多实质性意义,因此1920年2月23日,英国外交部在伦敦再次召开了关于南库尔德斯坦的内部会议。会上,针对南库尔德斯坦是否应该自治的问题,各方依然没有达成一致。印度事务部官员虽然认同南库尔德斯坦应该在英国的势力范围之内,但指出南库尔德斯坦应该在政治和财政层面上从美索不达米亚脱离出去。印度事务部认为南库尔德斯坦应当由库尔德人议会自治和管理,英国驻巴格达的高级专员可以对其提供协助。但威尔逊上校指出,在南库尔德斯坦设置库尔德人自治政府可能会导致在美索不达米亚的阿拉伯人同样要求自治,这无疑会增加英国在中东统治的不确定性。中东事务专家亚瑟·海哲(Arthur Hirtzel)爵士也赞同威尔逊上校的观点,认为建立一个库尔德人自治政府远比想象中困难。针对威尔逊上校的担心,外交大臣寇松坦言在南库尔德斯坦设立自治政府可能会给英国带来不小的麻烦,但即便如此,寇松依然坚持认为英国应当从南库尔德斯坦撤军。在提及威尔逊上校的从基夫里到基尔库克的铁路修建计划时,寇松指出英国在美索不达米亚的军费已经高达2300万英镑,如此巨额的开销遭到了内阁的严厉批评,因此减少美索不达米亚的预算显得迫在眉睫。会议最后决定,在未来6个月甚至1年之内,所有涉及该地的铁路修建计划都必须暂停。[②]

可见,面对是否该从南库尔德斯坦撤军,以及如何划分美索不达米亚和南库尔德斯坦之间的边界的问题,英国内部始终没有完全达成一致。多方争吵的背后是英国此时摇摆不定的中东政策,外交部、殖民事务部、印度事务部以及巴格达高级专员在美索不达米亚和南库尔德斯坦问题上的分歧依然很大,但在英国急于从中东繁杂的事务中脱身的大背景下,放弃南库尔德斯坦并从该地撤出的声音还是占据了上风。1920年3月25日,英

[①] Anita L. P. Burdett, ed., *Records of the Kurds: Territory, Revolt and Nationalism, 1831–1979, British Documentary Sources*, Vol. 5, p. 688.

[②] Anita L. P. Burdett, ed., *Records of the Kurds: Territory, Revolt and Nationalism, 1831–1979, British Documentary Sources*, Vol. 5, pp. 688–692.

国首相劳合·乔治代表内阁在议会发表声明,称英国需要从摩苏尔撤军,并建立一个脱离土耳其的独立的南库尔德斯坦。[①] 此外,到 1920 年 6 月,美索不达米亚再次爆发了反对英国统治的阿拉伯人大起义,这也影响了英国的决策。起义最初从巴格达开始,并迅速蔓延至卡尔巴拉（Karbala）、纳贾夫（Najaf）和幼发拉底河中游地带。英军被迫撤出两大圣城和基夫里等地,而增援基夫里的英军死伤 240 人,被俘 160 人。[②] 受此影响,英国在中东尤其是在美索不达米亚地区的政策饱受争议,在美索不达米亚耗费巨资却吃力不讨好的局面遭到了英国议会的广泛质疑,这些批评也使得英国从中东撤军成为当时的主流观点。

1920 年 8 月 10 日,协约国集团与奥斯曼帝国苏丹在法国签署了涉及奥斯曼帝国战后安排的《色佛尔条约》,英国关于南库尔德斯坦自治的意志也在该条约中得到了很好的体现。根据该条约第 62 条,在君士坦丁堡设立由英、法、意三国代表组成的委员会,在该条约生效的六个月内,应当建立一个库尔德人占主导的自治国,该国坐落于幼发拉底河东部,南部边界到亚美尼亚,北部边界为土耳其和叙利亚及美索不达米亚的边界线。此外,该条约第 64 条规定,如果在条约生效后的一年之内,该自治国范围内的库尔德人告知国联最高委员会,大部分的库尔德人强烈希望从土耳其独立出去,同时,最高委员会经过慎重考虑,认为库尔德人有能力自治,那么土耳其人应该接受库尔德斯坦独立,放弃其在该地的所有权利。并且,最高委员会声称,如果上述情况最终发生,最高委员会不会反对独立的库尔德斯坦。[③]《色佛尔条约》在国际上第一次承认了库尔德人有民族自决权,并同意库尔德人建立独立的国家,这对库尔德人历史具有重要意义,也为库尔德民族运动提供了强大的动力。但是,《色佛尔条约》对于库尔德人的意义也不应

---

① Briton Cooper Busch, *Britain, India, and the Arabs, 1914 – 1921*, University of California Press, 1971, pp. 380 – 381.
② 黄民兴:《中东国家通史·伊拉克卷》,商务印书馆,2002,第 176~177 页。
③ Anita L. P. Burdett, ed., *Records of the Kurds: Territory, Revolt and Nationalism, 1831 – 1979, British Documentary Sources*, Vol. 5, pp. 849 – 850.

被过度拔高。第一,条约并未征得库尔德人同意;第二,条约规定的自治尤其是独立的条件过于苛刻,库尔德人缺乏自主性,完全听命于人;第三,条约将库尔德斯坦分割为几部分,严重限制了库尔德民族以及库尔德民族运动的整体发展;第四,协约国虽然签署了协议,但并无认真履行的诚意,最终出于自身利益考虑未执行该协议,库尔德人独立梦想由此落空。[1]

1921年1月,有感于外交部、印度事务部和巴格达高级专员之间存在的矛盾,英国政府认为有必要成立一个专门管理中东事务的新部门,以协调英国各部门在中东的利益,并解决英国在此地的财政负担问题。在此背景下,"中东局"(Middle East Department)应运而生。1921年3月12~30日,新任殖民大臣丘吉尔在开罗主持召开了英国中东政策会议,40多名中东问题专家参与。会上集中谈论了巴勒斯坦和美索不达米亚的政治前景等议题,并推选埃米尔·费萨尔(Amir Faisal)为伊拉克的国王,但英国依然没有解决内部关于南库尔德斯坦地位的争执。关于南库尔德斯坦的未来安排,会议有两派意见,一派以新上任的巴格达高级专员珀西·考克斯(Percy Cox)爵士为代表,认为南库尔德斯坦应该并入美索不达米亚。考克斯爵士于1920年10月从波斯调来接任威尔逊上校,成为新任英国驻巴格达的高级专员,此前他曾担任英属印度政府秘书、英国驻美索不达米亚民政专员及英国驻波斯大使,拥有丰富的殖民地管理经验。考克斯从阿拉伯人的角度出发,支持阿拉伯人赛义夫家族的领土要求,同情美索不达米亚逊尼派支持者,因此考克斯认为南库尔德斯坦理应成为伊拉克的一部分,并且南库尔德斯坦在经济层面也同伊拉克紧密联系在一起。考克斯的助手,有"沙漠女王"(Queen of the Desert)之称的格特鲁德·贝尔(Gertrude Bell)同样赞同考克斯的看法。[2] 针对把南库尔德斯坦并入伊拉

---

[1] 唐志超:《中东库尔德民族问题透视》,社会科学文献出版社,2013,第43~44页。
[2] 格特鲁德·贝尔于1868年生于一个英国大制造商家族,1886年进入牛津大学学习,曾自学阿拉伯语、波斯语、考古学。她是英国著名的中东问题专家,同时也是一位间谍、考古学家与作家。1892年她只身一人来到广袤的中东大地,游历波斯、叙利亚、巴勒斯坦、美索不达米亚等地。她曾力推费萨尔为伊拉克国王,对现代伊拉克国家的建立起到了不可忽略的作用。因为贝尔传奇的一生,她也被誉为"沙漠女王"。

克有可能引发库尔德人骚乱,考克斯和贝尔都认为,除了苏莱曼尼亚,其他南库尔德斯坦的库尔德人都希望能加入伊拉克。① 考克斯指出,对于伊拉克来说,一个独立的南库尔德斯坦并不是好事,这可能会导致本来亲英的阿拉伯人转变态度,从而增加英国在该地的负担。因此,关于南库尔德斯坦未来的安排应该纳入伊拉克内部安全事务的考量中。②

与考克斯相对,丘吉尔反对把南库尔德斯坦并入伊拉克,他从族群的角度出发,支持在南库尔德斯坦建立一个独立的库尔德人国家。一方面,丘吉尔并不希望此地出现一个强大的阿拉伯人国度,从而威胁到英国在美索不达米亚的统治。另一方面,一个独立的南库尔德斯坦也可以成为伊拉克与土耳其之间的战略屏障。③ 丘吉尔的观点得到诺尔少校、英军陆军上校托马斯·劳伦斯(Thomas Lawrence)以及中东局秘书赫伯特·扬(Hubert Young)的支持。此外,殖民事务部的官员也赞同丘吉尔的考虑,表示如果让阿拉伯人去管理库尔德人可能导致该地区的不稳定。并且,随着北部土耳其凯末尔主义对南库尔德斯坦的不断渗透,殖民事务部官员担心强行将南库尔德斯坦并入伊拉克会触发库尔德人的反叛情绪,这可能会导致凯末尔主义势力和库尔德人的联合,如此一来势必迫使英国增派兵力。相比之下,保持南库尔德斯坦的独立可以让英国从容地从美索不达米亚撤军,从而缓解英国在该地的财政负担。④

因此,关于南库尔德斯坦的未来安排,在开罗召开的中东政策会议表达了这样一个强有力的观点:南库尔德斯坦不应在阿拉伯人的美索不达米亚的版图之中,库尔德人的联合体和民族性应该由英国政府推动。南库尔德

---

① Alan de L. Rush and Jane Priestland, eds., *Records of Iraq 1914 – 1966*, Vol. 3, Archive Editions, 1988, pp. 504 – 507.
② Anita L. P. Burdett, ed., *Iraq Defence Intelligence 1920 – 1973*, Vol. 1, Archive Editions, 2005, p. 122.
③ Aaron S. Klieman, *Foundations of British Policy in the Arab World: The Cairo Conference of 1921*, Johns Hopkins Press, 1970, p. 110.
④ Saad Eskander, "Southern Kurdistan under Britain's Mesopotamian Mandate: From Separation to Incorporation, 1920 – 23," *Middle Eastern Studies*, Vol. 37, No. 2, 2001, pp. 155 – 156.

斯坦包括什么地方取决于英国与土耳其的和平协议，但不论英土协议最后的结果如何，南库尔德斯坦应该包含哪些地方不仅取决于英政府，而且需要其同美索不达米亚的阿拉伯人政府协商，英国驻巴格达高级专员对此有监督义务。① 与此同时，丘吉尔致信首相劳合·乔治，请示他关于南库尔德斯坦自治的态度。劳合·乔治同样担心北部凯末尔主义势力有可能南下带来的威胁，所以也赞同开罗会议关于让南库尔德斯坦独立从而成为英土缓冲带的决定。②

可见，马哈茂德的起义令英国高层意识到必须改变自己以往的南库尔德斯坦政策，为此英国专门重组了政府职能部门，并任命了新的英国驻巴格达高级专员，期待可以借此稳住南库尔德斯坦的紧张局势。但种种措施并没有从根本上解决英国各部门之间的分歧，这也间接地预示着南库尔德斯坦自治方案前景并不明朗。

四　土耳其威胁之下英国南库尔德斯坦政策的确立

虽然开罗会议明确要建立一个独立的南库尔德斯坦国，但真正管理伊拉克和南库尔德斯坦事务的却是巴格达行政公署。作为英国驻巴格达高级专员，考克斯的个人动机与行为影响了南库尔德斯坦的未来。并且，由于此时英国的主要精力放在了新成立的伊拉克国家的创建上，南库尔德斯坦问题暂时被搁置，这也给了考克斯实施其"并入"计划的条件。为了能让南库尔德斯坦更好地融入阿拉伯世界，考克斯在基尔库克地区任命了一名阿拉伯穆塔萨里夫（Mutassarif，意为管理者），在埃尔比勒地区任命了数名支持自己并入方案的英国官员，试图在南库尔德斯坦实行"英－伊混合"管理模式。同时，将摩苏尔和苏莱曼尼亚地区置于他的直接管辖之下。③

---

① Anita L. P. Burdett, ed., *Iraq Defence Intelligence 1920 – 1973*, Vol. 1, pp. 118 – 121.
② Aaron S. Klieman, *Foundations of British Policy in the Arab World: The Cairo Conference of 1921*, pp. 124 – 125.
③ Saad Eskander, "Southern Kurdistan under Britain's Mesopotamian Mandate: From Separation to Incorporation, 1920 – 23," *Middle Eastern Studies*, Vol. 37, No. 2, 2001, pp. 156 – 158.

考克斯对库尔德人并无好感，在他看来库尔德人既没有国家意识，也没有政治责任感，因此是不可信的。相比之下，他更亲近阿拉伯人。考克斯曾在新成立的伊拉克国民议会上讨论南库尔德斯坦事宜，也曾致信费萨尔表明过自己同丘吉尔之间关于南库尔德斯坦的分歧，并就伊拉克安全问题同费萨尔保持沟通。[1] 1921年10月25日，考克斯致信殖民事务部，介绍了自己会见费萨尔国王的情况。考克斯称自己向费萨尔表达了英国政府对于伊拉克的支持，他称英国支持阿拉伯的民族主义，为了伊拉克的边界安全，英国政府决定让南库尔德斯坦独立。对于阿拉伯人来说，一个友好的南库尔德斯坦是重要的，不仅可以阻挡北部土耳其人的威胁，还能成为伊拉克的合作伙伴。而对于南库尔德斯坦来说，一个友好的伊拉克同样重要，伊拉克将成为其重要的市场，大英帝国的责任在于协调两者的关系。但考克斯向费萨尔坦言实施让南库尔德斯坦独立的政策也有困难，因为库尔德人对英国政府和阿拉伯人都充满了强烈的敌意。考克斯也向殖民事务部进一步解释了自己如此的担心，称这不仅在于南库尔德斯坦数量庞大的人口，也在于库尔德人与布尔什维克主义的紧密联系。而土耳其人同样看中了这一点，试图利用库尔德人的反叛意识达到自己控制南库尔德斯坦的目的。[2] 在考克斯看来，土耳其南下的隐患一直存在。

考克斯对土耳其人的担心不无道理。1920年8月签署的《色佛尔条约》并没有成功解决奥斯曼帝国的战后安排问题，土耳其与希腊之间爆发了第二次希土战争，中近东形势岌岌可危。并且，随着土耳其在1921年8月萨卡里亚战役中的胜利[3]，凯末尔的安卡拉政权转危为安，其对南库尔德斯坦的威胁与日俱增。1921年11月，英国情报显示安卡拉政府对

---

[1] Saad Eskander, "Southern Kurdistan under Britain's Mesopotamian Mandate: From Separation to Incorporation, 1920 – 23," *Middle Eastern Studies*, Vol. 37, No. 2, 2001, pp. 157 – 158.

[2] Alan de L. Rush and Jane Priestland, eds., *Records of Iraq 1914 – 1966*, Vol. 3, pp. 722 – 724.

[3] 1921年8月23日，凯末尔领导的土耳其国民军同希腊军队在萨卡里亚展开激战，经过22天的浴血奋战，终于大败希腊军队，取得民族独立战争的胜利。从此希土战争的主动权牢牢掌握在土耳其手里。

新成立的伊拉克和费萨尔国王充满敌意,并声称要不惜一切代价阻止费萨尔成为伊拉克的领袖。该情报指出,为了达到这一目的,土耳其在1921年7月便派遣了52名有阿拉伯背景的特工潜入伊拉克,时刻准备发起破坏行动。① 1921年11月23日,考克斯致信殖民事务部,表示在摩苏尔、苏莱曼尼亚和巴格达地区,支持土耳其的势力正在增加。更为致命的是,阿拉伯人军队中也有前奥斯曼帝国的军官,土耳其人正试图通过这批人来激起矛盾。考克斯认为随着凯末尔政府实力的日益强大,土耳其不会轻易放弃对摩苏尔的主权声索。②

与此同时,英国中东盟友法国的一个举动也影响了英土之间的关系。1921年10月20日,法国同土耳其凯末尔政府签署了《安卡拉协议》③,从而使法土两国结束了敌对状态并就土耳其与法属叙利亚的边界问题达成了协议,这标志着协约国反土集团的瓦解。此外,协约还规定:一、法土双方承诺自签约之日起2个月内从分界线撤军;二、土耳其有权通过巴格达铁路(位于叙利亚境内的那部分)运输军队。④ 法土的和解令英国倍感忧虑,这不仅让土耳其可以腾出手来集中精力解决摩苏尔争端,而且让土耳其能够利用铁路调动部队奔赴前线。同时,英国更加害怕法国会同土耳其联手,共同打压英国在美索不达米亚的势力。

而据英国多方情报显示,英国这样的担心似乎正在变成现实。1921年11月17日,英国陆军部总参谋局认为土耳其势力正在伊拉克北部和西北部一带活动。法国和土耳其达成的协议使得土耳其的势力可以覆盖巴格达铁路沿线并直到摩苏尔北部的大片地区。种种迹象表明,土耳其正意图

---

① Alan de L. Rush and Jane Priestland, eds., *Records of Iraq 1914–1966*, Vol. 3, pp. 725–726.
② Alan de L. Rush and Jane Priestland, eds., *Records of Iraq 1914–1966*, Vol. 3, pp. 727–730.
③ 又称《富兰克林-布里翁条约》(Franklin-Bouillon Agreement),由法国外交官亨利·富兰克林-布里翁(Henry Franklin-Bouillon)同土耳其外交部长约瑟夫·凯末尔·贝伊(Yusuf Kemal Bey)签署。
④ Richard Schofield, ed., *Arabian Boundary Disputes*, Vol. 8, Archive Editions, 1992, pp. 577–579.

收复1914年之前奥斯曼帝国的领土，因此，大英帝国被土耳其视为最强大的障碍，收复摩苏尔是当下土耳其最大的目标。① 1921年11月12日，从开罗转送至巴格达的情报也认为，法国人和土耳其人正在暗中联合，这对大英帝国和伊拉克的安全构成实质性的威胁。该情报认为土耳其人在明年春天发动袭击的可能性很大，并且土耳其有通过占领摩苏尔进一步控制南库尔德斯坦的野心。更让人担忧的是，土耳其和苏俄似乎也在接近。② 1921年11月14日，英国派驻摩苏尔地区的特别行动小组也指出土耳其势力正在摩苏尔一带活动。③

面对当下南库尔德斯坦及美索不达米亚的危急局势，考克斯于1921年12月9日致信殖民事务部大臣丘吉尔，表达自己对于目前美索不达米亚局势的担心，并在信中再次质疑了《色佛尔条约》中关于南库尔德斯坦自治的安排。考克斯指出当下的地区局势已经同签署《色佛尔条约》时的局势大为不同，保护伊拉克北部边界安全以及该地的基督教群体变得越来越关键。《色佛尔条约》中关于南库尔德斯坦自治的安排已经成为难题，因为协议中规定的库尔德斯坦的边界线将摩苏尔地区一分为二，但显然分离出去的那部分库尔德人从经济上讲是依靠摩苏尔的。此外，考虑到摩苏尔地区库尔德部落充分的兵源，考克斯建议，把摩苏尔划归到伊拉克境内同样有利于伊拉克北部的防卫。④

土耳其人无疑是当下英国在美索不达米亚和南库尔德斯坦面临的最大的外部威胁，尤其是在英国已经开始从伊拉克撤军这一大背景下，这一矛盾就显得更为突出。1921年3月，英国在伊拉克境内部署了33个营的17000名英军和85000名印度军，为此耗费了2300万英镑。到了1923年，伊拉克的英军锐减到仅剩6个营的规模，军费开支压缩到570万英镑，皇

---

① Anita L. P. Burdett, ed., *Iraq Defence Intelligence 1920–1973*, Vol. 1, pp. 147–151.
② Anita L. P. Burdett, ed., *Iraq Defence Intelligence 1920–1973*, Vol. 1, p. 143.
③ Anita L. P. Burdett, ed., *Iraq Defence Intelligence 1920–1973*, Vol. 1, p. 145.
④ Anita L. P. Burdett, ed., *Iraq Defence Intelligence 1920–1973*, Vol. 1, pp. 199–203.

家空军（Royal Air Force）正孤军承担起该地区的防卫任务。[1] 而土耳其人似乎也有意利用英国急于从南库尔德斯坦撤军的有利条件，加紧对摩苏尔地区的渗透。1922年1月27日，巴格达派驻摩苏尔的特别行动小组的情报显示，土耳其的势力最近一直在摩苏尔附近活动。该小组认为英国军队从这一地区的撤退，或多或少造成了地区的不安。该情报分析，待英国军队3月5日完全撤出后，仅剩500人的阿拉伯人军队是否能承担起防卫摩苏尔的任务值得怀疑。相比之下，土耳其可能会出动2500人的部队对摩苏尔发起突袭。[2] 3月3日，外交部情报显示，土耳其军队可能在本月的15日对摩苏尔发动军事行动。其北部土耳其境内和波斯境内的库尔德人部落届时也会参与，法国也会向土耳其人提供武器装备。[3] 3月15日，陆军部向巴格达总部发出了题为"对伊拉克的即刻威胁"的紧急情报，分析了美索不达米亚特别是摩苏尔当下的时局，认为土耳其对摩苏尔及南库尔德斯坦的威胁正在急剧增加。陆军部指出，从1921年底到现在，摩苏尔的安全形势并未好转，土耳其始终没有放弃对摩苏尔的主权要求，一直期望能通过军事行动达到控制摩苏尔的目的。并且，该情报显示土耳其人很有可能在这个月就要发起军事行动，计划投入3000支步枪、750把军刀、20挺机枪。[4] 有关土耳其不断威胁摩苏尔的情报令英国大惊失色，因为这有可能使得英国好不容易从法国手中夺回的摩苏尔再度易手。

更令英国人感到疲惫的是，南库尔德斯坦不仅面临着来自北部土耳其人的切实威胁，其内部也再次爆发了反抗英国和阿拉伯人统治的起义，这进一步加剧了南库尔德斯坦的危机局势。这场起义开始于1922年5月底，由卡里姆·法塔赫（Karim Fattah）领导，他曾参加了1919年爆发的马哈

---

[1] Peter Sluglett, *Britain in Iraq: Contriving King and Country, 1914–1932*, p. 270.
[2] Anita L. P. Burdett, ed., *Iraq Defence Intelligence 1920–1973*, Vol. 1, pp. 214, 216.
[3] Anita L. P. Burdett, ed., *Iraq Defence Intelligence 1920–1973*, Vol. 1, p. 222.
[4] Alan de L. Rush and Jane Priestland, eds., *Records of Iraq 1914–1966*, Vol. 3, pp. 734–735.

茂德起义。1922年6月18日，有两名英国官员被库尔德人杀害。① 更为糟糕的是，伦敦方面收到了关于土耳其暗中支持库尔德民族主义的秘密情报，而支持泛土耳其主义的势力也在南库尔德斯坦地区增长，两股势力正在暗中勾结。② 果不其然，到1922年7月底，卡里姆·法塔赫归顺了土耳其人。而土耳其人由于受到库尔德人起义事件的鼓舞，期望能与库尔德人展开更多的合作，随即派兵继续向南推进占领了拉尼亚（Rania）。在那里土耳其人参加了反英的库尔德皮什达尔部落（Pishdar Tribe）起义。为了镇压这次库尔德人起义，8月27日，英军派出一支全副武装的小分队，准备进驻达尔邦地区（Darband），却遭到了库尔德人和土耳其人的伏击，英军终因寡不敌众而伤亡惨重。③

英国那时在该地的武装力量，已经无力阻挡这股正在上升的库尔德部落起义力量。因此，到了1922年9月3日，所有英国的工作人员开始从苏莱曼尼亚撤退。④ 为了稳定苏莱曼尼亚的局势，英国决定让马哈茂德的弟弟谢赫·阿卜杜拉-卡迪尔（Shaikh Abd al-Qadir）临时出任苏莱曼尼亚的库尔德人议会主席。但是面对库尔德人高涨的民族情绪与土耳其人的威胁，在伊拉克的英国官员意识到"目前不再有可能等到与土耳其签署和平条约后再采取一个明确的政策"。情急之下，英国决定利用库尔德人的民族主义对抗土耳其人，迎回马哈茂德并重新确立他为库尔德人的领袖。马哈茂德于1922年9月30日在诺尔少校的陪同下回到苏莱曼尼亚，取代了他弟弟成为议会主席，同行的还有一部分库尔德人的军队官员。⑤

---

① Anita L. P. Burdett, ed., *Records of the Kurds: Territory, Revolt and Nationalism, 1831-1979*, British Documentary Sources, Vol. 6, pp. 103-104.
② Alan de L. Rush and Jane Priestland, eds., *Records of Iraq 1914-1966*, Vol. 3, p. 553.
③ Stephen Hemsley Longrigg, *Iraq, 1900 to 1950: A Political, Social, and Economic History*, p. 144; Cecil John Edmonds, *Kurds, Turks, and Arabs: Politics, Travel, and Research in North-Eastern Iraq, 1919-1925*, pp. 245-255.
④ Cecil John Edmonds, *Kurds, Turks, and Arabs: Politics, Travel, and Research in North-Eastern Iraq, 1919-1925*, p. 259.
⑤ Habibollah Atarodi, *Great Powers, Oil and the Kurds in Mosul, 1910-1925*, p. 174; Stephen Hemsley Longrigg, *Iraq, 1900 to 1950: A Political, Social, and Economic History*, p. 145.

但重新确立马哈茂德的权威并不意味着英国要放弃"并入"方案。相反,英国人扶植库尔德人自治政府的出发点始终是利用自治政府阻挡土耳其人的威胁,维持南库尔德斯坦局势的稳定。因此,对于马哈茂德的回归,英国人采取了审慎的态度,并时刻监控他的行为。1922年10月8日,考克斯致信殖民事务部,提醒英国政府必须对土耳其同马哈茂德迅速走近并展开合作的可能性做好准备。考克斯认为马哈茂德的回归使得库尔德人民族主义空前高涨,这是英方没有预想到的,因此他建议在这样的环境下英国更需要让马哈茂德保持忠诚。① 但令英国人愤怒的是,马哈茂德并未按照英国人的意愿行事,而是有意在苏莱曼尼亚树立自己的权威,并趁机在基尔库克、埃尔比勒、基夫里等地扩张自己的影响,这显然违背了英国的根本利益。在英国人眼中马哈茂德不过是其在南库尔德斯坦的一个代理人,迎回马哈茂德仅仅是想让其稳定住南库尔德斯坦的局势。但马哈茂德一心想成为南库尔德斯坦的国王,反对英国人的控制。为了实现自己的目的,马哈茂德组建了隶属于自己的库尔德人军队,还试图联络土耳其和波斯的库尔德人以寻求帮助,甚至私下勾结土耳其人增加自己的"筹码",这让英国人觉得自己被戏弄了。由此,马哈茂德的回归不仅没有解决南库尔德斯坦的安全问题,反而徒增了英国人的烦恼,这使得英国人开始反思自己的南库尔德斯坦政策,认为继续支持库尔德人民族主义可能会导致南库尔德斯坦局势进一步失控,这也是英国放弃南库尔德斯坦"自治"方案的首要原因。

此外,此时英国政局的变化也导致了南库尔德斯坦"自治"方案的流产。1922年10月,自由党政府在大选中惨败,劳合·乔治被迫下台,支持南库尔德斯坦"自治"方案的丘吉尔也不再是掌管殖民事务的官员,新接任的首相伯纳尔·劳(Bonar Law)和殖民事务部大臣维克多·卡文迪什(Victor Cavendish)对南库尔德斯坦事务一概不知,更没有任何建设

---

① Alan de L. Rush and Jane Priestland, eds., *Records of Iraq 1914 – 1966*, Vol. 3, pp. 516 – 517.

性的意见，而外交大臣寇松在新成立的保守党内阁中得以留任并继续主管外交事务。在寇松看来，南库尔德斯坦丰富的石油资源必须在英国的掌控之下，因此他认为考克斯的"并入"方案更为可行。寇松态度的转变使得英国上层基本就南库尔德斯坦的未来达成了一致。新成立的保守党政府改变了劳合·乔治反土的外交政策。凯末尔的成功使得英国政府意识到对土和约是保障伊拉克安全及英国在中东利益的关键，因此在1922年11月马上到来的洛桑会议上，英国需要同土耳其达成和解。为了安抚凯末尔，英国需要给土耳其人一个强烈的信号：自己不会允许南库尔德斯坦独立，也不会进一步肢解土耳其。反过来讲，如果能同土耳其在洛桑会议上达成和解，那么原本考虑作为战略缓冲地的南库尔德斯坦也就没有独立的必要。[1]在这样的大背景之下，南库尔德斯坦并入伊拉克几乎成了唯一的选择。

但考虑到库尔德人强烈的民族主义可能带来的隐患，既为了维护伊拉克的安全与英国的利益，也为了安抚库尔德人的情绪，英国还是决定保障库尔德人的部分权益。1922年11月16日，考克斯致信寇松，建议大英政府与伊拉克政府共同发表一份涉及库尔德人权利的宣言。考克斯称，考虑到库尔德人对英方目的的不确定以及以马哈茂德为代表的库尔德狂热分子提出的无理自治要求，如果英国政府和伊拉克政府共同发表一份关于承认伊拉克境内库尔德人权利的宣言，那么这将有助于英方稳定地区局势，团结库尔德人力量，从而维护伊拉克的安全。考克斯称费萨尔国王也赞同他的提议，认为这也有利于伊拉克国民议会的稳定。[2] 南库尔德斯坦从法律意义上并入伊拉克是在1923年7月11日召开的伊拉克国民议会上确定的。[3] 在这个会议上，伊拉克国民议会议长做出了如下承诺："伊拉

---

[1] Saad Eskander, "Southern Kurdistan under Britain's Mesopotamian Mandate: From Separation to Incorporation, 1920 – 23," *Middle Eastern Studies*, Vol. 37, No. 2, 2001, pp. 175, 177; Robert Olson, *The Emergence of Kurdish Nationalism and the Sheikh Said Rebellion, 1880 – 1925*, p. 85.
[2] Alan de L. Rush and Jane Priestland, eds., *Records of Iraq 1914 – 1966*, Vol. 3, p. 524.
[3] 由于英土未在洛桑会议期间就摩苏尔问题达成一致，双方的争执直到1926年才尘埃落定。在这期间，伊拉克一直实际占有摩苏尔。

克政府不会在库尔德人地区强行任命阿拉伯人官员，也不会强迫库尔德人在他们的官方交流中使用阿拉伯语。库尔德人的宗教权利和公民社区将得到保护。"[1] 至此，包括摩苏尔、苏莱曼尼亚、埃尔比勒、基尔库克在内的南库尔德斯坦成为伊拉克的一部分并保持至今，而南库尔德斯坦的库尔德人自治运动也随之转入一阵低谷。

结　语

第一次世界大战结束后，英国对南库尔德斯坦政策的嬗变，不仅重塑了中东的地缘政治格局，也对库尔德人的历史命运产生了深远影响。英国在1918年占领南库尔德斯坦之初受制于管理人员和经费的相对不足，所以有意扶植马哈茂德成立自治政府，以试图阻隔土耳其人对美索不达米亚的威胁。但后来威尔逊上校转变思路，有意遏制马哈茂德的权力，造成英国与库尔德人关系恶化，进而导致1919年苏莱曼尼亚地区爆发了库尔德人反英大起义，这也让英国被迫调整其早先的南库尔德斯坦政策。但在南库尔德斯坦是否应该自治这个问题上，英国各部门之间分歧严重，多方的争吵不仅没有缓解南库尔德斯坦的紧张局势，反而极大地浪费了英国的资源，让其中东政策在国内饱受批评。为了协调各部门在中东的利益关系，同时也为了缓解财政压力，英国专门重组了政府职能部门，并任命了新的英国驻巴格达高级专员，期待可以借此稳定南库尔德斯坦的紧张局面。从1918年到1923年，英国从最初的支持马哈茂德自治政府，到威尔逊上校尝试直接统治，再到以寇松和丘吉尔为代表的"独立派"主张让南库尔德斯坦独立，直至最后选择将南库尔德斯坦并入伊拉克，这一系列摇摆不定政策的背后体现的是英国在南库尔德斯坦的利益与其在美索不达米亚的利益相比，始终处于从属地位。无论英国的南库尔德斯坦政策如何转变，库尔德人终究都只是大英帝国维护其中东统治的工具，英国的殖民帝国的

---

[1] Habibollah Atarodi, *Great Powers, Oil and the Kurds in Mosul, 1910 – 1925*, p. 177.

本质是南库尔德斯坦自治失败的根本原因。

一战的爆发以及奥斯曼帝国的战败让库尔德人看到了实现民族自治的希望。以马哈茂德为代表的库尔德人领袖在一战后利用奥斯曼帝国战败留下的"权力真空"及英国人设置缓冲带的心理，成功地在苏莱曼尼亚建立了第一届南库尔德斯坦自治政府。但受制于美索不达米亚形势等因素，自治政府的管辖范围和权力都十分有限。并且，马哈茂德的统治理念也与英国的设想存在矛盾，这使得自治政府的前景并不明朗。在威尔逊上校转变治理思路的背景下，马哈茂德觉得自己的权力受到了极大的限制，重压之下他选择与英国政府决裂，这导致1919年5月苏莱曼尼亚爆发了反英大起义。但由于库尔德人自身力量的弱小，起义很快被英军扑灭，库尔德自治政府也宣告失败。虽然在1922年9月，英国在内忧外患之下重新确立了马哈茂德的权威，但这也只是一时的权宜之计。从1918年到1922年，尽管库尔德人要求自治的呼声与行动一直存在，但传统的部落社会让库尔德人始终没有团结到一起，反抗英国人统治的起义也只是各自为营。并且，以马哈茂德为代表的库尔德人领袖建立自治政府的初衷，更多的只是为了满足自己个人的权力私欲，并没有站在库尔德人整体的角度去思考库尔德族群的未来，这是南库尔德斯坦自治失败重要的内部因素。

此外，土耳其凯末尔主义势力的存在始终是英国的心腹大患，并在很大程度上影响了南库尔德斯坦的命运。1920年8月签署的《色佛尔条约》不仅没有解决战后奥斯曼帝国的安排问题，反而激起了凯末尔政府洗刷耻辱的决心。土耳其在打败以希腊为首的协约国集团后，对摩苏尔及南库尔德斯坦的威胁开始与日俱增。在英国从南库尔德斯坦撤军的大背景下，英土矛盾显得尤为突出。既为了保障伊拉克的安全及英国在中东的利益，也为了安抚凯末尔政权，与土耳其尽快签署新的和平协议，英国最终放弃了南库尔德斯坦自治的方案。土耳其南下带来的压力压缩了库尔德人自治的政治和地理空间，是南库尔德斯坦自治方案流产首要的外部因素。

因此，到1923年7月，一个"宗教－族群混合体"的伊拉克出现了，逊尼派主导的巴格达政府统治着占人口多数的什叶派阿拉伯人以及北部的库尔德人。一战后初期,英国对南库尔德斯坦地位的安排,更多是从美索不达米亚的安全和自身利益角度出发,把战略考量放在比族群和宗教因素更为重要的位置,硬生生地将库尔德人的摩苏尔与阿拉伯人的巴格达和巴士拉捆绑在一起,人为地主导了现代伊拉克版图的形成。殖民时期英国在中东力主将南库尔德斯坦并入伊拉克的历史抉择,催生了日后阿拉伯人与库尔德人之间无尽的冲突,并进一步导致了后来中东局势的动荡与不安,这无疑是当下伊拉克库尔德问题的源头所在。

·书评·

《沙皇与苏丹：俄罗斯人眼中的奥斯曼帝国》评介

◎ 周厚琴*

西方对东方的认识由来已久，论述颇丰。从孟德斯鸠提出"专制主义"概念，到魏特夫将"东方专制主义"概念理论化和系统化，再到萨义德以"东方主义"揭示西方文化中长期对东方"他者"认知的文化霸权和殖民主义的实质。然而"东方"具体指代哪些国家，内涵模糊，并无定论。但无论如何变动，奥斯曼帝国与俄罗斯帝国都因其横跨欧亚的地缘，始终是西方旅行家眼中东西方的"边界地带"。颇为有趣的是，同为西欧近邻，同是欧亚帝国，同被书写为典型的东方专制主义国家[①]且在16~20世纪

---

* 周厚琴，陕西师范大学历史文化学院副教授，硕士生导师，国家民委环黑海研究中心研究员。

① 如孟德斯鸠以无数旅行家的游记为基础，常将俄罗斯与奥斯曼土耳其作为专制主义国家的典型来对比论述。参见〔法〕孟德斯鸠《论法的精神》上、下卷，许明龙译，商务印书馆，2009，第76、78、234、247、321~323、330、363、476~477、868~869页；魏特夫将俄罗斯与奥斯曼土耳其作为"边际性质的东方专制主义"国家来研究，参见〔美〕卡尔·魏特夫《东方专制主义》，徐式谷等译，中国社会科学出版社，1989，第181~184页。

《土耳其研究》第3辑，第185~192页。

相互之间发生战争最为频繁①的两个大国，彼此都有怎样的认知？

塔基·维克多·瓦连京诺维奇②（Таки Виктор Валентинович）的专著《沙皇与苏丹：俄罗斯人眼中的奥斯曼帝国》（后简称《沙皇与苏丹》）正是对这一研究主题做出的有益尝试。2016年该著英文版在伦敦出版，2017年俄文版在莫斯科出版。③ 此部著作可以视作他在芝加哥大学主办的《批判：俄国与欧亚历史探索》期刊上发表的《边缘的东方主义：俄罗斯人眼中的奥斯曼帝国》（2011年）④ 一文的充实和扩展。塔基目前任职于莫斯科大学历史系，是有丰富国际教育背景和工作经历的青年才俊，主要从事近现代俄罗斯与东南欧史、帝国史以及俄土战争文化史等方面的研究，发表有《俄罗斯帝国的组成部分：比萨拉比亚（1812～1917）》《加入帝国后的历史记忆与地区建设：1812～1828年比萨拉比亚的特殊统治形式》《俄土战争作为一种文化现象》等论著。⑤

---

① 16～19世纪里，俄罗斯帝国与奥斯曼帝国之间爆发了12次战争，历次俄土战争爆发的时间为：1568～1570年、1676～1681年、1686～1700年、1710～1711年、1735～1739年、1768～1774年、1787～1792年、1806～1812年、1828～1829年、1853～1856年、1877～1878年、1914～1918年。俄罗斯也有学者说是13次，将1821～1830年希腊独立战争单独算作一次。参见 Халилева Д. Р. Геополитические Коды Взаимодействия России С Турцией（Имперский Период）// Ученые записки Таврического национального университета им. В. И. Вернадского Серия 《Философия. Культурология. Политология. Социология》. Том 24（65）. 2012. No 4. С. 289 – 301。

② 塔基·维克多·瓦连京诺维奇1979年生于摩尔多瓦，2007年于匈牙利布达佩斯中欧大学博士毕业，曾在加拿大艾伯塔大学任教。作者简历可详见莫斯科大学官方网站：http://www.hist.msu.ru/Labs/UkrBel/taki.htm。

③ 英文版参见 Victor Taki, *Tsar and Sultan*: *Russian Encounters with the Ottoman Empire*, I. B. Tauris, 2016；俄文版参见 Таки Виктор. Царь И Султан. Османская Империя глазами Россиян. - М.: Нло, 2017. 本文引用内容均以俄文版为准，为便行文，只在引用时备注页码。

④ Victor Taki, "Orientalism on the Margins: The Ottoman Empire under Russian Eyes," *Kritika*: *Explorations in Russian and Eurasian History*, Vol. 12, No. 2, 2011, pp. 321 – 351。

⑤ Кушко Андрей, Таки Виктор. Бессарабия в составе Россиийской империи, 1812 – 1917. М.: Новое литературное обозрение, 2012；Таки Виктор. Историческая память и конструирование региона после присоединения к империи: особая форма правления в Бессарабии в 1812 – 1828 гг. // Ab Imperio: History and Theory of Nationalism in the Post – Soviet Realm. №3（2004）. С. 223 – 258；Таки Виктор. Русско – турецкие войны как феномен культуры // Васильев Д. В. Восток: история, политика, культура. М.: Институт бизнеса и политики, 2007. С. 6 – 38。

《沙皇与苏丹》致力于研究从建立交往到克里米亚战争前的俄土关系文化史。这一时期俄土关系的内涵，不仅包括每15～30年发生一次的战争，还有使馆外交、科学考察、宗教朝圣和文化旅行等。作者基于历次俄土战争参加者的回忆录和日记、战俘故事、外交书信、旅行记述和统计资料等丰富的文献史料，试图重构俄罗斯人在不同历史时期对奥斯曼帝国的认知。塔基在前言中指出，通过历史文本的梳理，人们可以看到15世纪末至19世纪中叶俄国人对奥斯曼帝国的认知发生了重大变化，这种变化正是俄国人"发现东方"的重要内容，也是俄国精英西化史上的重要的篇章。全书共五部分，旨在从一个新的角度审视东方主义，特别是俄国的东方主义，并为帝国、外交和战争的文化史研究做出贡献（第5页）。

第一章"幸福的门槛"，着眼于梳理俄罗斯与奥斯曼帝国的外交文化史，展现两国外交关系的起源和发展。通过"莫斯科使者""大使馆""君士坦丁堡的俄国和欧洲外交官"三小节，详细描述了代表团呈文仪式如何形成，外交礼仪中最微小的细节如何讨论，以及它们随着时间的变化如何变化。作者强调，外交礼仪的形成在两国关系中发挥了重要作用。自15世纪末首次接触以来，俄罗斯统治者及其代表就试图宣称与苏丹享有同等的地位。16～17世纪，俄罗斯使节"被禁止向苏丹下跪和与其他国家大使一起觐见。尽管首批莫斯科使者坚持让苏丹立即接见，但是随着时间的流逝，他们却不得不接受奥斯曼帝国的外交习俗。根据该习俗，宰相的接见先于苏丹的接见"（第39页）。仪式的细微变化引起了双方长期的争执和争吵。塔基写道，"挑战仪式的细节，即使不成功，也被认为是维护沙皇荣誉的必要之举"（第40页）。在17世纪末至18世纪初，当俄罗斯帝国的国际地位提高时，俄国外交官开始关注苏丹和宰相如何接见欧洲大国的使节。因此，与奥斯曼帝国在仪式方面的冲突成为确立俄罗斯帝国作为欧洲国家地位的方式之一。同时，俄土战争的胜利加剧了两国在外交仪式上的争议，"虽然沙皇的外交官试图从奥斯曼帝国政府那里获得礼仪上的让步，可能会增强俄罗斯帝国在战场上胜利的效果，但奥斯曼帝国却试图为战场上的失败获得象征性的补偿。结果，18世纪在君士坦丁堡的俄罗斯帝国特派使者们成了俄土战争的合理延续"（第 30 页）。显然，近代早期俄罗斯驻君士坦丁堡的大使馆，为建立和维护俄罗斯的帝国地位提供了象征性的斗争空间。本章还通过沙皇外交官信件档案，考察了奥斯曼帝国对国际关系的态度。

第二章"俘虏的故事"，通过对少量尚存的书面史料（俘虏的见证）的分析，展现莫斯科对待从奥斯曼帝国返回的俘虏的态度转变的社会文化史。在近代早期，克里米亚人将成千上万的俄罗斯人卖给奥斯曼帝国当奴隶，这些人中只有极少数返回了家园。作者通过对他们曲折经历的分析，论证了宗教对于"前彼得时代"的重要性，以及人们对奥斯曼帝国俘虏的态度由宗教到世俗化的转变。作者写道："在前彼得时代，返回的俘虏常让人顾虑他们可能用背叛获取了自由。即使是那些在被囚禁期间仍然忠于东正教信仰的人，也无法遵守所有规定的宗教仪式（禁食、教堂礼拜等）。"（第 81 页）但从 18 世纪初开始，在俄罗斯精英世俗化的影响下，俄罗斯人对奥斯曼帝国俘虏的宗教评判逐渐失去主导地位。从奥斯曼帝国返回的俘虏不再被怀疑背叛了自己的祖国，一些俄罗斯臣民甚至自愿到苏丹土地上定居，例如逃往多瑙河下游的扎波罗热·哥萨克人，或是逃亡的农民、逃兵等。俄罗斯社会也开始以另一种方式对待从奥斯曼帝国返回的俘虏，俘虏开始被视为被限制过人身自由并应该让人们引起愤怒和谴责的特殊群体。俄罗斯人对返回俘虏的矛盾评价和质疑已然消失，代之以对其所受经历的同情和怜悯。作者指出，部分带有民族主义情绪的公众后来恰恰利用俘虏的话题，来证明俄罗斯在亚洲扩张的合理性。（第 118 页）

如果说，从 16 世纪到 17 世纪末，大部分时间里俄土关系以和平交往为主，那么，自 18 世纪初开始，一系列的战争已成为俄罗斯帝国与奥斯曼帝国的主要交往方式。第三章"土耳其战争"，重点梳理了 18 世纪至克里米亚战争前的俄土战争文化史。在 1711 年彼得一世在普鲁特战败后的一个世纪里，俄罗斯军队取得了对奥斯曼帝国的明显优势。俄国军人拥有与欧洲国家作战的丰富经验，了解欧洲的战争理论。但现在他们面临新的挑战，与土耳其交战必须了解土耳其战争文化、气候条件、人口统计等，他们必须适应新的条件和新的军事理论。这些困难促使俄国军官做出改变，以取得更好的战绩。作者通过对战争参与者的日记和回忆录的分析，认为俄国军人对"土耳其战争"的认知，是"将关于欧洲与土耳其之间军事艺术差异的论述，与对奥斯曼帝国一系列暴行的批判，以及对带有异国情调而具灾难性的战争画面的描绘结合在一起的"（第126页）。这种描述是俄国"构建'东方战争'形象的最重要平台，'东方战争'是18世纪末至19世纪上半叶欧洲战争的象征性对立面"（第166页）。总的来说，"土耳其战争"加速了奥斯曼帝国的东方化进程，这是阐明现代俄罗斯身份的重要方面（第122页）。作者强调，这些从文学角度看比较平庸的零散史料，对于理解"他者"形象和自我意识如何从真实战斗经验中升华与形成，具有不可估量的价值。

前三章讨论了使馆、俘虏和战争，这构成了克里米亚战争前俄罗斯帝国与奥斯曼帝国交往的三个最重要的方面。在这段时间里，数百名俄罗斯人以沙皇使节及其助手的身份访问了奥斯曼帝国；数以万计的俄罗斯人，在苏丹的统治之下变成囚犯和俘虏；还有成千上万名发生在"欧洲土耳其"领土上的俄土战争的参加者，他们以不同的方式熟悉了奥斯曼帝国。而这三种历史经验反映在俄罗斯帝国刊物上，便转化为俄罗斯人对奥斯曼帝国及其民众的一般性定位和描述。

在第四章"病夫"中，作者主要依据俄国新闻、旅行记述和统计调查资料，展示了关于奥斯曼帝国衰落的思想是如何产生和发展的。这种思想的形成，主要受到17世纪末俄罗斯专制政权和精英阶层走上西化道路的影响。一方面，俄国作家们常常对比俄罗斯在借鉴欧洲文化经验上的成功和土耳其在这方面的落后。他们积极将法国和英国东方主义者的文字翻译成俄语，借用西方的习语，又在翻译西欧对东方的描述时把关于俄罗斯"半野蛮"性格的内容系统地省略掉，以此展现自己的"地位优势"，克服自身的边缘化。他们认为，对欧洲的错误态度造成了土耳其的落后。这种优势也得到了俄罗斯诸多军事胜利的证明。另一方面，俄国人兼为欧洲文明的"学生"和批评家，总在一定程度上与西方国家保持距离。

即使认识到19世纪上半叶奥斯曼帝国马哈茂德二世和坦齐马特西化改革发生的重大变化，他们仍将其解释为对欧洲错误态度引起的不可逆转的衰落的表现。塔基指出，俄国人对苏丹政权的描述表现了"俄国东方主义与西方主义的结合"，而"对马哈茂德二世西化政策的评价，恰好是对彼得在俄国的遗产进行重新评估的开始"（第216页）。本章还考察了尼古拉一世将奥斯曼帝国比作"病夫"的知识背景，以分析"欧洲东方代表"的历史衰落和停滞的特征。作者认为，奥斯曼帝国衰败的观念早在俄国沙皇说出这个著名短语之前就出现了，且并非在俄国产生。在克里米亚战争之前的两个多世纪里，欧洲作家就开始注意到奥斯曼帝国的衰落，并以各种方式对此进行了解释，每种方式最终都促使"东方停滞和萧条"这一流行概念形成。而后彼得时代受过良好教育的俄罗斯人借用这种概念，其实质正是他们西方化的一个方面。

在第五章"帝国的民族"中，作者探讨了俄罗斯人对"病夫"统治下信仰东正教的民族的看法。作者依据丰富的文献史料，阐述了俄国人如何发现和接纳生活在奥斯曼帝国的东正教徒：希腊人、南斯拉夫人（塞尔维亚人、保加利亚人等）、罗马尼亚人（摩尔达维亚人和瓦拉几亚人）。作者强调，俄国人对同一个民族的评价和态度在不同时期是不同的，这关键取决于这个民族是服从还是反对奥斯曼帝国。例如，他们将希腊人视为"自由的斗士，或与奥斯曼帝国专制的奸诈走狗斗争的英雄战士"。而这种最初对希腊人的描述构成了一种理想模式，也被用于描述后来"发现"的南斯拉夫人和罗马尼亚人。在奥斯曼帝国的民族政治等级中，希腊人、南斯拉夫人和罗马尼亚人占据的位置在很大程度上决定了俄罗斯对这些民族的认识。到19世纪中叶，这些"发现"促使"俄国人或多或少建立起了对跨宗教和跨民族关系等级体系的整体看法，这些关系反映了巴尔干各民族的特征"（第272页）。当然，克里米亚战争的爆发，无疑改变了俄罗斯人对奥斯曼帝国及其居民的看法。俄土关系首次导致了俄罗斯与欧洲大国联盟之间的直接冲突，这场冲突实际暴露了俄国向欧洲转型的局限性。"欧洲的土耳其"开始被视为"东正教的东方"，成为东正教的俄国与天主教/新教的西方之间争夺的对象。

综观全书，作者对克里米亚战争前的俄土关系进行了长时段和多维度的考察，这使人们从俄罗斯帝国的视角对两个帝国的交往和相互认知有了较为全面和深入的了解。该书具有一些鲜明的特点，主要体现在：首先，作者在大量运用英、法、俄文一手文献和史料的基础上，将俄土关系作为一种文化现象来研究。运用仪式、话语分析等新文化史的研究方法，将15世纪末至19世纪中叶俄罗斯帝国构建的奥斯曼帝国形象生动地展现出来。这种研究路径，也是21世纪以来俄罗斯史学"文化转向"的表现之一。与本书主题相似的另一部著作《着迷的香客：16~18世纪俄罗斯朝圣者眼中的阿拉伯-奥斯曼世界》①，书写了俄罗斯帝国朝圣者构建的奥斯曼东方世界（主要是巴勒斯坦）以及巴尔干半岛、叙利亚、埃及等国家和地区的社会日常生活形象。相比之下，塔基的著作更重视对奥斯曼帝国政治、军事和民族形象的构建，于前书恰是很好的补充。其次，作者展现了微观史料与宏观理论的结合，通过对俄土关系中外交、俘虏、战争的微观考察，以及对欧洲"病夫"和民族认同观念生成的检视，阐释了俄国东方主义的边缘性。西方学者对俄国的东方主义早有探讨，但往往重在宏观层面，较难呈现其独有的特点。②塔基认为，"尽管俄国作家以西欧知识分子为榜样，但他们为东方主义话语的发展做出了自己的贡献。做出这种贡献的特殊性，不仅取决于俄罗斯对亚洲的特殊态度，还取决于俄国自身在欧洲象征性地理中地位的边缘性"。作者呈现的"边缘的东方主义"，实际也可视作萨义德"东方主义"的一种变体，也有学者称为"边疆东方主义"。其区别于经典形式之处在于，它指的不是被征服的遥远的海外殖民地，而是"我们的"边疆的邻近入侵者。它不仅是帝国精英的

---

① Кириллина С. А.《Очарованные странники》: арабо-османский мир глазами российских паломников XVI–XVIII столетий. М. 2010.

② David Schimmelpenninck van der Oye, *Russian Orientalism: Asia in the Russian Mind from Peter the Great to the Emigration*, Yale University Press, 2010. 该书2019年被翻译为俄文 (Схиммельпэннинк ван дер Ойе Д. Русский ориентализм: Азия в российском сознании от эпохи Петра Великого до Белой эмиграции / Пер. с англ. П. С. Бавина. М. 2019.)。

产物，还是民间文化中一种根深蒂固的元素。[1] 奥斯曼帝国与俄罗斯帝国的关系，恰是互为边疆和边缘的竞争者。二者的西化之路和相互认知，既有对东方主义的补充，亦有对东方主义的反思（也可以说是西方主义的体现）。最后，作者透过俄土关系文化史的"棱镜"，为俄国思想文化史的研究提供了新的"镜像"。如上所言，受西方影响的俄国东方主义与西方的有很大不同。如果说在西方，东方是"其他"，那么在俄国，东方就是"与众不同"。也就是说，西方的东方主义（以萨义德的解释）认为东方是荒蛮的、不文明的，尽管俄国也经常重现西方的这种刻板印象，但俄罗斯帝国的东方主义态度更积极，更加多样化，这在民族认同的形成中发挥了重要作用。俄国作家观察到的希腊人、塞尔维亚人、保加利亚人和罗马尼亚人的民族特质，以及这些民族与奥斯曼帝国统治者之间的关系，很大程度上促使了泛斯拉夫主义的形成，这种话语在19世纪关于俄罗斯帝国身份的辩论（西方派和斯拉夫派之争）中起到了核心作用。

当然，该书也有一些意犹未尽之处。俄罗斯帝国和奥斯曼帝国的异向兴衰和最终崩溃是世界近现代史上令人着迷的重要话题之一。实际上，作为西欧"东方主义"话语里陆续西化的两个"半野蛮"大国，俄罗斯帝国通过将奥斯曼东方化来建构自我的身份认同，奥斯曼帝国则通过"他者"想象形成了自己的东方主义。[2] 更进一步，对俄罗斯帝国而言，不仅有"外部东方"的问题（如奥斯曼帝国），还有"内部东方"的问题（如西伯利亚）。两个方向上的俄国东方主义，才构成了俄国对"东方"的全部认知。如何认识俄土关系中奥斯曼帝国的自我认知和对俄罗斯帝国的想象，如何认识俄罗斯帝国内外两种东方主义之间的内涵差异及其关系，或许是值得进一步探讨的话题。

---

[1] 安德烈·金格里希、杜鹃：《邻近的边疆：东方主义神话的结构分析》，《第欧根尼》2015年第1期。
[2] Ussama Makdisi, "Ottoman Orientalism," *The American Historical Review*, Vol. 107, No. 3, 2002, pp. 768–796.

·书评·

《土耳其、凯末尔主义和苏联：现代化、意识形态和历史解释》书评

◎ 〔希腊〕亚历山德罗斯·兰普鲁*

瓦拉姆·泰尔-马特沃森（Vahram Ter–Matevosyan）的力作《土耳其、凯末尔主义和苏联：现代化、意识形态和历史解释》（Turkey, Kemalism and the Soviet Union: Problems of Modernization, Ideology and Interpretation）[1]，2019年由麦克米伦出版社（Palgrave Macmillan）出版，包括序言全书共356页。

该书旨在对"凯末尔主义（Kemalism）的研究视角和存在的问题进行界定"。为此，作者遵循两个平行的研究轨迹：其一，考察了"凯末尔主义的自身流变和内部动力"；其二，考察了"20世纪20年代至70年代苏联观察家们如何看待和解读凯末尔主义的变化，尤其是土耳其凯末尔主义意识形态的转变"，试图通过融合"非西方的"诠释来"丰富我们对凯末尔主义在超国家历史中的认知"。[2]

---

* 亚历山德罗斯·兰普鲁（Alexandros Lamprou），希腊马其顿大学巴尔干、斯拉夫与东方研究系兼职讲师。

[1] Vahram Ter–Matevosyan, *Turkey, Kemalism and the Soviet Union: Problems of Modernization, Ideology and Interpretation*, Palgrave Macmillan, 2019.

[2] Vahram Ter–Matevosyan, *Turkey, Kemalism and the Soviet Union: Problems of Modernization, Ideology and Interpretation*, Palgrave Macmillan, 2019, pp. 2–3. 以下为方便行文，只在引用时备注页码。

《土耳其研究》第3辑，第193~197页。

全书共八章。一个研究轨迹体现于前六章之中，作者在此梳理了从20世纪20年代早期开始，到70年代晚期土耳其政治历史和意识形态的转变，尤其是关于对凯末尔主义理解的转变。作者以六章内容呈现近六十年的政治历史和意识形态发展的轨迹，难免简明扼要且有选择性，不过它对最后两个章节起到了一个简要铺垫的作用。另一个研究轨迹集中在最后两个章节，它对苏联半个世纪之久的关于凯末尔主义学术研究的分析是具有创新性和开拓性的。

前六章和后两章之间的明显差异在使用的材料来源上也有反映。该书第一部分基于关于土耳其的广为人知且被大量引用的原始资料和二手文献。在最后两章中，马特沃森使用了大量来自苏联的资料：苏联共产党及其领导人和官员的报纸文章、声明、讲话和报告，苏联外交官的通信以及苏联的土耳其事务观察家的文章。

第一章探讨了凯末尔主义的定义和历史分期上存在的问题。作者强调了凯末尔主义史学的模式，认为苏联的研究可以丰富学术界对凯末尔主义的认知。他认为凯末尔主义"既是一种意识形态，也是一种原则体系……随着时间和语境的变化而变化"（pp.7-8）。本书指出了凯末尔主义被（重新）塑造的三个阶段；20世纪20年代属于尝试概念化阶段；20世纪30年代至40年代属于凯末尔主义霸权时期；20世纪50年代至70年代属于意识形态分化严重并极大地挑战凯末尔主义作为意识形态的霸权地位的时期。

第二章对20世纪20年代至30年代穆斯塔法·凯末尔统治时期对政治和意识形态的巩固进行了历史评估，并考察了从1920年到凯末尔去世构成凯末尔思想体系核心的某些原则的演变。

第三章考察了凯末尔主义的思想渊源和语境渊源，以及凯末尔主义精英们推广凯末尔主义原则的努力。本章的局限性，简而言之，就在于在处理关于凯末尔主义精英们向土耳其人民推广改革的努力的资料时，作者对当时的官方出版物过于相信。举例来说，作者全盘接受了1935年共和人民党的一项声明的说法，即"人民之家（the People's Houses）能够成为

《土耳其、凯末尔主义和苏联：现代化、意识形态和历史解释》书评

灌输凯末尔主义关于进步和现代化的观点以及教育大众的机构"（p.77）。同样，作者认为"凯末尔主义的文化、政治、意识形态和观念的霸权是通过各种涵盖了整个政治和社会生活的方方面面的实践来实现的"（p.80）。这一看法显然夸大了20世纪30年代土耳其社会的实际情况。作者在考察共和人民党的规模的时候也出现了类似的错误，他根据官方的党籍统计数据认为，共和人民党在1939年后已经成为一个大众政党。然而，共和人民党在一党制时期就不是一个大众政党，关于这一点，共和人民党在党籍统计数据上的弄虚作假已经成为公论。

第四章论述了1938年阿塔图尔克去世之后至1960年的历史，并重点关注了二战后和20世纪50年代多党民主时期完善凯末尔主义思想体系的第一次努力及其特征。作者对于土耳其历史的分期（第三章的时间截至凯末尔去世，第四章从1938年到1960年）并不是很成功。在意识形态和政治方面，这个政权直到1945年才发生了重大变化，因此1938年到1960年这一分期，在某种程度上是毫无意义的。作者认为伊诺努（İnönü）在二战后"创造了一个值得信赖的凯末尔主义模式"（p.103），但是由于伊诺努在意识形态问题上实际扮演的是次要角色，作者对此语焉不详，梳理得并不成功。至于"伊诺努总统任期内的改革加深了政治制度和各种社会力量之间的差距"（p.105）的观点，作者可能指的是伊诺努实施的战时政策和随之而来的困难，因为在战前伊诺努并没有发起任何改革。

第五章考察了20世纪60年代至70年代，凯末尔主义话语在左翼势力和右翼势力之间的演进和转向。作者勾勒出了共和人民党向中左翼势力的靠拢及其在国内社会政治问题上立场的转变。（p.121）本章还讨论了"左翼凯末尔主义"的出现，以及土耳其左翼势力如何将凯末尔主义重新定义为"一种反帝国主义和民族解放的思想"，使其社会主义议程合法化。（p.129）除军队和共和人民党之外，土耳其左翼势力还将凯末尔主义作为"强大的意识形态工具"。

第六章简要考察了各方对凯末尔主义的不同解释，如《职工》（*Kadro*）杂志代表的群体对于凯末尔主义的解释，与以雷杰普·佩克（Recep Peker）和《理想》（*Ülkü*）杂志为代表的威权主义色彩浓厚的群体对于凯末尔主义原则的定义和意义的讨论，表现出两极化的趋势。作者认为"青年土耳其党和凯末尔主义者的极权主义思想和政治实践具有令人信服的连续性"（p.149），作者还认为"凯末尔主义者和他们的政治祖先——青年土耳其党，完全可以被视为法西斯主义'无可争议的先驱者'"。考虑到极权主义的极端民族主义和种族主义特征，作者的这两个看法很牵强。本章最后通过对知识分子的访谈，了解了凯末尔主义及其在当今土耳其社会中的不同内涵和定义。

第七章讨论了在苏联对凯末尔主义讨论最为活跃的20世纪20年代，苏联观察家是如何看待和解读凯末尔主义及其发展的。作者在这里运用了许多苏联的材料，指出"苏联对土耳其及其政权重视程度的变化，也影响了它对凯末尔主义的解读"。苏联比土耳其和其他地方更早开始使用"凯末尔主义"这个词语，它带有明显的意识形态含义。苏联政策还有一个明显的特点，即根据不断变化的环境重新审视凯末尔主义并调整对它的解释。直到1927年，苏联观察家得益于当时相对自由的研究环境，可以依靠各种方法来概念化凯末尔主义。然而，自从1927年斯大林将凯末尔主义定性为"一场资产阶级革命"，否定了其反帝国主义的特征并将之确定为一个"反革命因素"以后，苏联观察家对凯末尔主义产生了统一的解释。

在第八章中，作者继续介绍了从20世纪20年代末到70年代末苏联对凯末尔主义的解读。地缘政治学极大地影响了苏联对凯末尔主义的看法。（p.234）20世纪30年代，苏联观察家对土耳其和凯末尔主义持否定态度，他们将这个政权描述为"资产阶级—封建主义""压迫人民的"，并且没有"反帝国主义主张"。（p.202）在两国关系每一个紧张时期，尤其是在土耳其与德国加强合作之后，苏联出现了类似的负面言论。苏联的土耳其观察家经常提到土耳其的泛突厥主义，特别是在二战后的第一年，当时土耳其经常被描述为法西斯主义国家、极端民族主义国家和"美帝国主义的遗产"，而凯末尔主义则是一种"扩张主义的意识形态"。

(p. 218)类似的对于凯末尔主义的看法在苏联持续了许多年,不过由于20世纪60年代中期双边关系的改善,共和人民党的意识形态转向中间偏左,以及土耳其左翼运动的日益壮大,"苏联观察家开始以类似苏联意识形态阐释的方式重新定义凯末尔主义的核心原则",并不断调整苏联此前对凯末尔主义的论断。(pp. 222 – 223)

除上述之外,这本书还有不少瑕疵。比如,在20世纪20年代后期,土耳其民族委员会(Turkish Hearths)有超过250家分支机构,而不是30家(p. 75);雷杰普·佩克不是1936年的内政部长,也不是同一时期的党总书记(p. 98);关于"共和人民党和军方的合作导致了1960年的政变"(p. 130)的论点也是没有根据的。由于本书前六章的内容多是一些众所周知的事情,或许作者可以考虑将其精简一些,而将精力和篇幅集中到作者成就最大和本书最具有核心独创性的最后两章。在这两章中,马特沃森利用了50多年来大部分苏联尚未充分发掘的资料,以此揭示了苏联关于凯末尔主义错综复杂的重要观点。他所做的一切,丰富和充实了我们对凯末尔主义在超国家视角下的影响力的认识与理解。

(王中文译,绍兴文理学院马克思主义学院讲师)

·书评·

《土耳其的库尔德政治：从库尔德工人党到库尔德斯坦社区联盟》书评

◎〔丹麦〕阿兰·哈萨尼扬[*]

对于对土耳其的库尔德问题感兴趣的人来说，陕西师范大学西万·赛义德博士的新著《土耳其的库尔德政治：从库尔德工人党到库尔德斯坦社区联盟》，是一本理想的入门书籍。该书结构精巧，质量极高，是学界围绕该论题研究的最新成果。作者通过理论与实证研究相结合的方式来支撑书中的相关论点与论述。其中对库尔德工人党（PKK）向库尔德斯坦社区联盟（KCK）转变过程的研究更是填补了相关研究领域的空白。作者在书中指出库尔德工人党已经完成了自身向库尔德斯坦社区联盟的转型，并且细致考察了在由库尔德工人党的一维斗争变为库尔德斯坦社区联盟的多维斗争的过程中组织结构的急剧变化。西万·赛义德博士作为一名对库尔德问题有着深入研究的专家，借由对北库尔德斯坦即土耳其南部地区库尔德运动发展模式的深入调研，清晰地把握了上述变化过程。这本著作既立足于其多年来广泛的田野调查，又有对土耳其国内外库尔德运动关

---

[*] 〔丹麦〕阿兰·哈萨尼扬（Allan Hassaniyan），埃克塞特大学库尔德研究中心研究员，陕西师范大学土耳其研究中心特聘研究员。

《土耳其研究》第 3 辑，第 198~201 页。

键人物的采访。

西万博士的这部专著运用了跨学科的研究方法与政治社会学的相关理论。民族主义和民族运动的理论（代表人物如安东尼·史密斯和厄内斯特·盖尔纳）连同社会运动理论（代表人物如迈耶·扎尔德、约翰·麦卡锡、尼尔·斯梅尔塞、M. 卡斯尔等人）一道作为主要的理论体系支撑着相关概念、术语的分析。本书共由六章组成，第一、第二章包括引言、方法论的解释、理论的概念化和库尔德运动的历史背景交代。其余四章则阐述了库尔德工人党成立的原因、过程，库尔德工人党向库尔德斯坦社区联盟转型的必要性。书中提出，库尔德工人党的创建是一种对土耳其政府旨在消灭库尔德人及其族裔身份、文化存在的全面政策的应对、反抗。至于库尔德工人党向库尔德斯坦社区联盟的转型，首先，这是摘掉自身恐怖主义"标签"的一次尝试（欧盟、美国和土耳其都将库尔德工人党列为恐怖主义组织）；其次，其目的在于拓宽库尔德运动的路径，联系和强化（土耳其内部和外部）库尔德社会各个领域的活动。

西万博士的专著作为独创的学术成果，与研究土耳其库尔德运动/问题的主流著作有些区别。研究土耳其库尔德运动的主要学者（如 R. 奥尔森和 N. 沃茨）在其新近的著作中，以法律框架的视角对库尔德人的斗争进行了分析，将库尔德问题视为安全问题。与此相反，西万博士的分析基于以库尔德斯坦社区联盟为对象的案例研究，而库尔德斯坦社区联盟则是一个脱离国家框架和体系的社会实体。在这方面，西万博士通过考察库尔德斯坦社区联盟推出的用以替代土耳其民族国家模式的民主自治新方案，集中展现了库尔德斯坦社区联盟及其在文化、社会层面的斗争（主要是在北库尔德斯坦）。土耳其的库尔德运动被证明正处于转型之中，有较强的适应性且倾向于变革。尽管这一运动正面临着全面的、大规模的安全挑战，但不可否认，它有能力动员大批库尔德人，同时使用武装叛乱之外的手段向政府发起挑战。

西万博士的研究虽然在当代土耳其的库尔德问题、导致库尔德工人党建立的社会政治环境、库尔德工人党转变为库尔德斯坦社区联盟的必要性等方面的调查研究和概念化较为成功,但仍然存在些许微小却重要的遗漏。若能更加重视这些疏忽之处,无疑有助于读者进一步理解库尔德工人党和库尔德斯坦社区联盟在整个库尔德运动中扮演的角色。

库尔德问题及库尔德运动相互交织,错综复杂,在研究中会发现许多相互矛盾、相互冲突,有时甚至是相互对抗的因素和利益,这一点亦为西万博士所认可。一些学者意识到了库尔德运动内部出现的种种挑战,对于这一运动的研究就更需要特别注意这些挑战。西万博士作为一个对库尔德斯坦不同地区的库尔德运动有着深刻认知的内部学者,对于库尔德工人党/库尔德斯坦社区联盟在库尔德斯坦其他地区的影响的叙述仍稍显含糊,尤其是在库尔德斯坦南部即伊朗库尔德斯坦地区。譬如,就库尔德工人党的活动范围来看,20世纪80年代末该组织在靠近伊朗库尔德斯坦的山区建立起若干基地。1999年阿卜杜拉·奥贾兰被捕,伊朗的库尔德人针对这一事件发起了大规模的抗议活动。库尔德工人党的领导层开始意识到存在将组织活动范围扩展至伊朗库尔德斯坦的可能性。库尔德工人党渗透进伊朗库尔德斯坦的迹象在21世纪初已然显露,2004年库尔德工人党创建了库尔德斯坦自由生活党(PJAK)。然而,后者虽然能够从伊朗库尔德斯坦的某些特定地区招募成员,但依然是一个孤立的政治组织,伊朗库尔德人的主要政党和民间社会将其视为库尔德工人党的分支甚至是"代理人",而非属于伊朗库尔德人的独立的政治组织。库尔德工人党/库尔德斯坦社区联盟在其间扮演的角色存在争议,对此西万博士未能展开更深入的讨论。

此外,西万博士指出了库尔德运动的若干关键方面,同时向读者介绍了库尔德工人党自我批评的途径,以此来评估其在土耳其库尔德运动中的路径和领导地位。西万博士关于库尔德工人党向库尔德斯坦社区联盟转型的一些真知灼见,一方面归功于他内部学者的身份,以及多年来对"库尔德政治"中边缘的、鲜有研究的领域的钻研;另一方面也得益于他对库尔德工人党和库尔德斯坦社区联盟的意识形态、出版物与组织架构,以及奥贾兰的演讲、著作,尤其是其在狱中的作品的透彻研究和分析。需要特别指出的是，奥贾兰在狱中写成的一些著作对于理解库尔德工人党转型背后的原因来说，已经成为关键性的、不可不读的材料。奥贾兰被监禁后即与外界隔绝，处于极其恶劣和不人道的境地。在如此恶劣条件下产生的"著述"也需要批判性地对待和分析。特别是要注意为什么奥贾兰在狱中时才萌发了库尔德斯坦社区联盟及库尔德工人党转型的构想，而非早些年仍是自由身时。

除了前文提及的一些关键部分，总体而言，《土耳其的库尔德政治：从库尔德工人党到库尔德斯坦社区联盟》一书是关于土耳其库尔德工人党、库尔德斯坦社区联盟和库尔德问题的最新、最全面的研究成果，因而对于涉足上述研究领域的人来说，是一本必读的著作。

（刘姜译，陕西师范大学历史文化学院博士研究生）

· 学术综述 ·

"土耳其研究新视角：东西方研究传统的对话"国际学术研讨会综述

◎刘 姜 张 玮*

2019 年 10 月 12 日至 13 日，由陕西师范大学"一带一路"文化研究院、历史文化学院、土耳其研究中心共同主办的"土耳其研究新视角：东西方研究传统的对话"国际学术研讨会在古都西安召开。陕西师范大学历史文化学院副院长、土耳其研究中心主任李秉忠教授担任本次会议的主席。

中国中东学会会长、中国亚非学会副会长和新兴经济体研究会副会长杨光教授，中国前中东问题特使宫小生先生，原中国驻卡塔尔大使高有祯先生，国际知名中东问题专家、美国田纳西科技大学迈克尔·冈特（Michael Gunter）教授，英国埃克塞特大学"阿拉伯-伊斯兰文明研究中心"主任加雷思·斯坦斯菲尔德（Gareth Stansfield）教授，英国杜伦大学罗德尼·威尔逊（Rodney Wilson）教授，土耳其中东科技大学厄梅尔·图兰（Ömer Turan）教授，伊斯坦布尔大学汉学系主任阿尤布·撒勒塔史（Eyüp Sarıtaş）教授，上海外国语大学中东研究所刘中民教授，西北大学中东研究所所长韩志斌教授，上海大学土耳其研究中心主任郭长刚教授，

---

* 刘姜，陕西师范大学历史文化学院博士研究生；张玮，太原学院马克思主义学院教师。

《土耳其研究》第 3 辑，第 202~213 页。

浙江外国语学院马晓霖教授、内蒙古民族大学中东研究中心主任王泰教授等著名学者出席会议。总体来看，来自英国埃克塞特大学、土耳其中东科技大学、土耳其伊斯坦布尔大学、美国田纳西科技大学、奥地利格拉茨大学、北京大学、中国社会科学院、上海外国语大学、上海大学、西北大学、浙江外国语学院、内蒙古民族大学等国内外高校及研究机构的60余名学者出席了本次学术研讨会。

其间，与会学者围绕土耳其政治、经济与治理、安全及外交政策变动，以及"一带一路"倡议与中土关系等当前学术热点和难点问题进行了广泛、深入研讨。宫小生先生、高有祯先生、刘中民教授、迈克尔·冈特教授、加雷思·斯坦斯菲尔德教授、阿尤布·撒勒塔史教授、李秉忠教授等学者针对上述议题做了多场专题报告，对土耳其政治、经济、文化以及外交等方面的变化进行了深入分析，为中国的土耳其研究及其发展带来了诸多启发。

一 土耳其历史与国家转型

奥斯曼帝国跌宕起伏的发展史对西亚、北非和欧洲等周边地区产生了深远影响，改变了世界近现代史的发展进程。一战结束后，新生的土耳其共和国在奥斯曼帝国的废墟上重生，凯末尔主义者进行了大刀阔斧式的世俗化、民主化改革，为后来土耳其的发展奠定了基本方向并影响至今。此次会议中，多位学者围绕奥斯曼帝国和土耳其共和国的相关历史问题进行了深度研讨。陕西师范大学韩中义教授在题为《奥斯曼帝国将军东游记与16世纪西亚中亚形势》的报告中，对奥斯曼帝国海军上将西迪·阿里·雷斯所著的《大地之镜》进行了介绍，指出该书记录了作者从1552年至1556年在古吉拉特、信德、河外、花剌子模、钦察草原、呼罗珊和伊拉克等诸多地区的所见所闻，涉及政治状况、宗教信仰、民俗风物、山川地理等多个方面，并强调该书对于研究这一时期中亚、南亚及中东部分地区历史的重要作用。土耳其中东科技大学厄梅尔·图兰教授的《1919

年的土耳其：从占领到独立，从帝国到共和国》（Turkey 1919: From Occupations to Independence, from Empire to Republic）一文，以土耳其总参谋部军事历史和战略研究部的档案文件及有关材料为基础，还原了土耳其民族运动的历史场景。北京大学历史系昝涛副教授的《从全球史的角度看土耳其革命和改革》一文，总结了海外有关土耳其革命和凯末尔改革的研究状况，指出中国学界在土耳其革命和改革的研究上并没有超越土耳其本国的研究，中国的土耳其研究应加入全球史研究的行列，为土耳其研究带来新的视角与方法论。上海大学土耳其研究中心李鑫均的《土耳其的国家主义》一文基于详细资料，对土耳其国家主义经济政策产生和发展的各个历史阶段进行了深入分析，还原了历史过程，对理解土耳其的发展模式具有相当的参考价值。

21世纪以来，土耳其政治经历了一系列引人瞩目的重大变化。埃尔多安领导的正义与发展党（以下简称"正发党"）执政后，对土耳其国家治理模式进行了大幅度调整，削弱了军方的传统地位，推动土耳其政体从权力较为分散的议会制变为总统制，这在实现权力集中的同时也引来了外界对土耳其新威权主义政治的批评。正发党的治理方式、特点以及土耳其新威权主义政治的发展趋势等问题，日益成为学术界的研讨热点。

西北政法大学张金平教授的《土耳其抓捕厄贾兰后的反恐政策转折》一文对抓捕厄贾兰后土耳其的反恐政策变化进行了分析，他认为土耳其反恐政策在不同时期呈现不同特点，其背后有着复杂的成因。正发党上台伊始，为拉拢库尔德选民，提出"库尔德和平倡议"，采取较缓和的反恐政策。2015年议会选举胜利后，正发党转而调整反恐政策，对库尔德工人党再次加以严厉打击。政府与库尔德武装之间的武装冲突不断升级，对土耳其产生了深刻影响，逐渐使得正发党政府背上了骑虎难下的政治"负资产"。中国社会科学院西亚非洲研究所朱泉钢助理研究员的《"7·15未遂政变"以来的土耳其军政关系：变化与走势》一文对"7·15未遂政变"以来土耳其军政关系的变化进行了考察。他指出，"7·15未遂政变"后，正发党进一步削弱了军方在军政关系中的地位，加强了总统在军政关系中的权威,进一步固化了文官政府对于军队的掌控和优势,这有利于稳定总统制,但也降低了土耳其军队的专业化水平、士气及战斗力。关于未来土耳其军政关系的走势,他的判断是,军队重新回归政治的可能性不大,更可能的趋势是土政府将努力把军队锚定在总统制体系中,实现政府控制军队与土军战斗力强化之间的平衡。

陕西师范大学西万·赛义德(Seevan Saeed)副教授的《土耳其民主之路:埃尔多安时代及其之后》(Turkey's Pathway towards Democracy: Erdogan Era and Beyond)一文,对埃尔多安时代土耳其民主政治的发展历程进行了分析,指出埃尔多安上台以来,土耳其军队、议会和政府之间的平衡状态被打破,总统制的实行进一步加深了这种趋势;埃尔多安对于民主和伊斯兰教的利用将使得土耳其世俗主义与伊斯兰主义之间的缠斗继续升级。上海大学杨晨博士的《从激进的世俗主义到伊斯兰民族主义:土耳其政教关系的历史革命》一文对正发党上台以来土耳其的政教关系进行了回顾。他认为,正发党执政初期,世俗主义和伊斯兰主义之间处于微弱的平衡状态,但2016年7月15日未遂政变后,伊斯兰民族主义逐步确立了其优势地位,成为正发党政府高举的意识形态"旗帜",伊斯兰主义与民族主义的结合给土耳其的社会整合带来了诸多挑战。在《土耳其新威权自由主义》(Turkey's Authoritarian Neoliberalism)一文中,陕西师范大学尼克斯·克里斯托菲斯(Nikos Christofis)副教授主张摒弃世俗主义与伊斯兰主义、民主与专制相对立的二元结构论,应重点透过近年来流行的新威权主义"棱镜",来看待正发党政府在过去十年里的政治作为。

除传统的政治、经济领域外,体育也可作为近年来观察埃尔多安政权统治与治理特点的重要视角。长江师范学院胡赛因·卡拉奇(Hüseyin Kalaycı)博士的《"新""旧"土耳其之间一场不友好的比赛:作为主导权争夺领域之一的足球运动》(A Not-So-Friendly Match between "Old Turkey" and "New Turkey": Turkish Football as a Domain of Hegemonic Struggle)一文,从足球政治的角度对埃尔多安执政以来土耳其的民主政治演变加以探析。他指出,埃尔多安上台以来,一方面试图控制代表土耳其传统世俗足球文化的三大俱乐部；另一方面创建亲政府的足球俱乐部，力图在引导球迷的基础上控制、引导土耳其的足球运动发展。当下土耳其足球运动严重的政治化倾向，已成为埃尔多安政权集权态势的象征。

世俗化、民主化与西方化，曾一度被作为土耳其国家治理模式的几大亮点而受到广泛的推崇与认可。然而，这些特点在正发党时代已发生了明显嬗变，土耳其国家治理的目标与内容也悄然发生了变化。埃尔多安政权对土耳其国家治理模式的一系列调整，是通向大众的民主之路还是对民主的根本背离？土耳其政治的伊斯兰化倾向对世俗化又将产生何种影响？相关变化是否代表一种普遍的世界政治发展趋势？这些都值得我们进一步深刻思考。

二 中东局势与土耳其中东外交政策演变

当今世界正经历新一轮的大发展、大变革、大调整，大国战略博弈全面加剧，国际体系、秩序及治理机制深度调整，人类文明发展面临的新机遇、新挑战层出不穷，不确定、不稳定因素明显增多。中东地区作为世界上地缘政治矛盾、教派矛盾最激烈和最微妙的区域之一，在跨入 21 世纪第三个十年之际，仍处于震荡不断的变动中，大国角逐激烈，政局变动频繁，热点问题频发，地缘政治博弈加剧，地区秩序重塑加快，安全困境突出，地区整体性危机上升，未来充满巨大变数。中东地区动荡既是国际局势动荡和调整的体现，同时也在加剧这种动荡与变化，这就使得深度考察中东地区地缘局势变化具有浓烈的现实意义。内蒙古民族大学王泰教授的《世界"百年未有之大变局"视角下中东何去何从》一文对中东局势进行了全面分析。他指出，在整个世界处于"百年未有之大变局"的背景下，当前中东局势呈现如下几个特点：碎裂化、多元化、"赤字"化。中东如果不能打破其本身的"身份"塑造与定位，那么在"百年未有之大变局"下，将沦为世界经济格局转变中的"被动参与者"、国际政治格局变化中的"被玩弄者"、世界科技和产业结构调整中的"落伍者"，以及新型经济全球化和全球治理体系创新中的"旁观者"。英国埃克塞特大学加雷思·斯坦斯菲尔德教授在《中东和北非的领土争端与边界形成》(Territorial Contestation and Boundary Genesis in the Middle East and North Africa)一文中指出,"伊斯兰国"在叙利亚和伊拉克的壮大,标志着一战后《赛克斯-皮科协定》确立的国家边界和国家体系趋于崩溃。不仅如此,"伊斯兰国"的出现也对其他国际行为体产生了影响:叙利亚库尔德人在内战造成的乱局中建立了自治区,利比亚内战也在一定程度上导致了的黎波里和班加西之间的进一步对立分裂,也门南部分离主义势力也宣布也门南部独立。但加雷思·斯坦斯菲尔德认为,尽管中东地区的民族国家体系面临压力,但这些国家本身似乎具有相当强的韧性,在凸显脆弱性的同时也显示一定程度的持久性。

中东自古以来就是大国竞斗的舞台,近现代以来更是成为世界列强竞相角逐的关键地缘政治焦点,西方国家长期的殖民统治在相当程度上造成了当今中东的各种乱象。陕西师范大学土耳其研究中心主任李秉忠教授在《英帝国殖民遗产和中东治理的困局》一文中指出,在进入21世纪的第三个十年之际,中东地区再次陷入冲突和震荡,地缘政治版图的异动和各国发展道路呈现的摇摆性彼此叠加,加之混杂着"你方唱罢我登台"的各类政治领导人,地区国际政治与国内治理乱象丛生。当前中东地区正在上演的混乱局面,如叙利亚内战、伊拉克国家治理的失败、海湾国家阵营加速分化等,都与英帝国在中东的"殖民遗产"有很大关联。他认为,英国在中东的存在虽然时间短暂,却留下了重要遗产,确立了中东政治生活的基本框架,与之相伴的则是诸多无法破解的难题,如边界争端、族裔矛盾和宗教及教派冲突等,这些结构性矛盾成为当代中东地区各类型冲突肇发的重要原因。此外,李秉忠教授还对现有研究中东乱局演变及其根源的视角和路径进行了梳理,提出运用帝国史、区域史、后殖民理论、现代化理论等多种研究路径相结合的办法,厘清英帝国遗产对于当代中东的作用以及这些遗产与中东治理困境之间的关联。此外,在影响中东地区发展走向的诸多因素中,部族社会与部落政治的力量不容忽视。西北大学韩志斌教授在《中东部落问题》一文中指出，部落政治在巴基斯坦、中亚中东地区普遍存在。中东历史上，部落与国家存在紧密互动，部落社会比帝国发挥的作用更为久远，部落在当前及今后一个时期内仍将是深刻影响中东地区政治发展的重要力量。

作为中东地区军事实力较强与影响力较大的中等强国，土耳其在中东的地位一向较为关键且特殊。从建国初期追求西方身份、不愿过多涉足中东事务到如今积极参与其中，土耳其的外交及安全政策已发生明显转变。"阿拉伯之春"后，土美、土欧关系遭遇危机，土耳其外交转型越发明显，呈现"向东看"趋势，积极发展同俄罗斯、中国和非洲诸国的关系。奥地利格拉茨大学凯雷姆·厄克泰姆（Kerem Öktem）教授的《作为转型国家的土耳其：目标、持续性与断裂性》（Turkey as Transition Country: Issues of Teleology, Continuity and Rupture）一文认为，虽然具有伊斯兰背景的正发党一直试图修正凯末尔主义对土耳其国家发展道路的界定，但土耳其远离西方的现有表征并不是定局，土耳其战略重点转向俄罗斯和中国也不是"板上钉钉"之事。可以预测的是，土耳其未来的地缘政治考虑将较少地受到意识形态的约束，而更多地受制于世界格局的变化。中国社会科学院西亚非洲研究所魏敏研究员的《区域主义视角下的土耳其对非战略评估》一文从土耳其的"向非洲开放"政策及其实践出发，对土耳其区域主义的核心内容、结构特征与发展脉络进行了梳理，并运用宏观环境分析法，对土耳其"向非洲开放"政策的效应进行评估。她指出，"向非洲开放"政策的执行作为土耳其区域主义的重要实践，已经在非洲大陆产生了重要影响，由土耳其在索马里的军事存在、在非洲伊斯兰国家中的文化影响力与经济辐射力构成的三角施力结构已初步形成。

近年来，土耳其外交加大了回归中东的力度，积极参与中东地区事务，对中东地区格局与秩序的重建产生了一定的影响。美国田纳西科技大学迈克尔·冈特教授在题为《土耳其和中东：地位、角色以及土耳其对该地区发展与安全的影响》（Turkey and the Middle East: Status, Role and Impact on the Development and Security of the Region）的报告中分析了自艾哈迈德·达武特奥卢上任以来土耳其中东外交政策的演变。他认为，达武特奥卢富有想象力的"零问题"睦邻外交政策被证明无法处理中东各类复杂、棘手的问题。埃尔多安政权的新威权主义也进一步导致了该项政策的失败。最终可能的结果是，土耳其将发现自己陷入充满大量难题的"战略泥潭"，而不是处于能够为土耳其构筑有效战略缓冲的"零问题"的周边地区环境中。

叙利亚内战是近年来学术界关注的热点问题之一，内战的深重影响不仅存续在叙利亚国内，对周边国家也有重要冲击，叙利亚境内的库尔德问题对于土耳其的安全与稳定至关重要。内战衍生出的难民问题，也具有很强的外溢效应。中国社会科学院西亚非洲研究所章波助理研究员的《从叙利亚问题看土耳其外交》一文对叙利亚内战以来土耳其的叙利亚政策加以探讨。他指出，自2011年叙利亚陷入内战以来，土耳其对叙利亚政策发生了两次逆转，叙利亚战场局势发生有利于政府军的转变后，埃尔多安政府放弃了"倒巴"的主张，背离美欧阵营，转而投向俄罗斯及伊朗一方。土耳其与美国在对待叙利亚库尔德武装问题上的不同立场、土耳其和欧盟在处理叙利亚难民等问题上的分歧，促使土耳其与欧美渐行渐远。土耳其在"幼发拉底河之盾"（2016年）和"橄榄枝行动"（2018年）等军事行动中逐渐控制叙利亚北部部分领土的事实，以及土耳其与俄罗斯在叙利亚问题上的合作趋势，也促使叙利亚难以将土耳其排斥在叙利亚国家的重建进程之外。未来，在土美关系中，起核心作用的将是双方围绕库尔德问题展开的博弈；而在土耳其与俄罗斯、伊朗关系中，土耳其的核心目标是争夺在叙利亚的势力范围和实际利益；土耳其与欧盟国家则将继续围绕难民问题展开博弈。河南科技大学学者朱传忠在《正义与发展党执政时期的土耳其叙利亚关系探析》一文中指出，正发党执政时期的土叙关系经历了从和解到危机，甚至是中断的发展过程，叙利亚从危机滑向内战的变化过程是土耳其政策调整的主要依据。土耳其在其对叙政策调整过程中面临东方与西方、道义与利益、现实与未来的艰难选择，叙利亚局势的扑朔迷离导致土耳其的政策选择面临困境，同时也影响着土耳其与美国、俄罗斯、伊朗、海合会等行为体之间的关系走向。浙江外国语学院马晓霖教授的《叙北博弈与土耳其战略》一文分析了土耳其再次出兵叙利亚的原因和风险，以及叙利亚问题背后浓烈的大国博弈色彩。他指出，土耳其"和平之泉行动"是叙利亚内战中土耳其国家战略的收官之战，是科巴尼战役、"幼发拉底河之盾行动"、"橄榄枝行动"等战役的延续及最终决战，其核心诉求仍然是摧毁西库武装，防止西库尔德斯坦贯通，遏制库尔德分离主义。

在积极介入叙利亚内战的同时，土耳其与沙特阿拉伯、以色列等地区强国之间的关系也在悄然发生变化。上海外国语大学中东研究所刘中民教授的《中东变局以来土耳其与沙特阿拉伯争夺地区领导权的逻辑》一文针对中东变局以来，土耳其与沙特阿拉伯关系演变之根源进行了分析。他指出，中东变局以来，土耳其与沙特关系持续恶化的根本原因可从双方关系历史演变和彼此力量对比、战略调整等方面来观察。土耳其和沙特围绕地区领导权的争夺是一种权力竞争关系，而不是全面对抗，这不同于沙特与伊朗的结构性对抗，但仍会导致中东地区格局更加复杂。上海外国语大学学者舒梦的《土以关系中的哈马斯因素影响力几何?》一文对土耳其与以色列的关系进行了分析。她认为，哈马斯因素一直是土耳其同以色列双边关系中的重要影响因素。自 2002 年正发党在土耳其议会选举中获胜以来，土以两国围绕巴勒斯坦问题的矛盾不断激发，土耳其与哈马斯之间的密切联系阻碍了双方关系的发展。土耳其对哈马斯的支持，主要以经济支持与外宣支持为主。土耳其与以色列因哈马斯因素出现矛盾或发生冲突，则多发生在土耳其自身形象或利益受损之时。整体而言，土耳其在处理与哈马斯及以色列之间关系时遵循平衡、低调、谨慎的原则，对土以关系总体影响不大。然而，当土耳其"伊斯兰世界卫道士"的形象受损或其自身利益受到实质性打击时，其对哈马斯的支持将成为土耳其调整对以关系、介入巴以局势的合适理由。此外，在加速回归中东的同时，土耳其与欧洲邻国保加利亚的关系也引人注意。西北大学学者张向荣的《保加利亚跨境土耳其族问题的演进及影响》一文，梳理了历史上土耳其与保加利亚因保加利亚土耳其人问题而数次发生的双边关系危机。保加利亚境内土耳其族的高出生率及政治倾向引发保加利亚政府担忧，未来可能会影响保加利亚对土耳其的战略态度。土耳其大选期间，埃尔多安利用海外土耳其人争取选票也引发了保加利亚政府的疑虑。从中长期来看，保加利亚土耳其民族问题将持续困扰两国关系。

三 "一带一路"共建与中土关系

2013年9月和10月，中国国家主席习近平提出了共建"丝绸之路经济带"和"21世纪海上丝绸之路"的重大倡议。"一带一路"倡议得到了越来越多的国家和重要国际组织的积极响应，受到国际社会广泛关注，影响力日益扩大。在土美关系遇冷、土欧关系短时间内难以改善的战略背景下，土耳其与中国的双边关系日渐升温。此次研讨会中，学者们围绕共建"一带一路"与中土关系也进行了多方面研讨。

原中国驻卡塔尔大使高有祯先生在《关于"一带一路"在中东的几点思考》一文中指出，中国与中东国家的交往经历了一个从不了解到加强合作愿望的过程。近年来，双方合作领域和范围不断拓宽，但仍面临一定的挑战，一些国家和地区对"一带一路"的了解还不够，存在不同的声音。未来，双方应不断创新机制，加强人文交流与合作。上海大学郭长刚教授在题为《2019年土耳其地方选举之后的中土关系》的报告中指出，土耳其地方选举的结果不仅会影响土耳其内政外交政策，而且也会给中土关系的发展带来新的机遇与挑战。目前，土美之间抵牾不断，渐行渐远，欧盟无论如何也不会是土耳其的归宿，要扭转政治颓势，土耳其只能进一步密切与俄罗斯和中国的关系，中土关系已经展露出明显改善乃至"密切"的趋势。

上海外国语大学中东研究所邹志强副研究员的《中土关系70年：经验与挑战》一文回顾了中土关系从敌对到建交、从缓慢发展再到快速发展的历史进程。进入21世纪以来，中土战略合作关系及双边政治互信不断加强,在"一带一路"背景下,复兴与共建"丝绸之路"也给双方合作带来了不少新机遇与新动力。未来中土需要构建政治上互信、经济上互利和安全上互惠的稳定战略合作关系。前中国中东问题特使宫小生先生在《中土关系和中国中东政策》的发言中,分享了在其任中国驻土耳其大使期间中国与土耳其的交往情况。宫大使任职6年间,中土经贸合作不断扩展,堪称"铺天盖地"。中资企业修建了土耳其境内最大的发电站、最高的摩天大楼、最快的高速铁路,帮助土耳其真正发展了自己的民族工业。宫小生指出,中土双方在经贸方面的共通性很强,同属发展潜力巨大的发展中国家。尽管双方也有一定的分歧,但这并不构成阻碍中土扩大战略沟通与合作的主要理由,中方提出的共建"丝绸之路经济带"倡议将为中土合作提供新的历史机遇。只要中土积极推动双边交流、求同存异,两国关系必然会有更好的发展成果。

在题为《中土经济关系:贸易、投资和"一带一路"倡议》(China - Turkey Economic Relations: Trade, Investment and the Belt and Road Initiative)的报告中,英国杜伦大学罗德尼·威尔逊教授对中东地区的经济形势和土耳其的贸易投资状况进行了分析。其最终结论是,从经济角度看,土中之间存在诸多互补,而不是非此即彼的"零和博弈"竞争。无论是从宏观角度还是从微观角度看,他对土中关系都持乐观态度,强调应深化双方之间的经济、文化联系。伊斯坦布尔大学汉学系主任阿尤布·撒勒塔史教授的《土耳其汉学史》一文则介绍了土耳其汉学研究的历史,认为土中之间有着长达2000年的交往史,但双方之间的认识与了解远远不够,未来应加强土中在文化方面的互鉴与交流,进而推动双方经贸往来迈入新阶段。

结 语

近年来,正发党政府治下的土耳其在国家治理与外交政策方面呈现一系列引人注目的重大变化,包括伊斯兰主义、世俗主义、威权政治、库尔德问题、军人政治等在内的各种内部因素激烈碰撞。同时,土耳其与域内及域外国家行为体之间的互动日趋纷繁复杂，其发展道路、走向的不确定性陡然上升。"他山之石，可以攻玉。"对土耳其历史、政治、外交及其他相关问题的讨论，其意义不仅在于考察土耳其在国家构建与治理过程中的利弊得失，探究土耳其在周边世界中扮演的角色，更在于以土耳其为观察点，生动展现当下世界格局的大发展、大变革、大调整。本次国际学术研讨会为中外土耳其研究领域的专家和学者提供了学术交流对话、研究经验分享和理论观点碰撞的平台，推动了陕西师范大学区域国别研究的发展，有助于推动中国的土耳其研究真正走向国际化，为进一步推进中土双方战略合作关系的发展以及"一带一路"倡议的实施贡献了学术智慧，彰显了新型高校智库在科学研究及资政服务方面的突出作用。

·学术综述·

上海大学全球问题研究院第一届发展论坛暨"当代中东国家发展道路研讨会"会议综述[*]

◎李 宁[**]

2019年12月1日,由中国中东学会与上海大学全球问题研究院联合主办的"当代中东国家发展道路研讨会"在上海大学宝山校区乐乎新楼召开。来自中国社会科学院西亚非洲研究所、上海社会科学院、上海国际问题研究院、西北大学、云南大学、郑州大学、上海外国语大学、陕西师范大学、宁夏大学、西南大学、内蒙古民族大学、浙江外国语学院、北京第二外国语大学、上海大学全球问题研究院等高等院校和研究机构的二十多位知名学者出席了此次研讨会。会议的主要议题包括中东国家的经济与社会发展、政治发展,国际和地区发展环境,以及重点国家的发展道路等问题。

发展道路问题,是所有发展中国家面临的共同命题。19世纪末20世纪初,全球确立了一种西式的发展道路。中国从洋务运动开始向西方学习,奥斯曼帝国也进行了两百多年的西化改革运动,它们都曾确立了一种"西方化"的发展道路。在中东和北非,对那些传统宗教势力主导的国家

---

[*] 本文系遵义师范学院博士基金项目"土耳其式现代化探索的历史经验与当代启示"(项目编号:遵师BS[2022]15)与遵义师范学院科研基金资助项目"土耳其城市文化研究"(项目编号:2023KYQN10)的阶段性成果。

[**] 李宁,历史学博士,遵义师范学院历史文化与旅游学院讲师,研究方向为土耳其城市史。

《土耳其研究》第3辑,第214~224页。

和地区而言，发展不是简单意义上的工业化或者"西方化"，而是学习西方的政治制度。二战以后，尽管很多国家获得了独立，但是它们的政治制度理念深受殖民时期宗主国的影响。新独立的国家，按照西方的制度理念模式建立了世俗政权，但是这种发展模式并没有给它们带来政治稳定和社会安宁。因此，在上海大学全球问题研究院院长郭长刚教授看来，这些国家如何探索出一条新的发展道路，中国的发展道路对它们有没有借鉴意义，是值得探讨的。事实上，研究任何一个地区的发展中国家，无论从哪个学科入手，都要面对发展道路的问题，这也是上海大学全球问题研究院设立的初衷。

一 中东国家经济与社会发展

历史遗产、地缘政治、宗教矛盾、民族纠纷和大国干涉等多重因素共同作用，使中东地区面临着严峻的安全和发展困境。如何从经济与社会内部入手，找到一条适合地区形势和各自国情的发展道路，对中东国家而言尤为重要。中国中东学会会长、上海大学历史系杨光教授在《当代中东国家经济发展的教训与启示》一文中，对中东的经济状况和影响中东国家经济发展战略的四种经济思想进行了梳理和分析。第一种思想是20世纪50~70年代的"依附论"，与之相应的发展战略是进口替代工业化，它有四个基本特点：一是中央银行通过增发信贷、货币，调控利率和汇率等手段，把大量稀缺的资金投到经济发展的项目上，造成了严重的通货膨胀问题；二是通过压榨农业，来实现外汇和资本积累；三是错误地制定商品价格，使本来稀缺的生产要素变成了高度需求的要素；四是盲目举债。第二种思想是20世纪70~90年代的"新自由主义"思想，它主张发挥市场的调节作用，认为政府不应干预市场运转，但是阿拉伯国家忽视了市场经济发展的前提条件，故很难在短期内产生效果。第三种思想是伊斯兰主义，与之相应的战略是经济伊斯兰化，但伊斯兰主义是一种世界观和价值观，缺少发展生产力的方法论。第四种是地租经济的思想，中东国家发展经济采取的是经济多样化的发展战略，但其结果是它们对石油和天然气等资源的依赖比以前还大。

从现实情况来看,这四种经济思想,非但没有彻底解决中东国家的经济发展困境,反而产生了一系列社会问题。近年来,阿拉伯世界的许多国家面临严重的失业与贫困问题,直接导致社会下层不时卷入暴力活动和政治失稳事件。对此,陕西师范大学历史文化学院詹晋洁副教授,从近代以来阿拉伯世界社会结构演进的基本轨迹、阿拉伯国家社会分层谱系和阿拉伯国家社会结构与社会稳定的关系三个层面进行分析,认为阿拉伯国家的可持续发展取决于制度因素。如何根据实际国情,构建一种包容性的政治经济制度,从而降低社会结构演进可能带来的消极影响,是它们将要解决的主要问题。具体来看,他认为近代以来阿拉伯世界社会结构的演进,经历了奥斯曼帝国、委任统治、民族国家构建和现代化改革等阶段,"帝国西化运动"、殖民入侵以及二战后国家主导的现代化改革,是阿拉伯国家社会结构转变的主要推动力,并导致阿拉伯国家社会结构日趋多样化。通过梳理当代阿拉伯国家的社会分层谱系,詹晋洁从来源和社会构成的角度讲述了精英阶层、中产阶级以及社会下层的相关情况。对于社会分层与社会稳定之间的关系,他主张从精英阶层与政治稳定、中产阶级是"稳定器"还是"颠覆器"、贫困失业与社会稳定等角度进行阐释。首先,他认为共和制国家的政治精英是现代民族国家构建和政治稳定的重要保障,但围绕政治精英构建的威权政治发展模式在转型时期遇到了严峻挑战;部落认同、政教联盟、巨额石油收入、王位继承问题等则是影响海湾君主制国家王室统治的主要因素。其次,阿拉伯国家中产阶级的发展受到政治权力结构与有限的精英吸纳渠道、依附型经济发展模式、经济危机与战争等多重因素的影响。在应对自身困境时,阿拉伯国家的中产阶级缺少制度性的参与渠道,而且其行为易受意识形态和宗教信仰等因素的影响,一旦遇到突发事件,中产阶级就会成为现政权的颠覆者。

教育部长江学者、中国中东学会副会长、西北大学中东研究所前所长黄民兴教授,对沙特阿拉伯的发展道路进行了个案分析。他认为社会经济基础和制度落后、发展不平衡和保守的文化是沙特阿拉伯现代化的主要特征。对于其发展的特点，他认为需要注意七个方面：一是如何理解沙特渐进式地推进国家现代化和民族国家的建构过程，沙特政府在意识形态上以开明的瓦哈比派信仰为纲，在保证传统文化延续的同时，步骤明确地推动民族国家建构，始终保持着王室对政权和经济资源的牢固控制，为开启现代化提供了依据；二是沙特实行以国家为主导、私人参与的混合经济政策，建立了国家资源动员体系，政府成为经济的主要投资者；三是沙特以石油工业为基础，以大规模投资为手段，推进经济的高速增长和多样化；四是高福利的社会发展模式；五是高度依赖世界市场和外籍劳工；六是急剧的社会变迁，具体表现为经济、教育和社会结构的变迁，妇女地位的提高等方面；七是"马赛克式"的现代化，即一方面拥有石油和外籍劳工等现代化的发达因素，另一方面又有大量的小型企业。

在沙特现代化的困境与前景中，我们能够看到，它原有的社会经济落后，现代化的速度又过快，地租型经济的长期存在等导致了一系列问题。例如，在政治领域中，普通公民缺乏参政意识和参政渠道，保守派和改革派之间长期斗争；在经济社会领域，外贸出口和财政收入严重依赖石油及其下游产品，对外籍劳工严重依赖；同时，过度的社会福利造成严重的财政负担，社会的两极分化、收入分配不均、失业等问题都很严重。这些因素不仅使得沙特的发展道路变得步履维艰，也容易成为其社会稳定的"颠覆器"。如何寻求解决之道，是包括沙特在内的多数中东国家共同面临的问题。对此，杨光教授认为，一是要厘清政府和市场的关系，即政府应该重视基础设施建设、经济制度建设、人力资源开发，保持收入的相对公正，维持国内外的安全环境，其他的事情则应该交给市场；二是要坚持工业化的发展方向，即便这么多年来中东国家经济发展有很多起伏，但它们的经济增长率和工业化却呈正相关的关系。

二 中东国家的政治发展

中东国家社会经济发展的困境，固然与它们在全球经济体系中的弱势地位有关,但根源在于其选择的发展道路和治理模式。近年来的中东变局,也在一定程度上凸显了中东国家在民族国家建构过程中存在的问题,即没有处理好改革、发展和社会稳定之间的关系。西北大学历史学院王新刚教授在《中东的民族国家建构》一文中,从民族国家建构的缘起、进程和困境等视角分析了影响中东民族国家建构的主要因素。他认为中东民族国家建构肇始于一战后奥斯曼帝国的解体,深入发展于两次世界大战期间,以及二战后殖民主义的衰落和退潮的时期。20世纪70年代以后,基于共同语言、文化、生活区域和宗教建立民族国家的希望逐渐破灭,即使按照民族国家的模式组建起来的中东国家,也遭遇了很大的挑战。无论是以阿拉伯民族主义为旗号建立起来的共和制国家,还是在英国影响下建立起来的君主制国家,其面对的困境都比较相似。具体表现在六个方面:一是帝国失控和解体导致列强在西亚北非最终建立了殖民体系,伊斯兰世界失去核心大国,诸多民族散落在各个地方;二是殖民主义对后来建构同质性、同一性的民族国家产生了巨大影响;三是后殖民时代的大一统情结与现实情况的复杂性形成鲜明对比;四是宗教、部落和军队的精英阶层对民族国家建构造成了两难境地;五是民族国家的世俗性和伊斯兰教政教合一的政治传统是冲突的,民族主权国家的本质是世俗的民族政治共同体,而中东地区,国家划分的重要依据是宗教而非民族;六是中东政治格局、国际关系格局对民族国家的构建产生了很大影响。

通常认为,民主化是现代中东国家从传统社会向现代社会演进过程中,在政治领域进行的主要变革。那么如何看待中东国家的民主进程呢?中国中东学会副会长兼秘书长、中国社会科学院西亚非洲研究所王林聪研究员在《理性看待中东国家的民主实践》一文中,给出了自己的答案。他认为,首先,应该理解民主的真谛,即了解民主的权力来源及其和人民对权力运行的监督之间的互动关系。民主是全球共同的诉求,民主的实践却是一个相对的过程。其次,关于中东民主实践的认识论问题,他认为目前学界出现了两种倾向:即"绝对化"倾向和"简单化"倾向。前者包括"中东民主例外论""唯民主论""民主与专制的善恶论",后者将民主视为政治发展的全部,将选举等同于民主,中产阶层也将公民社会看作民主发展的标志。梳理中东国家的民主实践进程时,不难发现它已经经历了较为漫长的过程,中东地区并不是民主的"沙漠",如奥斯曼帝国的1876年宪法、埃及1882年的基本法令等,都有大量关于民主建构的思考。中东国家在探索民主建构的过程中也遇到了困境,其一是自"阿拉伯之春"以来,这些国家的民主政治在转型过程中,经历了从非暴力到暴力、从温和到激进的方式,政治转型的主导力量非常复杂,从而使转型的过程变得无序、多变和不可控;其二是中东秩序的激烈变动与政治格局的复杂性,增加了民主探索的风险,极端主义和激进主义思潮开始泛滥。总体来看,中东国家的民主实践既有积极意义,如促进公民意识的觉醒和权利观念的变化,也造成了负面影响,如加剧了族群和教派的裂痕、分离主义威胁上升等。

从19世纪中叶开始的社会改革运动,到20世纪的民族独立与解放运动,包括20世纪70年代以后的政治民主化浪潮,都在说明中东国家的民主化实践,是一个渐进的历史过程。在这个过程中,包括城市化、工业化等在内的现代化进程,冷战及由此形成的两极秩序格局,以及奥斯曼帝国的遗产等,都对中东地区民族国家建构和政治民主化产生了影响。尽管它时有中断,且充满复杂性和矛盾性,但正如王林聪所言,我们应该理性地看待中东国家的民主实践,以及它在中东地区的发展趋势、特征和意义。

三 国际和地区发展环境

在现代化和全球化进程中,中东地区是"滞后者",处于日趋边缘化的不利境地。在这种情况下,如何理性地看待全球化与中东国家经济发展之间的关系,显得至关重要。内蒙古民族大学世界史研究所所长姚大学教授,从"全球化"概念的界定、全球化与现代化的关系、全球化对中东国家经济发展的影响、中东国家的经济改革与调整、中东国家经济发展的困境与前景等视角出发,对此进行了回答。他认为全球化是人类社会不断演进的客观发展过程,是世界历史纵向发展与横向发展交互作用的结果。它与现代化同步发展、互相促进和互相推动,是现代化的必然结果。全球化对中东国家的经济发展而言,是一把"双刃剑",它既可以帮助中东国家吸纳外国投资,也在不断地冲击着中东国家的市场秩序。对此,中东的部分国家也在积极适应这种趋势,即从"进口替代"到"出口导向",实施工业化发展战略,努力发展私营经济,逐步开放资本市场,减少对石油等资源的依赖。因而,全球化进程是不可逆转的,任何国家、地区和民族都不应该置身其外,也很难置身其外,只有积极适应全球化,才能从全球化的浪潮中获益。

中国中东学会常务理事、浙江外国语学院马晓霖教授则从历史延续、地理宿命、资源诅咒、政教博弈、军人干政、政治暗杀、威权一统的悖论关系等视角,分析了百年中东的战争、和平与发展问题。马晓霖认为,从和平年代次数、战争次数、死亡人数、经济损失、战争类型等方面来看,百年中东的历史其实就是一部战争史。这种局面源于它的地理位置,处于三洲交汇之地的中东地区,历来便是兵家的必争之地,尤其是在工业化时代,丰富的石油资源让一些大国不断插手中东事务,甚至挑起纷争。政教矛盾及由此产生的长期博弈,也让中东地区很难得到稳定与发展的机会,再加上军人干政和盛行的"丛林法则",中东地区更是频繁地发生着军事行动。族群矛盾引发的外力干涉,也是中东国家动荡不安和战乱频繁的关键因素。

在这种局面下,如何解决乱局与应对变局,谋求中东地区的和平与发展,是每个中东国家面临的首要问题,也是许多学者思考的核心问题。在全球化与逆全球化不断博弈的时代,中东国家如何在域外大国的不断干涉中,找到一条适合自己的发展道路,是多数人关心的现实问题,也是此次会议讨论的重点。

四 重点国家的发展道路问题

中东国家在国际政治格局和经济体系中的不利境地,让中东地区大部分民众对发展与安全的渴望，在事实上难以实现。社会内部的悲观情绪、对现政府的不满与绝望，以及对西方国家干涉与控制的愤怒，促使国家与社会之间的矛盾愈演愈烈，抗议与示威等手段成为民众表达情绪的主要途径。尽管这种情况在中东国家中具有普遍性，但我们也要认识到，诸如以色列、埃及、伊朗和土耳其等国的现代化之路，是有可取之处的，甚至在某些方面还可成为中东地区其他国家借鉴的典范。

以色列现代"国家观念"的形成，经历了漫长的过程。从1896年赫茨尔的《犹太国》提出在巴勒斯坦建立犹太民族国家，到1897年第一次犹太复国主义代表大会通过《巴塞尔纲领》，再到签订《贝尔福宣言》和得到国际社会认可，以色列最终将西方模式（尤其是英国模式）与犹太人传统相结合，建立了三权分立的议会民主制国家。中国中东学会副会长、郑州大学副校长张倩红教授认为，以色列对自己国家的定位是现代民主制国家，即它是一个民族国家，以强调其犹太民族属性；它是一个现代国家，以强调其民主政体；它是一个"正常国家"，这意味着其偏向世俗而非宗教。同时，它还走上了工业现代化之路，实施科技兴国和出口导向战略，通过经济立法与政策措施推进产业升级，实现创新发展。它的农业现代化之路也为其他国家树立了榜样，即立足于现代农业的高起点，实现资源经济向智力经济的转化，充分发挥政府的宏观调控能力，强化劳动力的教育与培训，实施农业发展的智能化，走生态农业发展道路。但是以色列的国家认同也面临着挑战，如各种分离因子的普遍存在使社会融合之路任重而道远。

内蒙古民族大学王泰教授从当前的经济地位及其困境、发展道路演进过程的回顾、道路失败的原因、发展的教训和启示等方面勾勒了埃及对发展道路的艰辛探索。他认为埃及当前面临着水资源不足、农业减产和粮食供应危机、人口膨胀、贫困加剧等一系列问题。通过回顾其现代化发展道路，可以发现埃及现代化的前提是实现埃及人的"自由"，必须走具有阿拉伯本土特点的"社会主义"道路，最终实现阿拉伯"统一"和民族复兴的理想。这种道路最终失败，原因在于该国背负的历史遗产过重，长期以来不能独立自主，没有明确的工业化战略与长远规划，加之内部治理能力的不足和国际分工体系的不合理等。最后，王泰教授认为，虽然时代在变，埃及国内政治、经济和社会特征也在变，但是它作为中东现代化变革的"先锋"的角色没有变，只要埃及的有识之士能够真正抱有变革的态度面对问题和挑战，就完全有可能引领埃及走出目前的经济和政治困境，实现现代化的起飞。

伊朗在伊斯兰革命之后，通过对现代化模式的探索，逐渐成为国际社会不可忽视的政治力量。它的伊斯兰政体既有东方社会主义制度的某些制度规则，也有西方资本主义政体中的制度形式，但它并不是东西方政治制度的混合物，而是一种完整的、独特的、新型的政治体制。中国中东学会常务理事、西南大学伊朗研究中心主任冀开运教授认为，伊朗在伊斯兰革命之后，通过对现代化模式的探索，逐渐成为国际社会不可忽视的政治力量。在巴列维父子统治伊朗的五十多年中，其致力于建立一个以西方国家为样板的世俗化国家，如伊朗在1928年颁布的《统一着装法》中，便要求男子身着西装、戴圆顶帽，宣布一切公共场所对妇女开放，并禁止她们戴面纱和头巾；小巴列维延续了父亲时期的策略，试图以重塑古波斯民族的精神来遏制伊斯兰文化的影响。1976年，美国改变了对伊朗的政策，迫使它进行了一场"谨慎"的自由化运动，再加上为了控制经济过热和通货膨胀问题而实施的经济紧缩政策，失业率急速上升，导致巴列维国王维持社会稳定的两大"法宝"——经济增长和政治高压同时倒塌。在经过激烈的斗争后，世俗激进派主张的"人民民主共和国"与温和派倡导的"民主伊斯兰共和国"，让位于一个"纯粹伊斯兰"的政体。1979年伊朗伊斯兰共和国正式成立，什叶派的政治理想成为伊朗现代国家框架中的宪政体制。可以说，正是在不断探索自己发展道路和现代化模式的过程中，伊朗积累了丰富的经验和教训，而如何正确理解这些历史遗产，则显得至关重要。

正义与发展党上台以后，土耳其的发展道路一度成为很多人关注的"土耳其模式"。上海大学土耳其研究中心执行主任杨晨博士，对近百年来土耳其在政治发展道路上的求索与变革进行了分析。他认为百年未有之变局在土耳其表现得非常明显，这里的"百年"有三重含义：一是从奥斯曼帝国解体到现在，时间刚过百年；二是从政治制度的变革来看，从议会制到总统制的转变，也是土耳其共和国近百年历史上的重要事件；三是从1923年凯末尔建立共和国，到现任总统提出"2023愿景"也快一百年了，土耳其的梦想能否实现，是很多人关注的问题。对土耳其政治体制、政党制度、选举制度、议会体制等问题的梳理与思考，能够帮助我们理解土耳其如何实现从议会制到总统制的转变。修宪前后土耳其宪法内容的最大变化，是将原来的表述"行政权及其职能由共和国总统和内阁依照宪法和法律行使"中的"和内阁"三个字删去了。这种变化意味着原来属于总理和内阁的权力，现在都收归总统了。从集权和分权的角度看，议会制到总统制的转变是由分权转向了集权，这种方式在土耳其人的历史上并不鲜见。土耳其为什么会从议会制转向总统制？其中一个原因便是联合政府执政时期，土耳其往往会出现危机、混乱和不稳定的现象，国家的经济增长率也比较低。同时，在议会制中，总统和总理的关系也会影响土耳其的政局稳定与经济发展。这种现实情况让厄扎尔、苏莱曼·德米雷尔、埃尔多安等土耳其领导人开始考虑转变政治制度。通过观察土耳其的政治发展道路，杨晨认为可以得出三个结论：一是土耳其从君主立宪制到议会共和制再到总统制的过程，是一个从集权到分权再到集权的过程，这条政治发展道路是在渐进的、不断改革的过程中形成的，得到了人们的认可；二是土耳其政党制度的变化，反映了政治发展的曲折多变，说明了它照搬西式民主的不适应性；三是土耳其对政治发展道路的探索证明，一国发展道路只有根植于本土、国情和现实的需要，才能真正使国家实现发展。

结　语

毋庸置疑，探索符合本国国情的发展道路，是发展中国家共同面临的现实问题，也是中东国家需要解决的基本问题。作为共建"一带一路"

的重要组成部分,中东地区的和平与发展是全球范围内爱好和平的人们的共同愿望。2019年11月27~28日,中国国际问题研究院在北京钓鱼台国宾馆举办了题为"新形势下的中东安全:挑战与出路"的中东安全论坛,会议中重点阐释了中国"以发展促安全"的理念。上海大学全球问题研究院主办的这次发展论坛,以"当代中东国家的发展道路"为主题,也是对此次中东安全论坛的呼应,旨在为各方在中东发展和安全治理领域开辟新的思路、探讨新的路径提供契机和平台。

现如今,中东地区在政治、经济、文化和意识形态等诸多领域均面临着巨大危机,尤其是中东国家在现代化进程中出现的社会经济问题和政治民主化问题,以及由此产生的社会矛盾,成为该地区动荡不安的主要原因。这种情况源于中东国家的现代化探索与社会转型,也夹杂着域外大国和地区大国的博弈与干涉。与会学者们围绕中东地区经济发展的教训、社会结构与社会稳定、民族国家的建构、民主实践、国际和地区发展环境等问题进行了发言与讨论,目的在于回答这样一个问题,即通过对历史和现实的梳理与审视,中东国家还能找到什么样的发展道路,才能摆脱现有困境。与此同时,我们也要注意到,全球化浪潮是客观存在的,中东国家的发展遭遇和全球化有关,但在其今后的发展中如何处理现代化与全球化的关系,对其至关重要。以色列、埃及、伊朗、土耳其和沙特阿拉伯等国家,在这方面走在了中东国家的前列,它们的发展道路虽也存在不少问题,但也为其他国家树立了榜样。

Abstracts

· Invited Articles ·

The Historical Inheritance of Türkiye's Central Asian Policy and the Evolution of Its Relations with Central Asian Countries

Li Qi / 1

Abstract: The historical and cultural relationship between Türkiye and Central Asia has a long history. After the independence of Central Asian countries, Türkiye has always regarded Central Asia as the focus of its foreign policy. Based on the complexity of the world structure, the globalization of security issues, the sharpening of economic issues, the close interweaving of internal and external factors, the evolution of the international environment over time, and the demands of self – interest as its premise, Türkiye has been constantly adjusting its foreign policy and its relations with Central Asian Countries. There are many historical imprints or mirrored reappearances in its policy. In recent years, Türkiye has proposed the "Intermediate Corridor Plan", which aims to connect with China's "Belt & Road". The Central Asia is a key section of the plan. Since 2018, the "Turkic World Integration" project led by Türkiye and Central Asian countries has been further promoted. Many of these issues are concerned with our country's stability, good – neighborliness, and prosperity, so they deserve the academic attention and the in – depth discussion.

Keywords: Türkiye; Central Asia Policy; State Relations; Central Asia

Kemal's Image in Chinese Media Discourse: 1923 – 1938

Ma Xipu / 37

Abstract: Kemal Atatürk is one of the most outstanding figures in Türkiye's modern history and in the national liberation movement in Middle East. Under his leadership, people in Türkiye have established a republic sovereignty and a democratic parliament. They also abandoned the Ottoman legacy of the outdated manners and behaviors. He implemented the bald and resolute reforms internally and adhered to the principle of world peace externally, which made Türkiye embark on the road of European modernization. Kemal's great personality and fighting spirit were highly praised by the Chinese media and press in 1920s and 1930s. His revolutionary ideology and reform spirit have left Chinese people with a memorable impression even amid the difficult time of Anti – Japanese War. People in China complimented and publicized him too. This is an important testimony to the friendly relations between P. R. China and Republic of Türkiye.

Keywords: Türkiye ; Kemal Atatürk; Media Discourse; Character Image; China

· Topic Research ·

Researches on the Latest Development, the Political Doctrine and the Activities of the Communist Party of Türkiye

Zhu Chuanzhong / 54

Abstract: The history of the Communist Party of Türkiye can be traced back to September 1920. During this process, there are the continution of the communist party and relative revival in the 21 century though with many interruptions. Meanwhile, there are many organizations in Türkiye named the communist and the worker party including the Maoist and the Trotskyist, which is the result of the party split. In 2014, the TKP held the Progress Congress, adopted the new program called *the Socialism Program*, and emphasized maintaining that socialism is the only true selection of the human beings. As to the political doctrine, the TKP explored and evaluated the situation of the whole world, the October Revolution of Russian, the political environment of Türkiye. In order to increase the influence of the domestic and the abroad, the TKP holds the congresses and forums, participates in the intenational communist activities, organizes the demonstrations and protests, propogates media campaigns. However, without establishing the inter – party contact with CPC, there is also a generation gap of the leaderships and the memberships. All these induce to the limited influence of the TKP.

Keywords: The Communist Party of Türkiye; Socialism; Political Activities; Politics of Election

Governing by Words: The Development of Kurdish in Iraq during the Period of Mandate

Michiel Leezenberg / 72

Abstract: This paper mainly discusses the development of Kurdish language education and its administration in Iraq. Different from some popular views at present, this paper emphasizes the historical elements of the rise of contemporary Kurdish language in the pre-modern period. The emergence of these historical elements is not only earlier than the influence of German romantic nationalism, but also earlier than the colonial rule of imperialism. Therefore, this paper refutes the views that overemphasize the elements of the state and the importance of imperialism.

Keywords: Localization; Governmentalizing; Kurdish; Iraqi; Nationalism

Kurdish Nationalism and Theories of Nationalism

Murat Issi / 91

Abstract: The article aims to establish a theoretical basis for the approach of Kurdish nationalism. The aim is not to build a new theory of nationalism that would interpret Kurdish nationalism, but to explore the possibility that existing theories of nationalism could explain Kurdish nationalism and, if they could not, identify the causes of this weakness. My research outcomes show the existence of a significant difference, which is located in relation to other studies that have already studied Kurdish nationalism. Kurdish nationalism does not fully fit within the framework of classical theories of nationalism, unless the creation and evolution of the new Kurdish identity, which " bore" the weight of the national movement, is first investigated. Without a prior analysis of the specificities of Kurdish identity or at least the bases on which Kurdish nationalism was developed, the attempt to categorize Kurdish nationalism according to Western standards is futile.

Keywords: Kurdish Identity; Nationalism; Kurdistan; Ottoman Empire; Theories of Nationalism

The Early Turkish Republic and Its Effects Today: Two Forms of Kemalism

Kerem Öktem / 110

Abstract: Kemalism is the founding ideology of the modern Turkish Republic. Its tenets and supporters have shaped the political landscape of the early Turkish Republic and formed the institutions of the modern Turkish state well into our days. Under the subsequent governments of the Justice and Development Party (AKP) since 2002, Kemalism has been gradually displaced by a regime reliant on the articulation of Islamist and nationalist ideological traditions. In opposition, however, Kemalism as a category of thought and action continues to create the framework for a solid block of opposition vis-à-vis the hegemonic, but waning power of the AKP and its supporters. This article discusses the larger intellectual and historical context of Europe-oriented modernization in the Ottoman Empire, where Kemalism and its predecessors emerged, and the critique it engendered. In concluding, it discusses the role Kemalist traditions play in current Turkish politics and distinguishes between two modes: 'Historical Kemalism' and 'Kemalism as promise'.

Keywords: Turkish Republic; Ottoman Empire; Kemalism; Islamism; Nationalism

A Comparative Study of the Economic Policies in Mustafa Kemal Atatürk's Era and Recep Tayyip Erdoğan's Era

Yan Tianqin, Yang Yingce / 128

Abstract: Both Mustafa Kemal Atatürk, the founding father of the Republic of Türkiye and Recep Tayyip Erdoğan, Türkiye's present president are authoritarian political leaders, and both of them have made great contribution to Türkiye, especially to Türkiye's economic development. Because of historical and practical reasons, they adopted different economic policies while being in power. In Kemal's era, Türkiye mainly adopted statism model, while in Erdoğan's era, Türkiye manly adopted neoliberal model. The two models are respectively driven by import substitution policy and export – oriented policy. Each model is related to the choice between two different ways of resource distribution, namely planned economy or market economy, and each one results from a rational choice restricted by certain conditions. Each model has its advantages and predicaments. A comparative study of the differences and predicaments of the economic policies adopted in the two eras can provide other developing countries with some useful experiences.

Keywords: Türkiye; Kemal; Erdoğan; Economic Policies

· Forum for Graduate Students ·

A Dispute within Britain over the Status of South Kurdistan in the Early Period after World War I

Li Shiyu / 153

Abstract: Under the pressure to cut its budget and cut its army, Britain intended to install a pro – British Kurdish autonomous government in Southern Kurdistan as a strategic buffer zone between Britain and Turkey in northern Mesopotamiaat the end of the World War I. However, as relations between Britain and the Kurds deteriorated, a Kurdish uprising against Britain broke out in Sulaymaniyah in 1919, which forced Britain to change its previous policy of Southern Kurdistan. But the question of whether Southern Kurdistan should be autonomous has divided Britain's ministries for years. Finally, under the pressure of the rising external threat from Türkiye and the need to maintain the security of Iraq, Britain decided to abandon the autonomy plan and integrate Southern Kurdistan into Iraq, this also makes up the map of modern Iraq.

Keywords: Southern Kurdistan; Kurds; Britain; National Boundaries; Ethnic Groups

注释体例

一　中文注释要求

（一）首次引用

引用的资料第一次出现在注释中时，一般中文著作的标注次序是：著者姓名（多名著者间用顿号隔开，编者姓名应附"编"字）、文献名、卷册序号、出版地、出版单位、出版时间、页码。

1. 专著

吴冷西：《十年论战：1956—1966 中苏关系回忆录》（上），中央文献出版社，1999，第 13 页。

梁守德、洪银娴：《国际政治学概论》，中央编译出版社，1994，第 36 页。

阎学通等：《中国崛起：国际环境评估》，天津人民出版社，1998，第 168 页。〔作者三人以上，可略写为××（第一作者）等；出版社名称已包含地名的，不必重复注出。〕

2. 编著

倪世雄主编《冲突与合作：现代西方国际关系理论评介》，四川人民出版社，1988，第 71 页。

〔美〕威廉·沃尔福思：《单极世界中的美国战略》，载〔美〕约翰·伊肯伯尔主编《美国无敌：均势的未来》，韩召颖译，北京大学出版社，2005，第 99～117 页。

《什特科夫关于金日成提出向南方发动进攻问题致维辛斯基电》（1950 年 1 月 19 日），沈志华主编《朝鲜战争：俄国档案馆的解密文件》第 1 卷，台北，中研院近代史研究所史料丛刊（48），第 305 页。

3. 译著

〔美〕孔飞力：《叫魂：1768年中国妖术大恐慌》，陈兼、刘昶译，上海三联书店，1999，第207页。

4. 期刊杂志（期刊指月刊、双月刊、季刊、年刊等，杂志指周刊或半月刊）

吴承明：《论二元经济》，《历史研究》1994年第2期，第98页。

李济：《创办史语所与支持安阳考古工作的贡献》，《传记文学》（台北）第28卷第1期，1976年1月。

阎学通：《中国面临的国际安全环境》，《世界知识》2000年第3期，第9页。

5. 报纸

符福渊、周德武：《安理会通过科索沃问题决议》，《人民日报》1999年6月11日。（此例适合署名文章）

《朝韩首脑会晤程序大多达成协议》，《中国青年报》2000年5月12日。（此例适合不署名文章或报道）

6. 通讯社消息

《和平、繁荣与民主》，美新署华盛顿1994年2月24日英文电。（写明电文题目、通讯社名称、发电地、发电日期和发电文种）

7. 政府出版物

中华人民共和国外交部研究室：《中国外交：1998年版》，世界知识出版社，1998，第768页。

《关于国际形势的讲话提纲》（1959年12月），《建国以来毛泽东文稿》第8卷（1959年），中央文献出版社，1996，第599～603页。

8. 会议论文

任东来：《对国际体制和国际制度的理解和翻译》，提交给"全球化与亚太区域化国际研讨会"的论文，南开大学，2000年6月5～16日，第2页。

9. 学位论文

孙学峰：《中国国际关系理论研究方法20年：1979—1999》，中国现代国际关系研究所硕士学位论文，2000年1月，第39页。

10. 未刊手稿、函电等

"蒋介石日记",毛思诚分类摘抄本,中国第二历史档案馆藏。

陈云致王明信,1937年5月16日,缩微胶卷,莫斯科俄罗斯当代文献保管与研究中心藏,495/74/290。(标明作者、文献标题、文献性质、收藏地点和收藏者,收藏编号)

(二)再次引用

再次引用同一资料来源的资料时,只需注出作者姓名、著作名(副标题可省略)和资料所在页码。

吴冷西:《十年论战:1956—1966中苏关系回忆录》(上),第13页。

(三)转引

按上述要求将原始资料出处注出,用句号结束。用"转引自"表明转引,再把载有转引资料的资料出处注出。

胡乔木:《胡乔木回忆毛泽东》,人民出版社,1992,第88~89页。转引自杨玉圣《中国人的美国观:一个历史的考察》,复旦大学出版社,1996,第183页。

二 英文注释要求

(一)首次引用

同中文著作注释一样,引用的英文资料第一次出现在注释中时,需将资料所在文献的作者姓名、文献名、出版地、出版者、出版时间及资料所在页码一并注出。

1. 专著

Kenneth N. Waltz, *Theory of International Politics*, New York: McGraw-Hill Publishing Company, 1979, p. 81. (作者姓名按通常顺序排列,即名在前,姓

在后；姓名后用逗号与书名隔开；书名使用斜体字，手稿中用下划线标出；括号内的冒号前为出版地，后面是出版者和出版时间，如果出版城市不是主要城市，要用邮政中使用的两个字母简称标明出版地所在地，例如 CA；单页用 p. 表示）

Hans J. Morgenthau, *Politics Among Nations：The Struggle for Power and Peace*, New York：Alfred A. Knopf Inc., 1985, 6th ed., pp. 389 – 392.（主标题与副标题之间用冒号相隔；多页用 pp. 表示。）

Robert Keohane and Joseph Nye, *Power and Interdependence：World Politics in Transition*, Boston, MA：Little Brown Company, 1977, pp. 45 – 46.（作者为两人，姓名之间用 and 连接；如果为两人以上，写出第一作者，后面加 et al., 意思是 and others）

Ole R. Holsti, "The 'Operational Code' as an Approach to the Analysis of Belief Systems," final report to the National Science Foundation, 1977, grant No. SCO 75 – 14368.

2. 编著

David Baldwin, ed., *Neorealism and Neoliberalism：The Contemporary Debate*, New York：Columbia University Press, 1993, p. 106.

Klause Knorr and James N. Rosenau, eds., *Contending Approaches to International Politics*, Princeton NJ：Princeton University Press, 1969, pp. 225 – 227.（如编者为多人，须将 ed. 写成 eds.）

3. 译著

Homer, *The Odyssey*, trans. Robert Fagles, New York：Viking, 1996, p. 22.

4. 文集

Robert Levaold, "Soviet Learning in the 1980s," in George W. Breslauer and Philip E. Tetlock, eds., *Learning in US and Soviet Foreign Policy*, Boulder, C. O.：Westview Press, 1991, p. 27.（文章名用双引号引上，不用斜体）

5. 期刊

Stephen Van Evera, "Primed for Peace：Europe after the Cold War," *International Security*, Vol. 15, No. 3, 1990/1991.（期刊名用斜体，15 表示卷号）

Ivan T. Boskov, "Russian Foreign Policy Motivations," *MEMO*, No. 4, 1993, p. 27. （此例适用于没有卷号的期刊）

Nayan Chanda, "Fear of Dragon," *Far Eastern Economics Review*, April 13, 1995, pp. 24 – 28.

6. 报纸

Clayton Jones, "Japanese Link Increased Acid Rain to Distant Coal Plants in China," *The Christian Science Monitor*, November 6, 1992, p. 4. （报纸名用斜体；此处 p. 4 指第 4 版）

Rick tkinson and Gary Lee, "Soviet Army Coming Apart at the Seams," *The Washington Post*, November 18, 1990, pp. A1, A28 – 29.

7. 通讯社消息

"Beijing Media Urge to Keep Taiwan by Force," Xinhua, July 19, 1995.

8. 政府出版物

Central Intelligence Agency, Directorate of Intelligence, *Handbook of Economic Statistics*, 1988, Washington, D. C.: US Government Printing Office, 1988, p. 74.

"Memorandum from the President's Special Assistant (Rostow) to President Johnson," November 30, 1966, *FRUS*, 1964 – 1968, Vol. II, Vietnam 1966, document No. 319.

9. 国际组织出版物

报告：United Nation Register of Conventional Arms, *Report of the Secretary General*, UN General Assembly Document A/48/344, October 11, 1993. ［文件的注释应包括三项内容：报告题目、文件编号（包括发布机构）、发布日期；题目用斜体］

决议：UN Security Council Resolution 687, April 3, 1991. （决议的注释应当包括两项内容：发布机构和决议号、生效日期）

10. 会议论文

Albina Tretyakava, "Fuel and Energy in the CIS," paper delivered to Ecology '90 conference, sponsored by the America Enterprise Institute for Public Policy Research, Airlie House, Virginia, April 19 – 22, 1990.

11. 学位论文

Steven Flank, *Reconstructing Rockets: The Politics of Developing Military Technologies in Brazil, Indian and Israel*, Ph. D. dissertation, MIT, 1993.

12. 互联网资料

Astrid Forland, "Norway's Nuclear Odyssey," *The Nonproliferation Review*, Vol. 4 (Winter 1997), http：//cns. miis. edu/npr/forland. htm. （对于只在网上发布的资料，如果可能的话，也要把作者和题目注出来，并注明发布的日期或最后修改的日期。提供的网址要完整，而且在一段时间内能够保持稳定；内容经常变化的网址，比如报纸的网络版，就不必注明了）

（二）再次引用

再次引用同一资料来源的英文资料时，可以只注出作者姓、著作简短题目和资料所在页码。

Waltz, *Theories of International Politics*, p. 81. （此例适用于著作）

Nye, "Nuclear Learning," p. 4. （此例适用于编著中的章节和期刊中的文章）

Jones, "Japanese Link," p. 4. （此例适用于报纸署名或未署名文章）

决议只需提供文件号。

（三）转引

F. G. Bailey, ed., *Gifts and Poisons: The Politics of Reputation*, Oxford: Basil Blackwell, 1971, p. 4, quote from Paul Ian Midford, *Making the Best of A Bad Reputation: Japanese and Russian Grand Strategies in East Asia*, Dissertation, UMI, No. 9998195, 2001, p. 14.

征稿启事

《土耳其研究》（*The Journal of Turkish Studies*）是陕西师范大学土耳其研究中心主办的土耳其国别研究学术集刊，每年出版一期，由社会科学文献出版社出版，主要刊登土耳其历史、政治、经济、社会、教育、文化等相关研究成果，也注重土耳其与区域和世界关系的研究成果，古今兼顾，倡导跨学科研究，展示中国学术界的土耳其研究最新成果，打造中国土耳其研究的权威平台。本集刊现被评定为"中国人文社会科学集刊AMI综合评价"入库集刊。

《土耳其研究》每期设置不同的研究主题，设有"特稿"、"专题研究"、"青年学者论坛"、"书评"和"学术动态"等栏目。读者对象为国内外国际问题研究机构、土耳其研究学者、高校世界历史和土耳其研究专业师生等。

《土耳其研究》编辑部设在陕西师范大学土耳其研究中心，主编李秉忠，编委会由国内外资深土耳其研究专家组成。热忱欢迎国内外同仁赐稿。

投稿要求

一、来稿应具有学术性与理论性，并且在选题、文献、理论、方法或观点上有创新性。

二、来稿需署作者真实姓名，并提供作者简介（100字左右）、工作单位、通信地址、邮编、电话号码、电子邮件地址等详细信息。

三、研究性专题论文每篇字数一般不超过1.5万字，以12000字左右为宜，请附300字左右中英文摘要和4~6个关键词；书评及学术动态一般在 2000 字以内。

四、来稿注释一律采用页下注，当页连续编码（脚注编码制）。具体注释格式请参阅《土耳其研究》注释体例。

五、外国人名、地名请参照商务印书馆出版的《英语姓名译名手册》（新华通讯社译名室编）和《外国地名译名手册》（中国地名委员会编），并注原文。上述译名手册中没有的词可自行译出后注原文，并务请全稿统一。涉及其他专有名词时，请采用国内通译，并注原文。

六、来稿文责自负，本刊编辑部有权对来稿作一定的修改或删节，如不同意，请在来稿中注明。

七、本集刊已被中国知网（CNKI）收录，如有异议，请在来稿中说明。

八、请勿一稿多投，稿件两个月后未被采用，作者可自行处理。

联系方式

投 稿 邮 箱：tscsnu@163.com

通 信 地 址：陕西省西安市长安区西长安街 620 号
　　　　　　陕西师范大学土耳其研究中心

邮 政 编 码：710119

电话／传真：029 - 85310065

图书在版编目（CIP）数据

土耳其研究. 第3辑 / 李秉忠主编. -- 北京：社会科学文献出版社，2024.3

ISBN 978 - 7 - 5228 - 2900 - 5

Ⅰ.①土… Ⅱ.①李… Ⅲ.①土耳其－概况 Ⅳ.①K937.4

中国国家版本馆CIP数据核字（2023）第246221号

土耳其研究　第3辑

主　　编 / 李秉忠

出 版 人 / 冀祥德
责任编辑 / 李明伟
责任印制 / 王京美

出　　版 / 社会科学文献出版社·国别区域分社（010）59367078
　　　　　地址：北京市北三环中路甲29号院华龙大厦　邮编：100029
　　　　　网址：www.ssap.com.cn

发　　行 / 社会科学文献出版社（010）59367028
印　　装 / 三河市龙林印务有限公司

规　　格 / 开　本：787mm × 1092mm　1/16
　　　　　印　张：15.25　字　数：226千字
版　　次 / 2024年3月第1版　2024年3月第1次印刷
书　　号 / ISBN 978 - 7 - 5228 - 2900 - 5
定　　价 / 89.00元

读者服务电话：4008918866

版权所有 翻印必究